心靈風暴——
當代西方意識哲學的概念革命

冀劍制 著

臺灣商務印書館 發行

目　錄

序

　　這本書的完成與出版，對我來說，是結算了十多年來對意識問題的困惑與不斷思考糾結的總結，雖然還不能說是水落石出，但感覺上可以告一段落了。

　　用人生中的黃金十年來面對這個問題，可以說是聚集了許多的偶然而成的。我原本讀的是五專資訊工程，愛的是人工智慧程式。由於一些機緣巧合，我到了台大哲學系讀哲學。其間我的興趣一直在變，大二喜歡中國哲學、大三熱愛歐陸哲學、大四則走向分析哲學。事實上，大四之後本來是不打算繼續讀哲學的，原本計畫出國研究人工智慧，設計出夢想中會說話的機器人。然而，就在大四的最後一個學期，洪裕宏老師創辦了中正大學哲學研究所，宣傳主軸竟然就是「人工智慧的哲學」。這是第一個偶然，這個偶然改變了我的人生方向。

　　初次遇見「意識問題」，是在我思考碩士論文主題的時候。當時也正是國際上熱烈討論意識的時期，隨波逐流，我也加入這個號稱人類智能最大難題的解答追逐行列，真沒想到，這一走，走了十多年。

　　寫完碩士論文，我主張，「意識是一種學習的機制」。當時的指導教授洪裕宏老師完全無法接受這樣的觀點，認為我走錯了思考的方向，但我還是堅持著自己的想法。在畢業一年多後的某一天傍晚，我在軍營裡的海邊坐著，看著戰艦在海浪中起起伏伏，也不知為什麼，突然間領悟到整個意識

問題究竟在問什麼，直到那時，我才恍然大悟，為什麼洪裕宏老師說我走錯了方向，我的混亂思維終於結網成序，我終於了解究竟這是一個什麼樣的問題。

這真是個有趣的現象，為了解答一個問題，寫了一篇碩士論文，歷經許多閱讀、思考、討論、以及慘烈的論文口試，最後還又過了一年多，我才終於了解我到底是在處理什麼問題。不過，也幸好我在寫論文的過程中始終迷惑，否則，我大概一個字也寫不出來吧！這個問題真的太難了。

到了美國攻讀博士學位，我選擇哲學與認知科學合併的研究方向，從哲學、電腦科學、以及神經科學的角度一同探索意識問題。博士論文的完成，讓我看清了意識問題的根源，確立了擴展論的思考方向。但這個問題並沒有獲得解決，甚至還看不到被解決的契機，它繼續懸在那裡，讓內心無法獲得釋然。而且其他候選理論也無法明確定位。

畢業一年以後，我開始有機會在大學開課教導意識問題所衍生的相關理論，但在華梵大學任教這幾年，由於我花大量的時間在撰寫與設計各種課程教材，對這個問題的繼續思考就像是打游擊戰一樣，在混亂繁雜的思緒中尋找一小塊空間來做簡單的思考，只有寒暑假期間可以比較專心，但有時為了撰寫其他類型的論文，不得不連這一小塊空間都讓出來。所以，又過了六年的時間，這個問題才終於可以在我內心塵埃落定。

這期間，除了上課之外，感謝有好幾次的機會讓我可以將不成熟的想法說出來，並且聽聽許多前輩、學者朋友、以及學生們的意見。

第一次是2008年在陽明大學心智哲學研究所的演講，感謝洪裕宏老師、王文方老師以及許多同學的熱烈討論與指

教，這過程激發了我許多新想法。第二次則是2009年，我的大學同學何畫瑰，邀請我到文化大學哲學系主辦的一場學術討論會發表這些新想法，也同樣獲得許多有趣的討論與回饋。在進一步的修改之後，2010年，感謝清華大學哲研所的趙之振老師邀請我去演講，會中一樣獲得許多老師的協助與靈感的激發。而最後一次，則是國科會人文學研究中心讓我成為2011年的暑期訪問學者，在那裡可以專心投入這個研究的最後階段，而其間所舉辦的一個小型討論會中，台大哲學系的陳榮華老師以及研究中心的黃偉雄先生也提供了有價值的挑戰。尤其書中某些觀念還是由陳榮華老師的啟發而來。同時國科會也補助我邀請洪裕宏老師擔任薪傳學者，針對本書草稿的一些內容提出修改的建議。而在暑假期間一同參與討論的陽明大學心智哲學研究所學生也提出一些很有意義的討論。

現在回頭來看，從2008至2011年，都正好有著很好的機會，讓我無論如何都必需從繁雜的生活中，清出一塊思維的空地，讓我繼續完成這個未了結的思索。最後，感謝台灣商務印書館願意出版這個著作。出版這本書，彷彿放下了一個十多年的重擔，可以好好讓大腦輕鬆一下，也可以好好想想，下一個挑戰將會是什麼？

冀劍制2011/12於石碇大崙山下

前言

　　每一個人在出生之後開始摸索這個世界。當我們學會了語言，遇到疑惑時，便藉由發問或是閱讀來獲得解答。剛開始，或許大都能夠獲得滿意的答案，但逐漸的，我們會發現許多難以解答的疑惑，甚至某些解答可能是錯的，或者，我們發現有些問題有許多不同的解答，而這些解答之間還彼此互相衝突，而支持不同解答的人們又非常有信心的捍衛著他們的想法。這時，我們不禁想問，「真相究竟是什麼？」當我們無法再藉由發問或是閱讀來獲得答案時，我們開始用人類最原始的求知本能——思考，來尋找答案。於是乎，出現了哲學家，開始探索、推理、以及嘗試提出問題的解答。而在此同時，哲學理論也就孕育而生了。

　　哲學思考往往朝向理論的深度邁進，例如，在討論是否應該執行死刑時，除了討論死刑的利弊得失、以及壞人是否應該遭受死刑處罰等問題之外，哲學反思著人們是否有剝奪別人生命的權力？而針對此一問題，我們又會再深入思考，人們的權力由何而來？人們真的有任何權力嗎？這就是一個朝向深度的思考方向。

　　除了對世界與社會各種現象的好奇，人們更加想探求為何我在這裡？尤其當人們遭受苦難的時候，我們更想要問，這一切的意義到底在哪裡？而我們又應該如何實踐我們的生命意義與價值呢？如果人生真的有目的，為什麼神佛不直接告訴我們的使命，而要讓我們在盲目中摸索甚至不斷走錯方向？這些關於人生哲學的問題似乎是沒有解答的，有的似乎

只有宗教的各種不同立場，而我們也很難確認哪一個是對的。然而，當我們從深度的地方反思這個問題，我們會轉向問一些不同的問題？為什麼我們會想要知道這樣的答案？為什麼我們會問出這樣的問題？為什麼我們會這樣想？為什麼我們認為現有的答案是無法令人滿足的？問題真的是在沒有好的解答，還是問題根本在於我們的心中有著錯誤的思考？

哲學家們從人類知識的本質、語言的本質、思考的本質進行探索，期待在問題的深處重新尋找問題的新方向。然而，這一切問題的產生、探索的過程、不滿足的感覺、好奇心、徬徨、疑惑等等都有一個相同的來源，當我們深入到問題的核心地帶，我們突然發現，一切的解答可能都在這裡——「心靈」（mind）。

於是，「心靈是什麼？」成了一個哲學上最核心的問題。

第一章
風起雲湧

在日常生活中，我們很習慣的使用眼睛去確定一個影像的存在、理所當然的用鼻子辨別不同的氣味、用耳朵搜尋聲音、然後使用觸覺發現物體。這些感覺器官是我們判斷一個物體是否存在的基本工具，也是我們了解該物體的主要管道。但是，事物的存在與否就這樣被確定了？

有些像是幻覺之類的東西，即使看到了或是聽到了，我們都還可能會去否定它們的存在。但是，心靈——你看不見、摸不著、而且也聽不到。它卻鮮活的存在著。幾乎沒有一個正常人會去否定心靈的存在。雖然剛剛談到的感覺器官都無法偵測心靈，我們還是這麼肯定它的存在。這個情況說明了一點：除了感覺器官之外，我們還有其他對我們來說更有說服力的方法去判斷一個東西的存在與否。而事實上，感覺器官所判定的東西似乎也必須由這東西的偵測才能知道其存在，否則視而不見、聽而不聞也是可能的。這個了不起的東西也就是「心靈」。

心靈不但是讓我們知道其它東西存在的基礎，心靈自己也證明自己的存在。竟然有東西可以證明自己的存在，這似乎是個奇怪的東西。當然，大家習以為常也就見怪不怪了。但是，只要你對這奇怪的東西感到好奇，你想對他有更多的了解，當你開始問一些問題的時候，你就會發現它還真是一個難搞懂的玩意。例如，心是什麼？

一、心是什麼？

　　心是什麼？心在哪裡？我知道我有心但我怎麼確定你也有心？機器也有心嗎？動物呢？植物、微生物或甚至礦物又如何？你如果嘗試去回答這些問題，你會發現，你只能猜測可能的解答，就算你相信你的猜測，你也無法說服別人你的猜測是對的。如果你不認同這個說法，那麼，你可以試著嘗試去說服一個不相信狗有心靈的人，當他要求你拿出「狗有心靈」的證據時，你要拿什麼當證據？更糟的是，你可以懷疑任何一個你自己之外的其他人有心靈，而且沒有人能說服你他們有一顆和你類似的心，也就是說，如果有人懷疑你真的有心靈，那麼，你甚至無法證明，也無法說服他。①

　　既然這麼多關於心靈的基本問題你都不知道也無法證明，你還不承認你對心靈一無所知嗎？這個推理聽起來似乎有點道理，但我們怎麼可能對心靈一無所知呢？在我們的日常生活中，幾乎每天都會用到「心」這個字，而且沒人覺得這是很難的字。流行歌曲也經常在唱「我心好痛」或「我心已死」之類的，沒人覺得該歌曲在談論一個奧妙的事情。不僅是自己在講自己在唱，當別人使用這個字在溝通的時候，你也不覺得對方在說什麼很難懂的東西，在這個情況下，你怎麼可能對心靈一無所知呢？難道當大家在用「心」這個字的時候，我們所要表達的跟當我們問「心是什麼」的時候所講的「心」是不同的東西嗎？如果它們真是不同的東西，為

---

① 試想一種情況：一群高科技而且邪惡的外星人製造了許多外表和行為都和人一樣的「假人」，這些假人都會說話也會假裝有情感有心靈，但實際上卻沒有心靈。當有人控告你就是這樣的假人而被起訴時，你要如何證明你不是假人呢？

什麼我們沒有發覺這個不同呢？這個說法真是令人難以置信。但是，很遺憾的，我要告訴你，這是事實──它們真的是不同的東西。但是，這個不同點不同於過去我們所說的不同，要清楚點出它們的不同其實並不容易，也因為如此，大多數的人一直都沒有發現這點，所以在談論心靈的問題時產生了很多思想上的困惑。

　　首先，請你先閉上眼睛想想看，當你使用「心」這個字的時候，你在說什麼？你不需要企圖用語言來表達，有些東西是很難用語言表達的，就像佛家有言：「如人飲水，冷暖自知。」你只要透過直覺，在心裡自己知道就好了。如果你覺得這樣還是很困難，那麼，你可以用一些句子幫你想想看，例如，「滿心喜悅」、「心花怒放」、「心存感激」以及「心胸狹窄」等等。當你使用到「心」這個字時，你知道你在說什麼嗎？好，現在保留好你心中想的那個東西，我們現在再來回答，心是什麼？如果不要求你用語言精確的描述出來，你可能會毫不猶豫地說：「我知道，就是那個。」好，真是個不錯的答案，那麼，心在哪裡？按照這個思路，你可能會說：「就在那裡。」沒問題了，這些問題困擾不了我們。如果，你自己問自己「心是什麼」和「心在哪裡」，那麼，你已經獲得了一個很好的回答了。這種禪宗式的解答可以順利指出日常生活中我們使用「心」這個字時所要表達的意義，我們訴諸一種主觀（但在客觀上難以言說）的知識來理解這個字。這樣的知識可以在自己的心裡很清楚的知道，也就是說，我們事實上知道心是什麼，而解答就在主觀的心裡面，當我們說，「就是那個」時，我們心中所想的就是「心」這個字的意義。

　　那麼，為什麼剛剛我們無法回答像是「心是什麼」或是

「心在哪裡」這種問題呢？因為，我們不認為「就是那個」或「就在那裡」可以是個用來溝通的答案。因為主觀解答只有我自己知道，別人無法純粹透過「就是那個」或「就在那裡」來了解我們要表達什麼。

我們其實要求一個能說的清楚而且可以傳遞給別人一些有意義訊息的答案。例如：「心是大腦的活動」，「心就是靈魂」，「心在大腦裡」或者「心在宇宙的另一端或另一個空間傳遞訊號給我們的大腦」等等。這些解答其實也不錯，但是，因為我們對心已經有了一些主觀的認識，而這些客觀的解答又不能真正說明我們對「心」的主觀知識。因此，我們可以發現，我們對心靈有兩種不同的理解方式，這兩種方式來自於兩種不同的知識系統。一個是主觀性知識，另一個是客觀性知識。兩者無法互相取代。

二、主觀與客觀

主觀知識是關於對自己內心情感情緒的了解，我們藉由內省來把握這樣的知識。就像我們知道現在的心情，但是別人無法像我一樣內省我自己的內心。雖然別人可以內省他們自己的內心世界，但是無法感覺我的心靈。這樣的情況造成了一些問題，例如，如果我見到綠色時所產生的感覺和你見到紅色時所產生的感覺完全一樣，而且反之亦然，也就是說，當我們的色感有著系統性的不同時，我們永遠無法發現這種不同。這就是主觀知識的特色——即使我們使用同一個字詞來表達內心的某個感覺，我們永遠無法確定我心中的感覺和你心中的感覺是否相同。

而客觀知識是由觀察外界事物以及使用語言和理論去把握。例如，「桌上有五個蘋果」、「地球繞太陽轉」等等都

是客觀知識。我們可以精準的溝通與學習客觀知識，這類型的知識具有共通性，我們可以透過語言來討論我們的客觀知識，如果有所不同，我們也比較容易發現，並且尋找問題的來源，藉由這樣的討論，我們可以累積知識並且代代相傳。這樣的知識帶領了科學與文明的發展。現代的高中生所懂的客觀知識遠勝於古代的科學家，但是，對於那些追求內心世界的修行者來說，他們的主觀知識並不見得高於古代的修行者。

這兩種不同的知識有著不同的學習方式，不同的學習方式形成不同的知識架構。我們對心的認識主要是由一種主觀的知識架構與學習歷程所建立起來的，也就是說，我們每一個人的內心裡都知道「心」這個字的意思，或像是「痛」這個字的意思一樣，在日常生活中經常使用，毫無溝通問題，一般來說，不會有人無聊到去問「心是什麼？」或是「痛是什麼？」這種大家都知道的問題。但是，一問之下，卻發現沒有人能夠回答。為什麼我們無法回答呢？

我們日常生活中對「心」和「痛」的知識屬於主觀知識，但是，主觀知識卻不同於客觀知識這樣可以由語言清楚的表達，因為語言無法清楚表達主觀知識，所以，當我們不直接問心是什麼或心在哪裡這類問題時，主觀的心靈知識已足夠讓我們掌握「心」這個字的使用。但是，當我們被問及心是什麼或心在哪裡這類問題時，因為我們傾向於使用語言回答，這樣的一個傾向讓我們無意間企圖用客觀知識來解釋主觀知識。但是，客觀知識與主觀知識的架構有很大的差異，主觀知識無法適當的套入客觀知識的架構中，因為，客觀的知識架構和其學習歷程不同於主觀的架構，因此，這些問題無法簡單的被語言表達。所以，這造成了我們思想上的

混淆，以致我們誤以為我們根本不知道「心是什麼」這種對心的基本認識。這樣的困惑純粹來自我們平時不太區分主觀知識與客觀知識的不同所造成。

在日常生活中，我們沒有必要改變主觀知識的架構來迎合客觀知識。我們可以讓兩種知識系統並存，完全沒有任何困難。這也就是我們平時生活的方式。而「心是什麼」和「心在哪裡」這種問題其實是擾亂式的問法，這類問題應當被用在詢問客觀知識，我們可以問「電子是什麼」或「極光是什麼」等客觀知識的問題，用「……是什麼」的問題結構來詢問主觀知識是不恰當的。就像是問「痛是什麼」，「癢是什麼」，「不快樂是什麼」或甚至「愛是什麼」一樣。簡單的說，在日常生活中，我們根本無須理會這類錯誤問法所造成的混淆。也就是說，我們可以讓兩種無法互相交流的知識並存，讓「心靈」這個詞有兩種不同的解釋與知識。

但問題是，我們只有一個心靈，當我們有兩種不同的關於心靈的知識時，究竟哪一個是正確的？在日常生活中，我們無須在意關於心靈的兩種知識，但是，當我們企圖發展關於心靈的科學時，我們就不能這麼瀟灑了。心在哪裡？這變成了一個科學問題，答案可能是，「在頭裡」。當今許多神經科學的證據可以支持這樣的一個說法。你或許滿意這個說法，或許不會。但是，心是什麼？這個問題就很難了。許多科學理論提出一些看法，解釋心是如何在大腦的作用中產生出來的。例如，發現 DNA 結構的諾貝爾獎得主克里克（Francis Crick）主張[2]，心靈或所謂的意識是產生於不同階層的神經網路運作。另一個諾貝爾獎得主愛得蒙（Gerald

---

② Crick (1994)，中譯本:克里克（1997）。

Edelman）則強調腦神經的動態傳遞頻率③。許多電腦科學家則主張其實心靈就像是一個電腦程式一般。

雖然目前許多客觀科學理論已被提出來，企圖建立關於心靈的客觀知識，但是，這些客觀知識卻無法統一我們對心靈的主觀知識，許多哲學家提出論證指出，主觀性質是心靈最重要的特性，沒有了這些主觀性質，心靈就不再是心靈了，而且，這種客觀科學的理論不僅現在無法解析心靈的主觀知識，甚至永遠也無法徹底分析所有關於心靈的主觀性質。也就是說，無論客觀科學發展到什麼地步，心靈將會是一個永遠的謎。

本書將會仔細探討這些哲學論證。如果，某些主觀特性無法被客觀科學所把握，這是否意味著，有某些關於主觀特性的東西獨立存在於世界上呢？這就像是大家所期待的「靈魂」。那麼，靈魂又是什麼？如果，靈魂不存在，又為什麼心無法完全被客觀科學徹底分析，這是否意味著「心根本不存在」，或說「心只是個幻覺」？如果心完全就是大腦的作用產生的，那麼是怎樣的作用產生了心，又為什麼人類會演化出像「心」這麼奇怪的東西？又如何可能演化出這麼複雜的東西？而且，如果大腦作用真的可以產生心靈，是否機器也可以產生心靈？電腦是否也可以有心靈？這一大堆問題造成了數十年來哲學界與科學界的論戰。哲學、心理學、電腦科學、人類學、語言學、腦神經科學等等紛紛加入了這個戰場。

本書的目的之一是帶領你進入這場論戰，讓你很快的具備一些基本知識與思路來迎接新知識的衝擊與挑戰。目的之

---

③ Edelman & Tononi (2000)。

二則是企圖指出，在解決心靈與意識問題的眾多路線中，「概念革命路線」應是一個最值得探詢的方向。

第二章

實體二元論與靈魂的假定

　　這個世界究竟是由哪些東西所組成？這樣的問題在哲學上被歸類為本體的問題、本體論的問題、或有時也稱為形上學的問題，簡單的說，這類問題就是在探尋世界真實存在物有哪些及其性質為何。在古希臘時期，人們認為地、水、火、風是世界上的四種基本存在物，所有的一切都是由這四樣東西所構成。而在古代中國，人們認為基本存在物是稱之為五行的金、木、水、火、土。當然，這些理論都過時了，現代物理學認為基本存在物是各種基本粒子，所有的東西都是由基本粒子所構成。

　　那麼，這所謂的「一切存在物」是否包括人的心靈呢？心靈是在這一切存在物之外的另一種存在，還是說也是由這些基本存在物所構成的呢？如果心靈不是由這些基本存在物所構成，那心靈是什麼？如果心靈由這些基本存在物所構成，那麼，這些東西是怎麼能夠組裝出心靈的呢？這一系列的發問，就問出了心靈哲學的根本問題了，而為了解答這些問題，心靈哲學理論間的論戰就此展開。

一、心歸心、物歸物

　　許多的人類文化傳統都發展成認為人死後還有另一種生命的觀點，由於死亡關連到的就是物質身體的毀滅，因此，自然會認為在人死後有一種不屬於物質身體的東西繼續存

在，而這樣的觀點某種程度上都形成了一個「心物二元論」的主張。這個主張認為人實際上由互相不隸屬的兩個部分所組成，一是心靈，另一則是物質的身體。

通常來說，二元論所談論的不僅僅針對人，並且主張整個世界就是由這兩大部分所組成。只要持有這樣的觀點就算是一種二元論的想法。而二元論所主張的二元通常就是心靈和物質兩者，所以也稱之為心物二元論。而在談論到人的組成方面則主張人是由心靈和身體所組成，則稱之為身心二元論（mind-body dualism），但由於身體也是由物質所組成，所以身心二元論和心物二元論可以說是相同的觀點，只不過一個是針對人而另一個是針對世界上的所有存在東西而已。

而且，目前除了心物二元論之外，在哲學上較被討論的理論中，並沒有其他主張別種基本存在物的二元論，因此，二元論通常指的就是心物二元論。而「實體」（substance）一詞的意思就是「基本存在物」，也就是互相不隸屬的存在物、無法再化約成其他事物的存在物。當二元論的主張針對的是基本存在物時，我們就稱其為「實體二元論」（substance dualism）。而針對不同面向則有不同的二元論，例如，有一種二元論主張，雖然世界的基本存在物只有一種，但這一種存在物卻具備心靈與物質兩種基本性質，這樣的主張稱之為性質二元論（property dualism）。另外，也還有一種稱之為概念二元論（conceptual dualism）的主張。由於我們實際上是由概念來認識世界，所謂概念指的是在我們的思想中的基本單位，可以用來談話或是思考的東西，簡單的說就是語詞的意義。而在我們的概念世界中，存在著心靈與物質兩類無法互相隸屬的概念，這樣的想法就稱之為概念二元論。這兩個特別的二元論在本書後面還會詳細討論。本

章所談的二元論皆針對實體二元論。

　　一般來說，人們相信物質身體死後心靈還能繼續存在。這是大多數實體二元論的主張，但是，即使不這麼主張也還一樣是一種實體二元論的想法。實體二元論只強調基本存在物有兩個，並不一定要主張有一種死後繼續存在的事物存在。但是，反過來說，實體二元論卻是最能夠支持人死後有東西繼續存在的理論。因為，既然人的心靈屬於非物質實體，那麼，物質實體的毀滅自然比較不會影響到心靈實體。所以，心靈實體較有可能在死後繼續存在。事實上，當代科學不再認為實體二元論是正確的，而這也使得讓人相信死後仍有靈魂繼續存在的想法受到嚴重的挑戰。因此，科學界的理論瀰漫著死後沒有來生的想法，但除了相關的學界之外，大多數人們事實上還是這麼堅信著有東西在人死後繼續存在，而這也較為接近實體二元論的觀點。

　　實體二元論的主張可以說是從法國哲學家笛卡兒（Descartes 1596-1650）開始進入比較有系統論述的一個理論。笛卡兒主張，「心是非物質的實體，而物是物質實體」。意思是說，心靈是實際上也是客觀上存在的事物，而且完全不是由任何物質所造成的產物。這是一個很典型的心物二元論的主張，這個主張也符合大家的直覺。

　　然而，笛卡兒除了這樣主張之外，他還認為心跟物之間是有交互作用的，事實上，這也是很符合直覺與經驗上的觀察的，因為，我們可以很簡單的由經驗的觀察發現，當我們內心焦慮的時候心跳會隨之加速，這是焦慮的心靈狀態影響心臟這個物的例子；而當我們坐在按摩椅上時會感覺到舒適，這是被按摩的物質身體影響舒服感覺的心靈狀態的例子，所以，這個笛卡兒心物二元論很符合我們一般的直覺。

簡單的說，笛卡兒的二元論有兩個基本主張：

 (A)心是非物質的**實體**，而物是物質實體，世界由這兩個
   互不隸屬的實體所構成。

 (B)心跟物之間是有交互作用的。

 上面的(A)項是實體二元論的基本主張，而(B)項則是笛卡兒實體二元論的附帶主張。然而，當這樣的兩個很符合我們直覺的主張放在一起卻產生了問題。試問，兩種完全不同的實體如何可能有交互作用？非物質的心如何可能影響物質的身體，反之，物質身體又如何可能影響非物質的心靈呢？這個問題就是所謂的傳統心物問題（traditional mind-body problem）。為了解決這個問題，哲學家們開始思考可能的解決方案，後來發現很難找到一個可以完全說服大家的理論，這個問題就一直持續延燒了好幾個世紀，越燒越烈，進而引爆了現代的心靈哲學論戰。

 我們很難想像不同實體的心和物如何互相影響，但為什麼這是一個難題呢？針對這個傳統心物問題，當代哲學家金在權（Kim, Jaegwon）有一個更清楚的論證來說明這個困難。他主張，因果的交互作用必須有空間上的接近性，簡單的說，一個事物要是能夠影響另一個事物，先決條件就是它們在空間上的距離必須夠近，或者，至少它們之間有一個影響的聯繫。例如，一支槍之所以可以傷到人是因為有顆子彈作為聯繫，而這一顆子彈之所以可以對人造成傷害，那是因為這顆子彈可以拉近跟人的距離後造成傷害。然而，由於心靈是非物質的，此非物質的事物不具有空間性（這也是依據笛卡兒對心靈的界定），而不具有空間位置的心靈不可能在空間上接近其所要作用的物質，當然，反過來也是一樣，具有空間位置的物質無法作用在沒有空間位置的心靈，因此，

心物的交互作用是不可能的（Kim 2005, pp.79-80）。

　　我們的確很難想像一個非物質的心靈和一個物質的物體如何交互作用，因此也無法協助笛卡兒回答金在權所提出的質疑。但是，金在權的論證所主張的「具有空間的接近性才可能有交互作用」，這個想法卻是有待商榷的。首先，如同早期哲學家休莫與康德對「因果關係」的主張，因果關係並不是我們所發現的事實，基本上我們無法證明因果關係的存在，但是，我們卻習慣性的使用因果關係來思考事物。因果關係事實上是內建在我們認知中的先天機制，但這樣的認知機制只是我們用來認識事物的方式，卻不見得代表事物的真實性。至於要進一步論斷因果關係必須具有空間的接近性就更無從說起了，這只能訴諸我們的習慣直覺，這樣的直覺可能只來源於我們日常對物質作用的習慣認知，但心靈若有特殊的因果作用方式也沒有什麼不可能的。何況，當代物理學對於「超距作用」（在距離遙遠的狀態下仍有作用，例如重力作用，成對粒子分裂後的交互作用等等）的存在也保持著肯定的態度。只不過，許多科學家認為必須在場的範圍內才有作用但這也是訴諸一個較能接受的直覺。但無論如何，金在權很清楚的點出了這個傳統心物問題的困難之一，對於支持笛卡兒實體二元論的人來說，他們面臨了必須回答在沒有空間接近的情況下，因果交互作用如何可能的問題。

　　不可否認的，在笛卡兒的主張中，他雖然提出了兩個很符合直覺與常識的主張，「心物是不同實體」，以及「心物有交互作用」，但這兩個主張合在一起卻生出一個很難想像如何解決的傳統心物問題。面對這個傳統心物問題，大體上有三種基本立場，第一，持續堅持笛卡兒的路線，也就是繼續相信(A)和(B)兩個主張，並且嘗試解答非物質的心靈和物質

的身體如何交互作用。①第二條路線繼續主張心是非物質實體而物是物質實體的基本實體二元論，但是放棄心和物之間有交互作用的主張，也就是繼續堅持(A)但是放棄(B)，這就形成了一個沒有交互作用的心物二元論的主張，但此路線基本上難以說服人，也已經沒人捍衛了，所以，本書將不再討論這個觀點。第三個路線就是繼續相信主張(B)認為心物有交互作用，但是放棄主張(A)。放棄主張(A)就是放棄了實體二元論。目前來說，佔上風的是這個路線。

　　而第三個路線又可以衍生出幾個不同的理論，當我們放棄主張(A)的時候，我們有兩個選擇，第一是主張心和物都是物質的，也就是說，心靈是由物質所構成的，就像現代一般大眾所認為的心靈由大腦所構成一樣，這是一種唯物論（materialism）的主張。第二個選擇則主張心和物都是心靈的，物則是由心靈所創生而成的東西，這是一種唯心論（idealism）的想法。這個論戰到了現代基本上由唯物論成為主流。然而，唯物論遇到了新的心物問題，稱之為意識的化約問題或也稱之為心之不可化約性問題，由對這個問題的不同解答而形成許多不同的派別。就目前來說，這個問題的解決方案仍舊毫無共識，這也是為什麼這場論戰還正火熱的進行中。也就是說，即使已經不再是主流的實體二元論與其他理論說不定也可能在某些重大發現後成為新的主流理論。那麼，我們下面就先看看實體二元論的優缺點。

---

① 這條路線的支持者目前已經很少了。請參考（Foster 1991）；（Hart 1988）；以及提出"The problem of the many"論證的（Unger 2006）。

二、實體二元論的支持理由

如前所述，雖然實體二元論已經被學術界打入冷宮，僅有極少數的學者還會公開支持這個理論，但是，由於目前所有心靈理論都有其嚴重的困難處，如果有一天，實體二元論重新在學術界受到重視也不是什麼奇怪的事情。那麼，我們先從幾個觀點來看實體二元論可能有什麼值得支持的理由。

㈠喜好、宗教與實用

在各種心靈哲學理論中，實體二元論是最能夠支持靈魂存在的理論，也就是比較能解釋人死後還有生命的理論。由於人們天性恐懼死亡，如果死亡只是一個生命的轉型而不是生命的結束，那麼，我們將能夠更有勇氣的面對這不可避面的此生終點。而由於大多數的宗教要求人們針對死後的生命來努力，因此，多數宗教比較會支持這樣的一個心靈理論。也就是說，人們在情緒的喜好上或在宗教的信仰上都比較會接受實體二元論。而當我們接受實體二元論之後，我們的心靈有了一個來生的寄託，我們相信死亡不是結束而是一個轉變，那麼，我們將更無懼的面對各種人生的挑戰，從實用的觀點來看，實體二元論的人生觀也是一個較為有正面意義的理論，對生命的實踐有著實用價值。

然而，當我們在探討一個理論時，除了希望這樣的一個理論是我們喜歡的、實用的、與宗教不相違背的之外，更重要的是我們希望這個理論：「是真的、是一個客觀的事實。」因此，我們就必須先擺脫我們的個人喜好、宗教、以及實用性來探討它，除非這些喜好、宗教、和實用性與事實相關，否則我們必須先不理會這些因素。那麼，我們先來看

看其是否存在一些關連性。

1.喜好與事實的關連

如果有人主張，「人們情緒上較喜歡的理論就會是真實的理論」，或是退一步主張，「一個較被人性喜好的理論較為可能是事實真相。」這樣的主張看起來不太有說服力，因為我們的常識告訴我們這兩者是無關的，然而，我們在思考這些問題時當然不能訴諸常識，而且，實際上我們可以將這兩者拉上關連。如果從演化優勢的角度來思考這個主張，我們會發現它們之間並非截然無關的。因為如果我們喜好的理論較可能是事實真相的話，那麼，這或許有助於我們的生存，也就是說，這會是一個演化上的優勢，一旦其是一個演化上的優勢，在人類演化的過程中如果某一個人經由突變出現了這樣的能力，那麼，這樣的人的基因就較可能在天擇中被保留下來，那麼，經由很多代的遺傳之後，就會愈來愈多的人具備這樣的能力，甚至到了全人類都有這樣的能力的地步。那麼，我們的演化中是否已經產生了這樣的一個機制了呢？

從我們對人們心智活動的觀察來看，人類似乎是不具備有這樣的能力的，而且也很難想像這樣的機制究竟要如何突變出來。首先，我們可以觀察發現，人們並沒有共通喜歡的理論，學術界的人們總是在理論的選擇上爭論不休，而且，我們其實很容易找到人們難以接受的事實真相。舉例來說，許多的事實與理論讓我們感到很不喜歡，例如，「人類有著自私的天性」或者「中華隊輸了」等等。甚至有些人在多年之後仍舊無法相信與接受自己的子女已經過世的事實。那麼，從這些例子來看，我們便可以說，喜歡的理論未必就是真實的理論。

除非我們假設，「人內心深處有一個難以察覺的喜好感，而這樣的喜好感直接關聯於事實真相，只不過許多人內心這樣的喜好感被蒙蔽了以至於產生對不同理論與事實的喜好。」然而，即使是這樣訴諸未知事物的說法，我們也不難找到反駁的理由。既然，我們難以察覺這樣的內心深處的喜好感，我們怎麼能知道對實體二元論的喜好感來自這樣的感受呢？因此，這樣的理由還是不夠的。因此，我們可以大體上的推斷，人類並無法藉由喜好來衡量一個理論的對錯。

　　或許少數人已經演化出這樣的能力，也或許人類這樣的能力是潛藏的，但即使此兩者是正確的，由於我們不知道誰具有這樣的能力，也不知道如何判斷某些喜好是否是發自正確的潛在知覺，因此，我們還是無法依據喜好來判斷一個理論的正確與否。因此，這個支持實體二元論的理由並不是一個真正有支持力的理由。

2. 宗教與事實的關聯

　　雖然死後生命不一定要是由非物質的實體所產生，說不定某一類特殊物質也可以扮演這樣的角色，就像是物理學家沃爾夫（Fred A. Wolf）在《靈魂與物理》一書中所假設，他認為，靈魂可以被想像成由一種帶負電能量而且旋轉的虛擬電子所組成[2]。但是，這類主張還是難以回答為什麼在物質身體死亡之後這些物質能夠不被破壞，另外，為何這樣的物質能夠在身體毀壞後，在沒有容器的情況下獨立存在？因此，實體二元論還是一個較能夠支持死後生命的理論。而死後生命的存在是許多宗教的基本預設，因此，大多宗教比較能接受實體二元論的觀點。如果宗教接受的理論較為接近事

---

[2] 請參考（Wolf 1996），中文譯本（沃爾夫 1999, p.159）。

實，那麼，我們就可以藉由這個理由主張實體二元論。

當我們要省思宗教理論與事實的關聯時，我們必須思考宗教理論的由來。首先，我們可以有幾項主要的假設，

(1)宗教的各種想法直接或間接來自於神。

(2)宗教的各種想法來自於具有特殊能力的古人。

(3)宗教的各種想法來自於具有智慧的古人。

在這三點中，如果第一點成立，那麼，宗教的想法當然就是事實，因為，神怎麼可能會錯呢？就算神偶爾會犯錯，那麼，我們至少也可以說，宗教思想的正確性很大。但是，這個假設顯然是很有問題的，因為，我們可以看出有些宗教的某些想法違背當今科學因而很難讓人相信是事實。當然，我們仍可辯駁說，當今科學是錯的而宗教理論才是對的。這個可能性當然有，但是，我們在理智的選擇上會比較傾向於當今科學的發現。因為，這才是有最多證據支持的理論。

另外，我們可以發現不同的宗教具有不同的想法，如果它們都是對的或至少多數是對的，那麼，它們的理論彼此之間會產生矛盾。然而，如果有人辯駁說，僅有某個宗教是正確的，所以沒有矛盾的問題。在這樣的情況下，我們需要面對的是去判斷哪個宗教才是正確的？但是，我們如何分辨呢？光從理論上來說，多數宗教是很類似的，就算真的只有一個宗教是正確的，目前我們也無法從理智上來判斷究竟是哪一個，因此，這條路線看來是不太有用的。

第二點，古人在修行上可能有著很特殊的成果。例如，中世紀基督教苦行僧可能鍛鍊出某些特殊的直觀，中國古代的道家與印度佛教的悟道所產生的知識等等。這些記載似乎說明人類具有某種特殊潛能，而這些潛能能夠產生某些特殊的知識。如果這些特殊知識是正確的，而且能夠用來支持實

體二元論，那麼，這會是一些不錯的支持證據。然而，很可惜的是，這些知識大多難以言傳，所謂「道可道非常道」，這些難以言傳的知識如果真的能夠支持實體二元論，那麼，我們必須親自修行去學習，而無法藉由閱讀與研究來獲得這些知識。也就是說，這些知識不具有客觀的支持力來主張實體二元論。一個比較特別的例外是在《西藏度亡經》的記載，[3]相傳這是當年某些喇嘛冒著生命危險進入死亡邊緣所記錄的情境。在該情境中詳細記載死亡後的某些經歷。如果真是如此，那麼，這會是一個較為客觀的支持，至少可以證明人死後還有思想能夠保留，而這樣的思想保留難以被當今任何物質現象所解釋，那麼，我們就可以推測有非物質的心靈實體存在，而這就可以用來支持實體二元論。然而，麻煩的是，這些只是傳說，而且就算是真的也難以說明那些經歷不是死前幻象。所以，其支持度還是很有限的。這個路線雖然對實體二元論能夠提出一些支持，但其力道仍舊不足。

第三是宗教想法來自於有智慧的古人。古人可能編造了某些宗教思想企圖使人們的行為受到一些約束，這個立意很好，但如果只是這樣，那其跟事實難以扯上關連。除非我們主張「有實用價值的比較偏向是正確的」，否則這個路線無法提供實體二元論任何支持。而下一節我們可以來討論看看，實用與事實是否有關。

3. 實用與事實的關聯

如果實用的理論較為傾向是正確的理論，那麼，由於實體二元論是個較為實用的理論，這個特點便可以用來支持實體二元論。那麼，實用與事實之間是否有著重要的關聯呢？

---

③ 請參考（蓮花生大士，1996）。

美國當代實用主義曾經很強調實用性與事實之間的關係，雖然，我們可以很容易發現有些事實沒有什麼用處，而且某些有用處的事物卻不是事實④。但是，事實的確經常是有用的，而且，有用的東西大多是事實。這樣的一個統計狀況似乎真的能得出「有實用性的較為可能是事實」這樣的主張，那麼，這就是一個支持（但非證明）實體二元論的一個好的理由。

然而，我們或許可以再針對「有用」做一個簡單的分類。有些用處是實質上或是物理上有用的，而有些是心理上有用處的，此兩者從是否有用來判定是否是事實似乎有不同的準確程度。一個錯誤的物理學理論較難以作出一個運轉正確的機器，但是，許多錯誤的理論卻很容易對心靈產生有幫助的情況。舉例來說，許多宗教在某些方面是互相矛盾的，就以人死後的狀況以及神佛的作為來說大都是不同的，但是，對於信仰者來說，它們都能發揮出一個相當大的用處。而且，就以臨床醫學來說，對身體毫無醫療效果的安慰劑卻可能對心理達到一定程度的安定效果，只要病人錯誤的相信所吃的東西是有療效的，它們就常常真的會發揮一些效用。

從這樣的分析來看，很明顯的，如果我們把實用區分成心理上的以及物理上的，那麼，我們可以看出，具有物理方面實用性的理論較傾向於是事實，但是，在心理層面具有實用性的理論卻不見得能夠較為傾向於是一個事實。而實體二元論的效用主要在於心理層面，因此，我們要從對心理層面的實用來支持實體二元論，應該是一個很弱甚至無力的支持理由。

④ 請參考（Pojman 2001, p.9）.

㈡符合直覺

　　一般大眾之所以會傾向於主張「心靈與物質是完全不同的東西」的一個重要理由是符合直覺。如果我們不是這樣主張而是主張心靈與物質是同一個東西，那麼，無論這個東西是心還是物都會讓我們感到難以置信。如果這個東西是心，那麼，我們所看到的世界上的所有物質就是心靈編造出來而非真實的存在物，也就是說，我現在正在敲的這個鍵盤是虛幻的存在。這會讓人感到不可思議的地步，這樣的感覺也沒什麼好的理由，但就是違反了我們的直覺。

　　從另一方面來說，如果所有東西是物質，那麼，心靈就只不過是物質所製造出來的現象，這樣的想法對當今科學界的人來說，尤其是對腦神經科學界來說是很正常的想法，但對大多數人來說，這會是很怪異的。想想看，如果心靈的一切都是由物質所製成，那麼，未來有一天，我們可以要求罪犯去動一個手術，只要改變身體的某些結構之後他就可以成為一個有愛心的人了，這樣的想法不是讓人覺得很奇怪嗎？因此，將心靈與物質當做同樣的東西是違反我們的直覺的。

　　然而，直覺是一個能夠讓人信賴的東西嗎？直覺與事實的關係有多緊密呢？在日常生活中，我們並沒有對直覺抱以一個重視的態度，認為直覺只是一種輕率的認知，例如，如果有一天我們直覺覺得「明天會下雨」、「樂透號碼幾號」、「某某人有外遇」、或甚至「自己患了什麼絕症了」等等，基本上我們都應該在理智上重新反思，因為，這些直覺很可能都是錯的。然而，也有人很重視某些直覺，例如，有人認為女人的直覺很靈敏，對某些人心裡的狀態很能把握，或是，某些人真有預言的直覺，在某些情況下真能早一步看到某些徵兆等等。但這些直覺究竟是真是假卻很難判斷。

然而，在各種直覺中更重要的是某些人的基本認知，這些認知可能大都是正確的。例如，「π是一個無理數」，意思是說，其小數點後面永遠都除不盡也不會循環。但這是目前無法證明的，但我們直覺這麼認為，而其也很可能是正確的。又例如，各種基本邏輯定理，以矛盾律的主張為例，「小明不可能同時是一隻鳥而且又不是一隻鳥」，這個主張在直覺中我們也認為是一定對的，這些成為我們推理的基本條件。其他像是「凡事皆有因」、「萬物齊一律」（類似的事物會有類似的性質）、「他人有心靈」、「這個世界不是在五分鐘前被製造的」，這些都是我們無法證明的，但是我們都有著強烈的直覺認為其是正確的，而實際上來說，其很可能也都是正確的，甚至成為某學說與理性思考的基本預設。從這個角度來看，我們心中似乎真有著某種直覺的能力可以直指事實。如果我們可以分別值得信賴的直覺與不值得信賴的直覺，而且發現對實體二元論的直覺屬於值得信賴的直覺，那麼，直覺就可以成為支持實體二元論的一個好理由。

　　那麼，首先，我們最好先區別直覺如何跟事實相關聯？為什麼會有值得信賴的直覺。直覺可能是一種快速的心算推理，這類直覺的產生可能在於人們某些推理的過程非常熟練時所產生，而這樣的直覺的正確性很高，但是也可能產生錯誤。例如，我們習慣會用第一印象的直覺來判斷一個人，這樣的判斷常常是正確的，因為一個人的表情、衣著、談吐、行為常常可以顯示出一個人的特質，但是，對某些不照常理出牌的人來說就可能發生錯誤。而這種判斷人的直覺就是來自於快速的推理計算。然而，這類的直覺是可以還原成原本的推理步驟的，我們可以重新思考我們為何有這樣的直覺，一步一步重新把推理與理由找出來就可以衡量這樣的推理是

否是值得信賴的。如果對實體二元論的直覺也是這類的直覺，那麼，我們就可以將支持實體二元論的理由慢慢找出來重新衡量，那麼，這就不是直覺的問題而可以討論其理由了。

所以，如果實體二元論符合直覺是這種直覺，那麼，這問題不在直覺方面。實際上，我們對實體二元論的直覺的確有這樣的方面，由於我們對心靈相關的語言結構較為適用於實體二元論，因此，我們習慣用語言的思考會覺得實體二元論較為恰當，而這樣的直覺是可以還原的。而還原之後的較好的解釋就是，早期人類具有類似實體二元論的觀點，而這樣的觀點漸漸形成語言，語言之內已包含了這樣的觀點，當我們學習語言之後自然而然的會感到這樣的觀點是較為恰當的。而由於古人有這樣的觀點很可能只是一種一廂情願的想法，因為，我們也難以找到更好的證據或是理由來支持古人為何會如此肯定實體二元論，因此，這樣的直覺是不值得信賴的。

是否仍有其他直覺能夠支持實體二元論，而這些直覺究竟能對實體二元論有多少支持的力道，我們將在本章最後討論的部分再來分析。

㈢客觀證據

一般來說，尤其針對當今科學的發展，客觀證據總是支持某個學說最好的方法。舉例來說，如果要證明某病菌的存在，最好的方法當然就是找到這樣的病菌，而這就是一個客觀證據。這樣的證據在理智上最有說服力。然而，並不是每種東西都可以找到這種這麼直接的客觀證據。例如，科學家們大都相信有電子的存在、甚至有光子的存在，但是，因其

太過微小而且容易受到任何觀察儀器的干擾，因此，我們根本無法直接觀察其存在。或者，像是距離地球非常遙遠的星球也沒有儀器可以直接觀察其地表。這時，我們只能退而求其次，看能否間接的觀察，就像是電子會產生某些現象，我們藉由某些現象的存在去證明其存在，這也算是客觀證據的一種，當然，其說服力自然會低一點。除此之外，我們還可以在沒有任何間接證據的情況下，藉由理論的推算證明某些事物的存在，例如，在反粒子還沒有真正被發現之前就已經可以從某些運算公式中主張其存在，或者，科學家發現可觀察的宇宙物體的質量總和小於其理論上應有的質量，因此主張存在有難以被觀察到的黑暗物質的存在，而這也應該可以算是客觀證據，當然，其說服力自然又更低了一些。

而實體二元論在當今被忽略的主要理由是許多人認為沒有任何可靠的證據與理論顯示這種非物質的實體真的存在。笛卡兒的「我思故我在」論證或許可以有效支持「心靈」的存在，因為，如果我否認心靈的存在，則心靈存在，這是由於「否認」本身就是一種心靈活動。但這樣的論證並不能支持這個思考主體的心靈的來源是非物質的實體。然而，要直接找出非物質實體做為客觀證據可能太過困難，因為既然其是非物質的，我們又不知這種非物質如何跟物質產生作用，那麼，找不到是理所當然的。那麼，我們可以退一步去尋找靈魂的存在，如果人在物質身體毀滅後真有什麼可以稱為靈魂的東西繼續存在，那麼，其很可能是非物質的，因為，依據目前對物質世界的了解並沒有任何物質可以用來扮演靈魂的角色。所以，我們可以先探討是否有客觀證據支持這種靈魂的存在。如果有，那麼，我們可以視其為支持心靈實體存在的一個不錯的客觀證據。

1. 佛教的靈魂輪迴

　　佛教的輪迴思想認為人死後靈魂離開肉體而可能投胎到其他新的身體上。許多人依據這個觀點而相信靈魂的存在，但是，佛教的輪迴觀並不能拿來當作證明心靈可以離開身體繼續存在的證據，因為輪迴觀本身就是建構在心靈是非物質存在體的假設下。也就是說，「假設」不能作為支持某事物存在的證據。

　　但是，如果我們可以證明輪迴現象的存在，則心靈能在離開一個身體後繼續存在於另一個身體，那麼，這就是一個很強的支持靈魂存在的證據了。雖然，這樣的證據所證實的靈魂是一般意義下的靈魂，並不能證實此處所強調的「非物質實體」的靈魂的存在，因為，這樣在死後可以繼續存在的東西未必是非物質的。但是，我們可以合理的推測，在物質身體死亡後能繼續存在的東西很可能不屬於一般我們所知道的物質性的東西，那麼，這就比較能讓我們接受這種靈魂是「非物質」的看法了。也就是說，雖然輪迴的證據不能證實（非物質）靈魂的存在，但是，確能相當程度的支持其存在。

　　在西藏有達賴和班禪的轉世神蹟，在許多鄉村也有一些轉世的報導，例如小孩生下沒多久就能說不同的語言並且具有前世的記憶，又有人在長大之後突然想起前生的記憶，而且能夠準確的說出一些遠在他鄉所發生的事和一些情景等等。如果這些都是事實，那麼，這些都可以在某程度上作為支持靈魂是非物質存在體主張的證據。但是，很不幸的，這些證據都還只停留在宗教或傳說的階段，沒有任何一個這樣的傳聞是在科學精神的研究下被證實的。我們或許可以相信目前活著的宗教領袖達賴不會說謊，但是，可惜的是，他並

沒有前世的記憶。而關於剛出生沒多久就會說話的嬰兒的報導極可能是謠傳，否則就不會只是小報消息而是轟動世界的頭條新聞了。而且，在一些鄉村小鎮所發生的轉世奇蹟也都有其可疑之處。因為他們之前是否真的沒到過他們所謂的前世的居住地方，或過去在那裡所發生的事情是不是都是真的也都還很可疑。所謂賠錢生意沒人做，殺頭的生意有人做。只要有利可圖，說說謊或聯合一些人騙騙出手大方的西方記者應該是很可理解的。

　　過去常常有關於某小鄉村有許多百歲以上人瑞的記載，在生活條件以及醫藥落後的情況下，為什麼他們可以活這麼久？更了不起的是，有些人瑞已經超過百歲但看起來還只不過五、六十歲，是什麼因素讓他們減緩老化的速度呢？這吸引了許多記者與科學家一窩蜂的跑到那裡尋找長壽緩老的秘訣，而且也都「發現」了許多各式各樣的秘訣，例如，沒有空氣污染或是負離子比較多又或是生活不緊張，也可能是他們經常食用一種少見的植物等等。但是，卻沒有一個真正有說服力的研究報告被提出來明白解釋為什麼這個因素能夠在該鄉村產生這種長壽的現象。而且更大的問題是，該鄉村的戶籍資料不全，完全無法證實那些人瑞的年紀。他們的年齡完全是依靠「自由心證」，這真是讓人遺憾啊，科學家們敗興而歸，記者們卻還是拍攝了一系列的高收視率報導，使得遊客不斷湧入，而這個村莊也因此繁榮起來，家家戶戶生活都獲得了改善。或許，當隔壁村莊見了這個結果之後，每個人都突然想起他們的實際年齡其實是更老幾十歲的吧！

　　雖然，不是所有的傳聞都是假的，但是，在謹慎追求真相的態度上，我們必須假設它們可能是假的，然後再衡量其可信度。也就是說，雖然科學難以在不假設靈魂存在的情況

下解釋「輪迴現象」，但是，這個現象本身卻可能是不存在的，目前仍舊沒有證據顯示真的有輪迴這樣的事情存在，因此，如果沒有輪迴的存在，「靈魂」的假設自然也就沒有必要了。

當然，要在科學精神上證明輪迴是件不容易的事，例如，當某人宣稱他的前世是某個別人，然後查證確有其人，但是，科學家如何確認這個人真的不是在騙人呢？也就是說，即使輪迴是真有其事也很難在符合科學精神的情況下被證實。這也可能是為什麼目前科學界沒有公認接受的輪迴證據。那麼，我們也只好先將這個證明靈魂存在的路線放下不論了。

2. 前世療法

除了一些輪迴現象的傳說之外，另外還有一種主張靈魂存在的輪迴證據發生在精神醫學領域。近年來所謂的「前世療法」已經被視為一種對於某些類型的心理疾病的有效治療方法。心理醫師將病患催眠後，讓病患回憶前世所發生的事情，並且使用催眠中所發現的事情來解釋為什麼目前生活上會有這樣的問題，由此獲得解答而產生療效⑤。例如，一個女性病患和其男友相處的很不好，而這樣的互動關係對她造成很大的困擾，可是她又無法下定決心離開他。於是，她就求助於心理醫師。心理醫師將她催眠後，她回憶起前世和她男友的關係是主僕關係，而且她還常常虐待他。這麼一來，她心中的歉疚感讓她覺得應該好好忍受她的男友並且好好對待他，於是，她就解脫了這樣的心理困擾，甚至，這樣的態

---

⑤ 請參考（Weiss 1988），中譯本，布萊恩・魏斯（1992, p.14）《前世今生》。

度轉變可能真的可以改善他們的相處關係，達到有效解決問題的地步。

在這情況下，我們無須質疑這個「前世療法」的療效，這個療法對某類型的心理困擾的確有效，但問題是，我們卻必須質疑她在催眠中所「看見」的事物是否真的是過去所發生的事實。目前沒有任何可靠的證據顯示催眠可以揭發過去發生的事實真相，相反的，有實驗顯示，催眠中的想法可能被醫生所引導，催眠者可以透過暗示使被催眠者創造出某些在催眠中經歷的情節[6]。如果這種「有意的」暗示可以創造被催眠者的假記憶，那麼，由於催眠本身很難排除掉一些在語言使用或既有知識上的「無意的」暗示，那麼，藉由催眠所產生的記憶的可信度就大打折扣了。

在這情況下，催眠中所看見的也可能只是自己內心編造的或被醫師在有意或甚至是無意間引導所產生的，那麼，雖然我們可以支持這種療法的存在價值，但卻不能把這種療法過程所產生的想法當作我們追求事實的證據。所以，我們還是不能藉此來論證心靈是可以獨立於身體而存在的。

3. 靈魂出竅

坊間有許多關於靈魂出竅的記載，世界上也有許多宣稱具有靈魂出竅能力的人，例如，有人宣稱可以透過靜坐或其他方式靈魂出竅到達遠方觀察某些原本看不到的現象而在回魂後說出來以證實靈魂出竅，甚至，美國林肯大學教授黎國雄先生寫了一本關於靈魂出竅的書詳細記載一些靈魂出竅的

---

[6] 科學家仍無法確定，被催眠者進入催眠後所回憶的內容是真有其事，或僅是在催眠狀態下，經由有意或無意的誘導所虛構出來的。請參考（Dinges et. al. 1992; Steblay & Bothwell 1994）。

「實例」來證實真有靈魂的存在⑦。但是，包括黎先生在內沒有任何人能夠真正提出一個有科學根據而令人信服的說法證實這些靈魂出竅的案例是真實的。

之所以缺乏科學上的研究根據，在社會上流傳著一個解釋，這是因為科學家們古板的拒絕新鮮事物，所以對這些神秘的問題不感興趣而失去了研究的契機。這絕對是錯誤的說法。當然，不可能所有科學家對這些問題感興趣，但是，如果任何一位科學家能用科學方法證實靈魂的存在，這個科學家的名字將響遍全世界，這樣的吸引力怎麼可能不吸引大群學者來做這方面的研究呢？但是，做這些研究的人真的愈來愈少，主要原因是，幾乎每次的案例都是不了了之的無法證實或甚至發現有人根本就說謊。科學家想盡辦法證實這些神秘現象，但遺憾的是，目前尚未有任何一樁案例是真正被科學所證實的。問題或許在於人們難以用自己的自由意志來讓靈魂出竅，因此，即使靈魂出竅是經驗事實也難以在科學精神的基礎上被證實。否則，實驗並不困難，只要請受試者藉由靈魂出竅到指定地點去看看裡面預先藏著什麼樣的東西就可以證實了。如果由不同的科學家在不同的地方實驗都能做到完全正確，那麼，靈魂出竅就有了更為紮實的科學證據了，但遺憾的是，這種實驗從來沒有真正被公認的成功過。因此，在科學精神的遵行下，我們無法用這些靈魂出竅的案例或傳說來證實靈魂的存在。

4. 瀕臨死亡經驗

然而，有一個比較特別的靈魂出竅證據是發生在急救病

---

⑦ 請參考（黎國雄 1995, p.23），依據該書對作者的簡介而稱其為「林肯大學教授」。

房裡面，也就是所謂的「瀕臨死亡經驗⑧」。依據「國際瀕死研究協會」對瀕臨死亡經驗的定義是：「在沒有心跳和呼吸的狀態下所發生的一個或是一連串的事件⑨。」當然，病人必須被救活了才能說出他們的經驗。也就是說，有些人在整個身體的運作呈現死亡狀態之後，還能藉由急救過程使身體重新運作而又活過來。在這急救過程中，病人照理說是已經死了，沒有任何思想活動了，但是，有些在鬼門關走了一趟的人卻不這麼認為，他們說出了一些令人難以置信的話。

首先，他們發現自己浮了起來，他們可以回頭看見自己躺在病床上接受急救，而後，他們開始通過一個黑色的隧道，在隧道的盡頭有光，最後，他們發現在光中有死去的親友或神佛上帝等在那裡迎接他們。

並不是每個人都經歷這些所有的階段，有人在身體浮起來後沒多久就從空中墜落而醒過來，有人在黑隧道中回頭，有人聽見親友或神佛上帝告訴他們時間還沒到而後返回到醫院甦醒。

根據研究顯示，這些報告數量很多⑩，似乎不太可能是集體編造的謊言，而且更重要的是，這些謊言對編造者沒有任何明顯可看的出來的好處。相反的，許多有這種經驗的人認為，這樣的經歷對他們的整個人生觀有著巨大的影響，他們因此能夠過著一般人不易辦到的積極的生活方式⑪。如果，

---

⑧ 請參考（Yates & Bailey, 1996）。

⑨ 請參考（Rommer 2000, p.38-中譯本）

⑩ 請參考（Moody, 2001）以及由 Jody A. Long, JD & Jeffrey P. Long, MD 所共同主持的「接近死亡基金會」（Near Death Experience Research Foundation）資料中心，網址：http://www.nderf.org。並且依據 1992 年蓋洛普機構所做的調查估計，大約有一千三百萬名美國人有過瀕死經驗，請參考（Rommer 2000, p.38-中譯本）。

我們相信這是真實的經歷而不是謊言，那麼，我們還是要想想這是不是一種幻覺。或許，這是瀕臨死亡的大腦狀態產生的幻覺。這是有可能的，但是有三個疑點。第一，一般的幻覺很不清楚，而且很容易就消退了。但是，根據有這類經驗的人的訪談報告，即使過了幾十年，他們還覺得該經歷就像是昨天發生一樣清晰，甚至比任何真實經歷都還更清楚。這是和一般幻覺或作夢不太一樣的地方。但是，這也有可能是一種特別的幻覺，根據我們目前對大腦的了解，這種清晰程度的幻覺其實是可能產生的[12]。

　　第二，許多瀕死經驗的人連腦波圖都成一直線了，這種情況還能有幻覺嗎？如果人的一切心智活動都來自大腦，那麼，在這麼栩栩如生的心智活動時，大腦的電波圖竟然是一直線，這是很難讓人信服的。然而，如同曾經是巴黎高等實踐研究院院長的神經生理學教授蕭沙德（Paul Chauchard）所說，我們仍然無法確定在腦波圖呈現直線時大腦是否真的停止運作。[13]所以，依據蕭沙德的看法，說不定未來在我們目前不明白的大腦運作機制中可以找到一個對這種「特殊幻覺」的合理解釋。然而，雖然這樣的猜測並非不可能，但這種訴諸我們目前的無知而做的假設的解釋力是比較差的。

　　第三，在對這些有瀕臨死亡經驗的訪談中，最令人覺得不可思議的地方是，當這些人浮起來回頭看見自己和整個急救過程時，由於他們的記憶非常清楚，所以，他們可以很仔

⑪ 根據醫學博士諾依斯（Noyes）對兩百多位有瀕死經驗的研究，在這種經驗過後多年仍舊有大約百分之二十三的人仍由於這樣的經驗對生命抱持極大的熱情，以及欣賞、體驗生命每一刻的生活態度，請參考（Noyes 1980）。
⑫ 有研究者主張這是某些藥物的作用，請參考（Yamoto 1992）。
⑬ 請參考（Valarino 1997, pp.273-274 中譯本）。

細的描述醫生們在做什麼，每個細節和儀器都能清楚的描訴，雖然他們無法叫出這些儀器的名字（因為他們沒學過醫學），但卻可以清楚說出該儀器的形狀和如何被使用，而且其所描述的情況可以獲得當時在場醫生與護士的証實⑭。這是目前難以解釋的地方。當然有些人懷疑他們可能跟某醫生或護士串通好編出來的謊話，但是，這似乎不是一個很合理的推測，因為編造這些謊言對編造者沒有什麼好處而且可能有壞處。而且，依據執業超過25年的內科醫生羅默爾（Barbara R. Rommer, M.D.）博士的記述，除了上面提到的證據之外，其他有客觀證明價值的證據還包括有：先天失明者在瀕死經驗中可以「看見」事物，以及某些瀕死經驗者「帶回」原本不知道但後來卻被證實的訊息等等⑮。這些是目前為止，對支持靈魂存在算是最強的客觀證據。因為，依據目前我們對物質作用的認識來說，我們完全無法解釋這些特殊的現象是如何可能發生的。因此，假設有其他非物質作用的存在並不是一個非理性的假設。所以，這些證據傾向於支持非物質實體的存在。

然而，從嚴格的思維來說，只有這樣的證據似乎是不夠的，因為，有可能是一些我們尚不知道的作用力或其他因素的存在，目前無法解釋某些瀕死經驗的狀態並不表示我們一定要相信靈魂的存在，以及其是非物質的。

雖然，非物質靈魂的存在可以用來解釋這種現象，但是，並不是只有靈魂的假設可以解釋這種現象。如果我們能夠找到更多的證據，我們或許就更能夠主張靈魂的存在了。

---

⑭ 請參考（Moody 2001）；（Rommer 2000, p.43-中譯本）。

⑮ 請參考（Rommer 2000, pp.41-44-中譯本）。

相反的，用靈魂的假設來解釋瀕臨死亡經驗有一些問題。例如，並不是所有在急救中被救回的人都有這樣的經驗，我們可以從身邊有過瀕死經驗的人身上發現這樣的情形，而且依據統計，有這種經驗的人只是少數，例如，根據英國回聲日報（Daily Echo）的統計報導，只有約十分之一在瀕死急救甦醒的人具有這種經驗。⑯而在荷蘭對心臟突發「死亡」後被救醒的人的統計約為百分之十五⑰。這代表什麼？難道只有不到十分之一的人有靈魂嗎？還是只有少數人的靈魂可以死後繼續存在？

　　另外還有一個難題是，許多人有類似於瀕死經驗的經歷但卻不是在瀕死狀態下產生的。例如，某些人在極度勞累時以及飛行員在做瞬間加速時都有可能產生類似瀕死經驗的經歷，包括安詳、強光、隧道等等（Whinnery and Whinnery, 1990）；而某些毒品與藥物的使用也可能產生類似的經驗（Strassman, 2001），這些證據的存在都會對靈魂假設產生解釋上的麻煩。所以，這個靈魂假設其實還是有待商榷的（Corazza, 2008: 122-124）。

三、實體二元論的困難

　　在前面針對可以支持實體二元論的理由進行了一些分析，現在，我們可以針對反對實體二元論的理由來討論。

---

⑯ 根據英國南安普頓（Southampton）《回聲》日報（Daily Echo）2001 年 2 月 28 日的報導，研究人員在瀕死患者得救後的一個星期內，進行了採訪。63 位活下來的患者中，有 7 人能夠回憶出在他們「死亡」期間的情感活動和看到的景象。

⑰ 請參考（van Lommel 2001）。

㈠笛卡兒的心物問題與平行論

實體二元論主張身體和心靈是兩種完全不同的存在物，那麼，既然它們是兩種完全不同的存在體，它們之間是如何交互作用的？這是前面討論過的「傳統心物問題」。在我們目前的知識體系中，我們很難想像一個物質結構的身體和非物質的心靈要如何交互作用。

當然，雖然笛卡兒依據我們自身所觀察而主張心靈與物質有交互作用，但是，實體二元論不一定要這麼主張。也就是說，我們可以主張心靈與物質一點關係都沒有，它們的運作雖然看起來有交互作用但實際上並沒有，這樣的想法稱之為平行論（parallelism）或心物平行論（mind-body parallelism）。

那麼，我們是否要選擇平行論而否認心靈和物質有任何交互作用？在日常生活中，當你的腳被一顆石頭丟到（身體作用）而使你覺得痛（心靈作用），我們一般認為這是身體對心靈的作用。而當你的心情緊張（心靈作用）而使得你的心跳加速（身體作用），這則是心靈對身體作用的例子。我們能夠否認這些交互作用嗎？當腦神經科學發展起來後，這樣的否認就更難了。心靈的變化有著相對的大腦變化，而大腦的變化也就是身體的變化。因此，已經很少會有人主張平行論了。

而且，雖然心靈與大腦的相對性還沒有達到完全了解的地步，但是，許多的實驗證據一再顯示心靈極可能就是大腦的作用造成的[18]。這使的愈來愈少人願意在理智上接受實體

---

[18] 請參考（Dennett 1992, pp.33-34）；（Edelman & Tononi 2000, p.4）；（徐嘉宏 1998, p.55）。

二元論了⑲。然而，即使如此，這並不表示實體二元論就是錯的，目前只是說，依照當前人類知識及推理，實體二元論遇到一個很大的困難。如果有一天，新的實驗與研究讓整個局勢翻轉過來，讓實體二元論重新佔上風，這也沒有什麼好驚訝的。這類事情在科學史上已經發生多次了。

事實上，這樣的革命可能已經在進行了，如同前面提到過的物理學家沃爾夫針對靈魂的可能存在及其和一般物質的交互作用以當代物理學作一個假設，他說，「靈魂可以被想像成由帶負電能量的、旋轉的虛擬電子所組成，這些小靈魂浸沒在迪拉客的真空之海中，每個小靈魂都有記憶，並且和肉體裡真實的旋轉電子相互作用⑳。」另外，如果把正粒子當作是傳統意義下的「物質實體」，而把反粒子當作是「非物質實體」，那麼，這兩種實體可以同時存在而且也能夠有交互作用。

除此之外，現代物理學上的超弦理論（superstring theory）也提供我們一個有趣的想像空間，這樣的想像也可以提供實體二元論與心物交互作用同時成立的一個可能性。由於該理論反對用傳統的「粒子」的觀點看待基本的實體，而將所有基本粒子視為不同頻率的震盪弦。由於震盪弦有許多不同的震盪方式，在我們的觀察中，這些不同的震盪弦就是不同的基本粒子的存在現象。而這些基本粒子，又組合成許多的分子與萬事萬物㉑。依據這樣的科學理論，我們可以想

---

⑲ 雖然大多數的人或許在情緒上比較喜歡實體二元論，希望人的身體死後還可以繼續存在，但是，科學精神講求的是精確的推理和實驗證據，我們在此只談論理智上的想法，而忽略情緒上的渴望。

⑳ 請參考（Wolf 1996），中文譯本（沃爾夫 1999, p.159）。

㉑ 請參考（Greene 1999, p.136）以及（加來道雄 1994, p.204）。

像如果身體（或物質）與心靈（或靈魂）屬於不同基本類型的震盪弦，因兩者都屬於震盪弦，所以其交互作用是可能的。而因其屬於不同類型的震盪弦所以他們可以被理解成是不同類型的存在事物，所以，實體二元論與心物交互作用這兩者還是有相容的可能性。甚至我們可以進一步想像如果有一天我們發現大腦的某些作用可以造成這種特殊的震盪弦，而其又能對應到某些心靈現象，那麼，實體二元論就能夠在同時接受心物交互作用的情況下獲得科學理論上的根據了。

當然，這只是想像而已，距離我們真正能夠衡量這樣的解釋還有很長遠的路要走。不過，要記得的是，實體二元論在此問題上並非絕對反科學的，只不過，我們須要有更多的證據和理論基礎來支持這個理論。

雖然實體二元論有著難以解決的心物交互作用的問題，但是，事實上，在心靈哲學中的所有理論都有難以解決的難題[22]，真正讓科學界傾向放棄實體二元論的並不是這個心物交互作用的問題，而仍舊是我們沒有可靠的證據證明心靈實體的存在，而且其存在假設似乎是「不必要的」，也就是說，真正除去心靈實體的並不是這個交互作用上的困難，而是缺乏客觀證據與奧坎剃刀的作用。也就是說，在不同理論的競爭中，主流科學家與哲學家們認為，選擇了沒有靈魂假設的理論並不減少整個理論的解釋力，因此，在應用「奧坎剃刀」（The Occam's Razor）[23]原則的情況下，假設靈魂存

---

[22] 當今心靈哲學中的各理論都有難題必須面對，所有化約論者包括物理論（physicalism）和功能論（functionalism）都必須面對意識難以化約的問題，取消唯物論則仍舊難以提出充分的論證來論證心靈不存在。性質二元論（property dualism）也難以說明為什麼同一種實體產生完全不同的性質，擴展論（expansionism）也無法提出適當的概念框架（conceptual framework）來解釋如何統合心靈與物質，請參考（冀劍制 2006a）。

在的理論就因有多餘而不必要的假設被否決了，因此，非物質實體就被認為是不存在的東西了。我將在本章後面深入探討實體二元論與奧坎剃刀的問題。下面先針對缺乏可靠客觀證據的批評來討論。

㈡缺乏直接的客觀證據

　　實體二元論的一個主要問題還是在於缺乏直接的客觀證據，因為，我們無法發現非物質實體存在。針對前面談到的瀕死經驗作為實體二元論的證據來說，這樣的證據的確可以在某個程度上支持實體二元論，但是，這些都只能算是間接證據，若要用來證明或是說服別人實體二元論為真則還有一段很長的距離要走。

　　然而，要尋找非物質實體的直接客觀證據真的很難，最難的地方則在於我們的科學實驗方法的預設根本就幾乎容不下這種所謂非物質的事物。舉例來說，如果我們發現一種力量或是能量的存在但卻難以將此力量還原成某種物質來理解，在這樣的情況下，科學會主張我們發現了非物質實體嗎？用一個實際的想像例子來說，曾有人主張植物是有心靈現象的，[24]如果這個主張是事實，但問題是，植物基本上是

---

[23] 奧坎剃刀（Occam's Razor）是由奧坎（William of Ockham, 1285-1349）所提出的一個用以發展與選擇好的理論的原則，此原則可以用來除去多餘沒必要的假設，例如，當某理論 A 除去一個假設存在的事物 P 之後成為理論 B，如果理論 B 的解釋力並沒有比理論 A 還差，那麼，我們就可以用理論 B 取代理論 A，而因此也就否決 P 的存在。然而，事實上，奧坎是否真的有提出這樣的一個原則是有爭議的，請參考（Burns 1915, p.592）和（Thorbum 1918），但是，這個爭議在本文並不重要，因為我們提到這個原則主要是針對其內容，而不是針對這個原則的提出者是誰。

[24] 任職於美國情報單位的湯京士（Peter Tompkins）與柏德（Christopher Bird）利用測謊機對植物做一些實驗時發現植物產生出類似人類的情緒反應（Tompkins & Bird 1973）。但這個實驗因為難以被複製而較不被科學所重視。

沒有神經系統的,那麼,植物的心靈現象來自何處呢?在這樣的假設情況下,我們不會認為這個證據可以證明有非物質的心靈實體存在,而比較會認為其他非神經系統可以產生心靈現象。然而,我們更大膽假設,如果我們真的觀察到植物有著複雜的心靈現象(或其所表現出來的行為可以適合用複雜的心靈現象來解讀),而且,假設我們也發現依據植物的所有組織結構是無法產生這種複雜程度的心靈現象,如同某些低階電腦無論如何都不可能具有高階電腦所產生的運作一般,在這樣的情況下,我們是不是可以接受存在有一種非物質心靈在後面運作了呢?

我想,幾乎不會有這樣的結論產生。因為,我們還是會想辦法繼續尋找尚未發現的其他物質基礎,就算真的無法找到其物質基礎,科學也會主張其為另一種物質的存在,而不會將其當作是「非物質」。所以,科學理論與實驗方法基本上根本容不下這種非物質。然而,如果我們把這種所謂的非物質實體當作是不屬於當今物質觀念的另一種物質,就像之前所談論的反物質或甚至是尚未發現的某種東西,那麼,這會讓我們感覺上比較有機會在科學發展中友更強的支持證據的可能。

然而,如果心物平行論為真,那麼,心靈跟物質是不會有交互作用的,這麼一來,任何科學儀器都不可能偵測到心靈的存在,因為,任何儀器都是物質所製造,如果心靈和物質沒有交互作用,這就表示心靈不會和儀器有交互作用,那麼,儀器自然不會偵測到任何關於心靈的東西,那麼如果儀器偵測是成為一門科學所必須的,心靈就永遠不可能成為一門科學。而這種情況並不是心靈的問題,而是科學的界線太窄所導致的不足。這個部分我會在討論唯物論與科學時再深

入分析。

㈢科學難以獲得進展

　　科學家們反對實體二元論的另一個理由在於，如果支持實體二元論，那麼，科學將難以獲得進展。或說的更明白一點，則是支持實體二元論的研究人員難以有科學研究論文可以發表。因為，既然我們目前很難偵測到非物質靈魂，而且甚至可能根本就無法偵測到，那麼，這方面的研究將可能會完全沒有成果，這對科學家來說是一個很嚴重的問題，這可能會導致沒有工作、沒有研究經費等等下場。相反的，只要主張心靈是大腦所產生的這樣的觀點，然後好好分析心靈與大腦的對應，這就很容易造成許多研究成果，所以，即使實體二元論是正確的，由於其研究與證明的難度過高，這也會導致願意相信此理論，或假設此理論為真的研究人員人數較少，既然如此，這個理論停滯不前與缺乏證據也是理所當然的事情。

四、心靈實體與奧坎剃刀

　　那麼，我們現在回頭深入討論前面大略談到過的實體二元論與奧坎剃刀原則的關連。

㈠奧坎剃刀

　　「不要假設沒有必要的存在物㉕。」這是奧坎剃刀的基本命題，意思是說，當兩個理論有相同的解釋力時，比較複

―――――――――

㉕ 此命題的原文為"Entia non multiplicanda sunt praeter necessitatem,"英譯則為 "Entities should not be multiplied beyond necessity"（Tornay, 1938）。

雜而且需要假設更多東西的理論就必須被淘汰掉而選擇較為簡單的理論。我們也可以從另一個角度來解讀這個原則，如果用少數東西或假設就可以解釋某個現象，那麼，除非多餘的東西或假設有其必要性，否則，我們就無須用更多的東西或假設來解釋該現象。舉例來說，假設我們原本有一個理論Ａ，而在這理論中，我們必須假設有Ｐ，Ｑ，Ｒ三種東西的存在，然而，當有人發展出一個新理論Ｂ時，當Ａ與Ｂ兩理論對所有證據有相同的解釋力，但是Ｂ卻比較簡單，只要假設Ｐ，Ｑ兩個東西的存在即可，那麼，在奧坎剃刀原則的應用上，Ａ理論就會被淘汰，而在Ａ理論裡面的Ｒ就會被當作是多餘沒必要的假設而被否決其存在地位。簡單的說就是奧坎剃刀把Ｒ給切除了。

現在，讓我們用一個實際的例子來說明這個奧坎剃刀是如何在我們的思考中作用的。假設有一個聰明的小學生小強，在他還不知道空氣中的成分，也還不知道燃燒原理的情況下，我們讓小強觀察一個燃燒現象，例如，我們可以點燃一張紙，等到其燒成灰燼之後，然後問小強，請問，一個燃燒現象需要哪些因素，聰明的小強可能會說，「第一，需要有可以被燒的東西，第二，需要有可以點燃的東西，這樣就夠了。」

然後，我們把另一張剛點燃的紙放入瓶中蓋好，這時火再繼續燃燒一會兒後就熄了。這時我們再問小強，真的上面那兩個因素就夠了嗎？聰明而且好運氣的小強或許會說，「不夠，」接著他推測「空氣中可能有一種東西是燃燒必須的，當這種東西用完沒繼續補充就無法繼續燃燒了，所以，」小強推測，「燃燒需要三個要素。」這個推理很好，他提出了一個很合理的理論來解釋燃燒現象，我們聽了這樣

的推理後也不會覺得有什麼不對的地方，很自然的，即使我們也不明白燃燒理論，我們會傾向去同意小強的觀點。然而，為什麼小強猜測空氣中要有「一種」東西是燃燒必須的而卻不是「兩種」呢？又為什麼不是「很多種」呢？而且，我們又為什麼可以很輕易而且很自然地接受這個「一種」的說法呢？這似乎顯示著，我們習慣於從簡單的假設著手，並且在有相同解釋力的情況下接受較為簡單的理論。這也就是奧坎剃刀的基本精神。

　　為了更進一步的探索這個燃燒問題，假設我們發現氧氣是燃燒中必須的東西，我們便在瓶中接一個小管子，讓氧氣徐徐注入瓶中，如果燃燒只能多持續一點時間但不能燒盡紙張，我們可能才會去思考另一種燃燒的必要條件，否則，我們就斷定，燃燒的要素就是這三個了。然而，即使如此，燃燒真的就沒有第四個必要條件嗎？假設有些人提出了兩個可能的第四個條件如下：

　　　4a：燃燒的產生需要有神的許可，但在大多數情況下，神總是許可的。
　　　4b：燃燒需要有某種科學尚未發現的 X 物質的存在。但因 X 物質充滿在每一個地方而且具有難以偵測與隔離的穿透性，我們難以發現燃燒需要它的存在。

　　無論是上面這兩個說法中的哪一個，我們可能都會覺得這是不科學的說法，或稱它們為無聊的妄想，但是，理由是什麼？事實上，我們沒有什麼很好的理由駁斥它們，因為前三個燃燒因素加上上面任何一個第四個因素都不會使理論更沒有解釋力，也就是說我們可以有三個燃燒理論，第一個主張前面小強提出的三個要素是全部的燃燒要素，該三要素構

成燃燒的充分條件。第二個理論則是這三個要素加上4a，第三個則加上4b，這三個理論目前有著完全相等的解釋力，也都可以反覆實驗獲得證實，但是，只有第一個理論符合奧坎剃刀原則，而第二和第三個理論都有「多餘且沒必要的假設」，依據奧坎剃刀原則，如果我們可以用三個條件解釋好一切，我們就沒有必要再多假設一個對整個理論的合理性與解釋力沒有任何增進的東西，所以，科學家認為第一個理論最好，而且甚至也主張只有第一個理論才顯示真相。這麼一來，「奧坎剃刀」就成了科學決定理論好壞甚至事物是否存在的基本原則。但很不幸的，當這個原則被應用來決定事物是否存在時，它事實上沒有任何其他除了直覺之外的理論來支持。

　　奧坎剃刀選擇最精簡的理論，但是，為什麼最精簡的就是真理？如果僅從實用的角度來看，最精簡的理論當然比較實用，也比較方便、容易學習與應用，這是符合人性喜歡的理論形態，但由這點卻無法推理出最精簡的理論就是描述自然現象的正確理論[26]，人類經由達爾文濾網所演化出來的情緒或許有助於生存以及繁衍後代，並不必然指向真理的探索[27]。但是，如果我們不接受奧坎剃刀原則，以上面的燃燒理論來說，我們如何從那三個理論中選擇一個最好的理論？而且，我們還可以把4a 和4b 加在一起形成具有五個要素的燃

---

[26] 多明葛（Domingos, Fedro）將奧坎剃刀分為第一剃刀（first razor）和第二剃刀（second razor）兩種用法，第一剃刀強調在實用方面，在有相同解釋力的理論中較簡單的理論是比較好的，他論證這個剃刀的用法是沒問題的。而第二剃刀則主張較簡單的理論則較為可能是正確的理論，並論證這個用法是大有問題的，請參考（Domingos 1999, p.410）。

[27] 請參考（Johnston 1999, preface viii、pp.118-119）。由此可推知，從達爾文演化論的立場來看場，我們希望有靈魂存在的情緒不表示靈魂真的存在。

燒理論，甚至我們還可以很輕易的想出其他「不必要」的存在假設造出其他具有一樣解釋力的許多燃燒理論，這麼一來，科學將如何定位一個自然現象呢？那麼，我們將永遠沒法真正完成一個科學理論了。

這樣的憂慮也沒錯，但我們必須注意到的是，我們目前談的不是實用性的問題，而是真實性的問題，不可諱言的奧坎剃刀原則有其實用性，我們需要奧坎剃刀來使科學理論的發展更為簡潔明瞭，但是，這並不表示奧坎剃刀真能協助我們決定何者為真，我們可以因為方便或是因為需要完成科學理論而採用奧坎剃刀原則，但是，我們卻不能因為採用了該原則而以此判斷真假。所以，當某存在假設因其不能提供更多的解釋力而被奧坎剃刀切除之後並不表示該物被證實不存在，而只是目前尚未發現其假設存在的必要性，以及其存在假定無可取代的解釋力。也就是說，即使靈魂的存在遭到奧坎剃刀原則作用下的否定，這並不表示靈魂不存在，這只是告訴我們，我們目前尚未發現任何線索讓我們必須假設靈魂的存在。然而，靈魂的假設真的完全沒有其必要性嗎？奧坎剃刀原則真能用來完全否定靈魂的存在嗎？事實上，這些問題仍舊值得商榷。

㈡最簡單的理論與正確理論的關聯

就如前面已經指出的，奧坎剃刀以追求最簡理論為主要方向，就算奧坎剃刀可以藉由追求較簡單理論為由用來除去靈魂假設，那麼，我們仍舊可以質疑，最簡單的理論就是正確的理論嗎？

奧坎剃刀的愛用者傾向於主張最簡單的理論就是正確的理論。但是，這個連結是很有問題的。用上面提到的燃燒理

論作一個簡單的例子來說，我們目前相信燃燒的三個必要條件是：可燃物、氧氣（助燃物）、以及到達燃點的溫度。讓我們假設這個理論是正確的，那麼，在尚未發現氣體物質的時代裡，假設當時的人們也無法製作出一個能用來實驗的密閉空間或是尚未有人嘗試用密閉空間作燃燒實驗，那麼，對當時的人類知識來說，最簡單的燃燒理論則是有兩個要素：可燃物以及到達燃點的溫度。那麼，這個最簡單的理論則是一個錯誤描述客觀世界的理論。這個反例可以用來反駁將奧坎剃刀原則用來判定理論的真假。

另一個例子，在人們對光子還不了解的時候，而且當人們還沒發現光經過重力場時其行進的軌道會產生偏移的時候，牛頓對萬有引力的解釋與存在假設和愛因斯坦的彎曲空間理論並沒有什麼不同，但是，愛因斯坦的理論在提出時至少在理解方面比牛頓的理論還複雜的多，甚至到達匪夷所思的地步，試問我們該如何想像一個彎曲的空間呢？但是，現今的證據還是支持愛因斯坦的理論。由上面這些例子，我們發現，在科學發展上，我們看不出簡單性與真實性的必然關聯。

然而，在某些假設下，或許我們可以重新考慮最簡單理論與正確描述客觀世界理論的關聯。假設，目前我們的知識體系已經涵蓋所有自然現象，所有自然現象已經可以被觀察，那麼，我們可能透過某些存在假設針對所有現象作一個完整的因果把握，也就是說，假設我們能夠創造出把握所有自然現象的因果關聯的理論，那麼，這樣的理論或許不會只有一個，我們可能有好幾個不同的理論，在這樣的情況下，最簡單的理論是不是就是能正確描述世界的理論？在這樣的假設下，簡單與真實的關聯似乎比較緊密，但是，我們仍舊

難以連接它們。假設這個世界的所有自然現象可以被某四個現象所解釋，這四個現象分別是A1、A2、A3、以及A4，那麼，我們可以說，這個世界的基本存在物是 A1、A2、A3、以及A4。但是，假設某科學家又發現A1和A2有其相似性，而且A3和A4也有其相似性，如果假設另一種基本存在物B1的存在則可以用來解釋 A1和 A2，而且 B2可以解釋 A3和A4，那麼，依據奧坎剃刀原則，世界的基本存在物則應該是B1和 B2。再假設，又有科學家從 B1和 B2中找到相似性，並且可以用 C 來解釋 B1和 B2，那麼，我們就可以將兩樣基本存在物化約到剩下一樣。如果這三個理論都可以完全解釋所有自然現象，到底正確描述世界的理論是哪一個？基本存在物究竟是{A1、A2、A3、A4}或是{B1、B2}，又或是{C}呢？當它們都有相同的解釋力時，我們該如何做取捨？又有什麼標準可以判斷對錯？在理論尚未完全發展成熟時，我們可以期待未來的證據來作判決，但是，當理論已經發展成熟，我們有什麼理由來主張最簡單的理論{C}才是正確描述世界的理論？因此，除了將奧坎剃刀當作是一個科學發展的實用工具之外，如果我們將它當作判定真假的工具，這就像是一個信仰一樣踩在沒有基礎的地面上。

如果不要求在最簡單理論與正確描述世界理論找出一個必然關聯，那麼，它們之間是否有一個較大的或然性的關聯呢？也就是說，我們是否可以得出：最簡單的理論較為可能是正確描述世界的理論呢？這個結論也很難成立。

在科學的發展中，為了簡單實用，科學家們自然也是先從簡單的假設著手，如果簡單的假設還行的通就不會去尋找複雜的理論，以腦神經科學來說，科學家們剛開始也期望大腦的每一個細胞或一個小區域象徵著某一個記憶或一個功

能，這是最簡單的理論，但很不幸的，腦細胞的運作並不依照人們的喜好，目前的證據顯示我們必須用更複雜的方式來研究人類的大腦與認知。諸如此類的例子非常的多，基因對人類生理功能的研究、氣象、人類自然語言、甚至到了人文與社會科學領域則更是複雜，這些證據顯示，自然界的現象並不遵循這種奧坎剃刀的簡單法則來運作。雖然，的確存在一些科學理論在簡單法則的帶領下似乎愈來愈接近真實（精確的說是「愈來愈被認為接近真實」），尤其是那些被稱為典範科學的物理學理論，但是，這究竟是不是倒果為因也還值得商榷，在發現例外之前，我們情緒上以及直覺上自然的接受較為簡單的理論，這也有可能因為我們目前仍迷思在追求簡單理論的盲目信仰之中，這些證據還不足以用來宣稱「較簡單的理論就較為可能是正確描述世界的理論」[28]。

(三)奧坎剃刀的應用

另外，奧坎剃刀的使用時機也是有所爭議的，當兩個解釋力相當或難以比較的理論互相競爭時，如果它們有著不同的存在假定，那麼，哪一個算是比較簡單，而哪個理論的存在假定應該被切除呢？例如，神創造世界上所有生物的理論看起來似乎比達爾文演化論更為簡單，存在假定也不見得就比較多，神造論不需假設世界的隨機性、也不需假設在演化中有尚未被發現的「失落的環節[29]」（missing link）、甚至

---

[28] 當代科學家多明葛（Domingos, Fedro）也舉出許多經驗證據與科學理論來反駁「較簡單的理論就較為可能是正確的理論」的說法，請參考（Domingos, 1999）。

[29] 達爾文演化論預設演化是一點一點發生的，但是，目前有的化石證據卻傾向於認為有一個時段有許多的物種突然出現，而且目前找不到其逐步漸進的物種化石。請參考（賈德・戴蒙，2000）。

也不需要假設生命是無中生有這樣的難題，神造論可以把一切推給神，它只需要一個很簡單的存在假定，整個理論非常簡單明瞭，在這樣的情況下，究竟哪一個理論的存在假定應該被奧坎剃刀切除呢？

除了這個例子之外，柏克萊（George Berkeley, 1685-1753）也遵循奧坎剃刀原則除去物質的存在，因為他認為，我們只需要心靈以及「觀念」（idea）這樣的概念就足以解釋一切現象，因此，「物質」這樣的存在假定則是多餘沒有必要的，所以應當被刪除掉[30]。

而在心靈哲學中的取消唯物論（eliminative materialism）則宣稱僅有物質是必要的，而且，不僅僅靈魂是多餘的存在假定，就連心靈與意識都是多餘不必要的[31]。

事實上，我們無法判斷哪一個理論對奧坎剃刀的使用是正確的或是錯誤的，奧坎剃刀原則在這裡顯得模糊而無力解決這種爭議，雖然當今科學家們選擇了唯物論（materialism）而放棄了靈魂，但這種選擇或許只是為了研究的方便，因為選擇了唯物論後，科學家們就有了許多研究的題材，而且可以在研究中獲得理論的進展，但是，如果一個科學家選擇了柏克萊或笛卡兒式的世界觀，那麼，由於當今無法對這種非物質靈魂或甚至意識直接進行研究，所以，科學上的研究將會難以進行，所以，這種選擇有其實用上的價值，但之前我們就提到過，有實用上價值的理論並不等同於真理，我們無法經由科學家的實用選擇來斷定什麼理論才真能描述真實世界。因此，我們雖不否認奧坎剃刀的實用價

---

[30] 請參考 Berkeley（1710; 1988）。
[31] 請參考 Churchland（1981, p.67; 1984, p.43）。

值，但是，它似乎不是一個適當用來判斷真實世界的原則。實體二元論有其需解決的困難，但不該因此原則而黯淡。

㈣奧坎剃刀能否成功割除靈魂與非物質實體

　　如果靈魂的存在假定是多餘沒必要的，那麼，至少在實用上我們可以同意讓奧坎剃刀割除靈魂的存在假設，但是，前面提到的支持靈魂存在的瀕死經驗的證據卻使得靈魂存在的假定不是多餘沒必要的。因為，當今沒有靈魂存在假定的科學無法否認也無法完全解釋這種「瀕臨死亡經驗」的現象。也就是說，在解釋這個現象時所使用的「靈魂存在假定」並不是多餘的，至少，包含有「靈魂存在假定」的理論比沒有這個假定的當今科學理論對該現象具有更大的解釋力，那麼，奧坎剃刀在此將「靈魂假定」割除是有些勉強的。

　　由上面的說明，奧坎剃刀實際上不能完美的除去靈魂的存在假定，但或許在某種程度上我們仍舊可以接受奧坎剃刀對靈魂的否定，因為，即使「靈魂存在假定」在解釋瀕臨死亡經驗的現象上並不是完全多餘的，但也不是真的必要的，我們還是可以嘗試用其他的方法解釋，只不過這些解釋目前也都沒有科學根據就是了，然而，科學家們是否偏向否定靈魂存在呢？難道只是因為我們目前無法偵測靈魂的存在就可以適當的以奧坎剃刀割除其存在的可能性嗎？如果真是如此，科學家是否對其他假設性的存在物有著相同的標準呢？答案似乎是否定的。

　　例如，科學家預測的宇宙質量小於目前所能觀測到的質量，因此，許多物理學家傾向主張有所謂目前無法觀測到的「黑暗物質」（dark matter）的存在[32]，但是，我們並沒有任

何直接支持其存在的證據㉝，換句話說，科學界在無法偵測黑暗物質的存在時，其存在的根據只是用來解釋宇宙中應有的總質量㉞。這個存在假設雖然不是多餘的，但是也不算是必要的，因為如果我們不做這樣的假設，我們還是可能找出其他不需這個黑暗物質的存在假設的其他理論來處理這個問題。

在理論上，「黑暗物質」和「靈魂」的存在地位與困難似乎很類似，但是，它們在科學家心目中的地位有著很大的差別，為什麼有這個大的差別呢？我想，有一個理由或許可以說明這種差別待遇。它們兩個的主要不同可能在於「來源」上的差異。「黑暗物質」的存在假設來源於理智上的推理，而「靈魂」的存在假設則主要來源於情緒上或是宗教上的需求。理智上的推理通常比情緒或宗教上的假設還要來的更有說服力。我想這是事實，宗教或情緒有時會產生不合理的說法，其可信度自然比純粹理智的思考與推理來的更不可信賴，但是，如果只是因為這個來源就否定它則也是一個容易產生錯誤的情緒作用。從邏輯的眼光來看，無論多麼離譜的預設與推理過程都可能產生正確的結論，只不過，這個正確的結論不是依據該預設與推理，而是必須有其他的證明過程。

㉜ 所謂「黑暗物質」指的是那些不會發出可見光或電波甚至也不會放射任何宇宙射線的物質，所以難以偵測到它的存在。請參考（王國銓 1993, p. 211）。

㉝ 目前可能已經有直接觀察的證據，但這並不影響本文，至少在過去科學家們在沒有直接觀察證據時也是持相信的態度。針對當今可能的證據，請參考（Clowe, Bradac & Gonzalez, 2009）。

㉞ 科學家由重力理論推測，黑暗物質是可觀測物質的十倍以上。請參考（王國銓 1993, p.214）。

並不是所有情緒推理或宗教命題都是錯的，我們或許不能由情緒的需求與宗教信仰來證實靈魂的存在，雖然在理智上，我們目前也沒有證據證實靈魂的存在，但是，黑暗物質也沒有，兩者的差別似乎只在於一個是被宗教所使用而另一個不是而已，如果只因如此而放棄靈魂存在的可能性，那麼，這犯了一個可以稱為「反宗教情結」的錯誤推理。無論一個命題或存在假設是否屬於宗教的範疇，我們都可以重新以理智來檢驗它，就像本文前面對實體二元論所做的討論一樣。至少在針對解釋瀕臨死亡經驗的現象中，靈魂的存在假設在理論上有其正面的效用而不是多餘的，雖然其不能算是必要的，但是卻應當可以和「黑暗物質的存在假設」並列成為一個可能的候選科學，面對這個候選科學的態度也應當和面對黑暗物質理論的態度相同，我們需要嚴肅的並且以尊重的眼光思考其可能性，並思考如何可能更進一步的證實其存在。

「奧坎剃刀原則」可以說是一種不錯的科學立場，但卻不必然走向真理。這樣的立場有助於我們在探索世界真相時更為簡潔方便，但是，即使完全被奧坎剃刀切除的存在假設也不見得就不存在，何況，靈魂的存在假設並無法被奧坎剃刀完全除掉，在解釋某些現象時，它仍有其用處，它的解釋力目前無法被其他心靈理論完全取代。而多數科學家對靈魂說法的厭惡感應當來自於情緒上對宗教理論的反感，而這並不是一個否定靈魂存在的好理由。

然而，雖然本文主張實體二元論並非完全沒有其特殊的優點，也並非已經進入必須被放棄的狀態，而且也並非完全沒有實證證據，但是，如果和其他理論相比，尤其和當今主流的唯物論相比，其合理性上的確略遜一籌，主要理由自然

也是我們無法更明確的確認心靈實體的存在，因為，無法確認存在的，其不存在的可能性自然更高，尤其當科學愈發達、人類觀察與實驗能力愈強的時候，這樣的衡量標準就會愈有可信度。在深入討論目前最具說服力的唯物論之前，讓我們先看看另一個候選理論──唯心論。

第三章

唯心論與唯識論

在討論完最符合人們直覺的心物二元論的各種困難之後，我認為還是會有很多人選擇繼續相信心物二元論，並且，相信人死後仍舊有一個非物質的靈魂繼續存在，相信其困難終有一天會得到解決。我想，這也並非一定是非理性的，因為，這的確是有可能的事情。但是，或許我們也可以打開另一扇門容許其他理論來競爭，說不定在了解其他理論之後，我們會有其他的選擇。

然而，經過前一章的討論，或許有一些人已經被心物問題所說服，認為物質身體與非物質心靈要交互作用是不可能的，因此而放棄了笛卡兒式的實體二元論。如果這些人又不願意主張心物沒有交互作用，那麼，在不願意放棄人死後仍有非物質靈魂繼續存在的情況下，在理性思考的路線上，這些人實際上還是有一個選擇，這個選擇就是否定物質實體的存在，意即，主張心物交互作用中的物並非實體，而心靈是唯一真實的存在物，一切存在皆為心的作用。這麼一來，由於心物根本上都屬於心這個存在物，它們之間當然是可以有交互作用，而這樣的主張則稱之為的唯心論（idealism）。

一、一切存在皆為心的作用

當我們從認知的角度來看，我們其實從來沒有辦法認識到真正的客觀世界，因為，所有的認知都一定有主觀成分在裡

面。這就如同十八世紀的英國哲學家巴克萊（George Berkeley, 1685-1753）所主張的，由於一切存在都必須被經驗到，所以，如果宣稱一個完全沒有被經驗到的東西的存在則是沒有意義的，因此，他主張，物質實體是個沒有意義的詞彙①。

我們可以從兩個角度來看這個主張，首先，我們的認知一定是某種程度上主觀的，我想這應該是沒有問題。但從這個點出發，我們只能說，在我們的認知世界裡，完全客觀的東西是不存在的。我想這個推理也是沒有問題的。但是，我們若要從這裡出發而推出客觀世界是不存在的，那麼，這裡或許就有點麻煩了。

因為，我們可以問一個問題，我們認知世界中感知到的這些東西從哪裡來的？難道它們都是被「心」所創造出來的嗎？當我們這樣問的時候，我們便在想像中跳出自己的認知世界，從另一個角度來思考，這個角度稱之為客觀的角度、客觀的觀點、或是在第七章會深入討論的「第三人稱的觀點」來思考這個問題，這時，我們便會產生困惑。

也就是說，如果巴克萊主張的唯心論只是在認知層面，那麼，我想他應該是正確的，但是，我們要討論的心物不是認知中的心物，而是在一個想像的客觀世界中的心靈與物質。所以，如果要把唯心論擴展到本體的層面，主張我們認知世界上沒有的東西就是實際上不存在的東西，世界上真實存在的東西只是心靈而已。那麼，他必須要否定這種客觀觀點的思考方式，還必須要主張「心創生出物」才能合理的站穩立場。②那麼，我們就用這樣的解讀來看唯心論可能會遭遇到的困難。

① Berkeley (1710; 1988)。

在討論真實存在物中，唯心論主張這個世界真實的存在物（或稱之為實體）只有心而沒有物。這樣的主張馬上必須面臨一個疑問：我們日常生活所看見的、碰觸到的物質是什麼東西呢？唯心論的回答應該是，物是虛幻的、由人心所創生出來的東西，實際上並非實體。

　　對一個東方人來說，這樣的回答馬上使人聯想到佛教的主張，因為佛教理論似乎主張「一切皆空」，因此，眼前的世界皆是人心的作用。當然，佛教有很多不同的派別與不同的解讀，有些派別並不認同這種把「一切皆空」解釋成萬物皆不存在的看法，所以也不能一概而論。然而，較為認同這樣唯心論式說法的佛教學說是瑜伽行派的唯識思想，或簡稱為唯識論。從一個粗略的歸類來說，唯識論基本上可以說是唯心論的一種，但其所強調的「識」與一般我們所談的「心」略有不同，本章後面會針對這個類別的唯心論做詳細的討論。

　　在唯心論的世界觀中，一切皆只有心的存在。也就是說，由於我們心的作用才導致我眼前這座大崙山的存在，山中的一草一木皆是由心的作用才會產生，而一草一木的所有運作，包括了擺動、成長、枯萎等等也都是心的作用才有的。那麼，當我們看見其他人時，其他人的一切舉動也是我們內心的作用嗎？其他人的內心世界存在嗎？當我們思考到這個問題時，我們就面臨了是否要走向一個極端唯心論的立場了，這樣的一個立場稱之為「唯我論」（solipsism）。

　　唯我論主張這個世界的一切，包括他人都是我的幻象，

---

② 這裏使用「創生」一詞指的是某種未知的創造或是生出的過程。唯心論自然要提出這種創生如何可能，但基本上這樣的理論比較是在想像的層次，並沒有什麼特別的說法，所以，「創生」一詞只是要區別一般日常生活中的「創造」和「幻覺」等的不同，並沒有其他特別的預設觀點在其中。

我的心是唯一存在的東西。這樣的觀點可以從某個想像世界的角度來看而使其較易理解，假設我們所生活的世界是一個電腦虛擬的世界，而我們平常所稱呼的「世界」就是這樣的一個虛擬世界，那麼，在這個（虛擬）世界中我是唯一的存在。這樣的想像用一個比喻來說會更清楚。現在的電腦遊戲愈來愈發達，假設有一天我們可以做出一種電腦遊戲讓人身入其境，而且可以在進入虛擬世界後暫時忘記原本的自己，那麼，當我們在這樣的虛擬世界生活時，感覺上就像是在真實的世界生活沒什麼兩樣。在這個世界中的一切人、事、物都是虛擬的，都完全是由電腦程式所支配的，只有我的內心是真實存在的。單純從這個虛擬世界的角度來思考唯我論就顯得合理多了，但如果我們認為在虛擬世界之外還有一個真實世界，而真實世界中的一切都是真實的，而且他人也是存在的，那這就不再是唯我論的主張了。所以，如果我們所謂的世界是包含了一切真實與虛擬的世界，那麼，這樣的例子是不能讓唯我論成立的。

然而，如果這樣的虛擬世界是許多玩家可以一起共存的線上遊戲，那麼，單純就只依據虛擬世界來說，這可以作為表達非唯我論式的唯心論的一個好的說明例子，因為在那個虛擬世界中，只有心是真實的，而一切事物都是虛擬的。然而，如果我們所談論的世界不僅僅是這樣的虛擬世界而包括了這些玩家所來的真實世界，而且如果這真實世界是包含了心與物兩種實體，那麼，這當然就不是唯心的世界了。只不過用這樣的例子來瞭解何謂唯心論與唯我論似乎是個不錯的方式。

如果我們主張的世界泛指一切，不管虛擬世界或是一般所謂的真實世界，那麼，如果我們是一個唯心論者，我們便

主張世界上只有「心」是真實存在的,而「物」則只是心靈的產物。

二、唯心論的合理性評估

　　比起心物二元論來說,唯心論是一個比較不符合直覺的理論,通常,當有人提出一個比較不符合直覺的理論時,主要是因為比較符合直覺的理論遇到了嚴重的困難時才會這麼做。而這個困難也就是傳統的心物問題。也就是說,主張心物兩種實體同時存在以及主張心物有交互作用的兩個主張難以同時成立,這時我們的一個可能的思考方向就是放棄其中一個主張,唯心論所放棄的就是關於「心物是兩種不同實體」的主張,而其宣稱「心物實際上只有一種實體」,這樣的一個思考方向可以稱為一元論。而這樣的一元論又可以區分成主張這一種實體為物或是為心的不同選擇,唯心論選擇的一元是「心」,如果選擇的一元是「物」的話就會變成另一種一元論,稱之為唯物論(materialism),這個理論將在下一章討論。

　　選擇一元論的主要好處在於可以在認同心物有交互作用的同時避開傳統的心物問題,因為,當我們主張心物有交互作用時,如果心物是同一件東西,或是兩者依據的是相同的一個實體,那麼,其中一個可以影響另一個就變得很容易理解,這是唯心論的第一個優點。這個優點是相較於實體二元論來說的,但跟唯物論比起來則不算是優點,因為凡是一元論都有這樣的理論優勢。

　　唯心論的第二個優點在於較容易區分人與物的差異,人是一個具有心靈實體的存在,而物則是完全不具有實體的幻象,這樣的差異是很符合我們日常的觀察與直覺的,因為人

是活的而物是死的。這個優點則是相較於唯物論來說的，因為在唯物論的世界觀中，一切都是物質，心靈也是由物質所造成，這樣的主張等於把活的人等同於死的物質一般，而活人也只不過是運作比較複雜的機器而已，這唯物論的觀點對我們日常的直覺與觀察來說是比較難以接受的。但這個優點相較於實體二元論來說則不能算是一個優點，因為實體二元論或許比唯心論更符合這樣的直覺。

　　當然，我們希望理論是符合直覺的，但是，理論的合理性或許更為重要，一個完全違反直覺但卻非常合理的理論勝過一個符合直覺但卻不合理的理論。但是如果其合理性差距不大時，我們仍舊傾向於接受一個較符合直覺的理論，因為，我們基本上還是認為人類內建的直覺機制還有某種程度的可信度，否則，基本邏輯與基本算術系統的公設大概都難以成立了，因為我們無法找到任何直覺之外的依據來支持它們。所以，一個理論是否符合直覺也是一個我們需要討論的重點。

　　由於唯心論與唯物論共享了一元論的優點，而且這兩者幾乎可以說是在一元論中二選一競爭的兩大主要理論，如果一方是錯的則另一方就傾向於被認為是對的，因此，唯物論的缺點通常就是唯心論的優點，反之，唯物論的優點通常也就是唯心論的缺點。除非我們找到另一種一元論的候選理論，否則，這樣的情況就會保持下去。而本章焦距在討論唯心論，關於唯物論缺點這個部分在下一章討論唯物論時再一起討論。

　　唯心論最主要的支持理由就是在本章剛開始談到的，從認知的角度來看，所有的一切存在都是由主觀經驗所堆積出來的。因為我們無法認知完全客觀的事物。其實，「完全客

觀的事物」這個辭彙跟「認知」本身就是互相衝突的。因為認知本身就是一種主觀活動，怎麼可能會有客觀的認知呢？所以，如果我們從這個角度來看，我們可以否定一切主張客觀存在的宣稱，因為，所有這些宣稱都不可能依據感官認知的基礎來發現，而且，如果不依據感官經驗為基礎，我們大概也無法認識這個世界的任何事物。在這樣的情況下，我們就可以主張唯心論了。但是，這樣的唯心論卻不是我們要討論的唯心論。我們可以說這樣的唯心論是屬於認知層面的唯心論，但實際上我們要問的，卻是一個客觀事實，究竟心和物在客觀上存不存在？當然，巴克萊可以駁斥說，這個問題是沒有意義的，而其依據仍然是從認知的角度來看是沒有意義的。這是一個無解的問題，關鍵點只在於是否認同從客觀觀點（或第三人稱的觀點）看世界的思考方式，如果不接受，那實際上我們的確也不能這樣討論問題，而這裡就可以把問題終結了。因為，我們的認知的確無法真正跳脫主觀進入到完全的客觀。但這樣的唯心論也無法論證支持這種客觀觀點是無法讓我們知道世界真相的。然而，如果唯心論接受這種客觀觀點觀看事物的方式，那麼，唯心論就必須要面對很大的挑戰了。而本章的討論也是針對這種唯心論。

對一般大眾來說，唯心論最吸引人的地方應該不是在於其理論方面，而是在於個人喜好方面，簡單的說，跟唯物論比起來，唯心論較能迎合我們的期待。怎麼說呢？人天生害怕死亡，總是希望死後還有另一個更美好更永恆的生命能夠繼續下去，如果我們無法接受實體二元論，那麼，唯心論總是一個比較好的選項，至少比較能夠主張人死後還有能夠繼續存在的東西，因為人的死亡只不過是肉體的死亡，如果肉體只是人心創生的東西，那麼，死亡只不過就是消逝了一個

人心所創生的東西，因此，死亡一點都不可怕。所以，從這樣的角度來看，唯心論是一個較為能夠符合人類情緒的一種主張。然而，可惜的是，這樣的理由在哲學討論中經常是被忽略，甚至是被恥笑的，因為哲學強調的是理性的思考，愈是合理的理論就愈可能為真，而符合情緒的理論卻不能帶領我們走向真相。除非有一天我們發現情緒喜好與真相之間的關連性，否則，我們總是不能依據喜好作為一個支持理論的好理由。

雖然唯心論有其吸引人的地方，而且理論上也有一定的支持度，但是，其所面臨的問題其實也不小，最大的問題之一在於我們很難回答為什麼我的關於物質的幻象會成為別人的幻象？為了方便起見我們把這個問題稱之為「幻象交流的問題」，意即從唯心論的角度來看，我們難以解釋幻象會互相交流的現象。我們先用幾個例子來說明這個幻象交流的問題。

以圖釘為例，假設我手上有一枚圖釘，而且假設沒人知道我手上有這個圖釘，那麼，我可以說這個圖釘是屬於我個人內心所創生的幻象。然後，我們做一個小小的實驗，我走到一間空教室把這個圖釘放在入口處，當第一個人走進教室時，他會踩到這個圖釘。為什麼會這樣呢？依據我們習慣的世界觀來說，由於我們把物質當作是實體，這個現象便不足為奇，但是，當我們以唯心論的世界觀來看這個事件時，我們便會遇到困惑，為什麼這個人也要創生出一個圖釘來給他自己踩呢？或者，換個方式來問，為什麼我的幻象也會成為他的幻象？

再換一個例子來看，有一天，我自己偷偷製作了一個卡片，這個卡片的內容完全沒有被別人知道，也就是說，關於這張卡片的存在以及上面所寫的字來說是屬於我個人的幻

象，然而，當我將這張卡片寄給別人時，別人將會看到我的幻象（我寫的字），為什麼會這樣？我的幻象究竟是如何傳送到對方那裡的？有幾個方法企圖回答這個「幻象交流的問題」，分述如下：

㈠作為實體的心靈有影響他人心靈的力量

面對幻象交流的問題的一個最簡單的回答是，「作為實體的心靈具有影響他人心靈的力量」。也就是說，當我的心靈創生出那枚圖釘並且放置在那個位置時，我的這個幻象會影響到第一個進來的人並且讓這個人產生這樣的幻象。那麼，這就可以解釋為什麼第一個進來的人也會創生出一個圖釘並且踩到它。而從卡片的例子來說也是一樣，我內心對卡片的幻象影響了打開信封看卡片的人，因此，看卡片的人受到我的內心的影響而產生了一樣的幻象。看到這裡時，請不要使用當代的腦神經科學證據來主張我們目前沒有任何心靈具有這方面能力的證據，因為，這個反駁基本上是毫無用處的，因為神經科學證據要有效必須訴諸物質是實體的主張，而這主張是被唯心論所反對的，也就是說，目前討論的問題是一個更為基礎的問題，這方面的說明我會在後面再談的更清楚。目前只是希望大家不要看到這個說法就當其是個無稽之談。

然而，這個幻象互相影響的假設雖然可以合理的解釋上述的兩個例子，但是我們只要把例子改一下就會出現解釋上的困難了。例如，當我放了那個圖釘之後，我離開了那間空教室，而且我根本上忘了這回事，也就是說，我的心靈實體並不再持續創生這樣的圖釘幻象，即使如此，一樣的事情還是會發生，為什麼？當我不再繼續創生它時，照理說我的幻

象不會再傳送到踩圖釘者的心靈實體之上，那麼，為什麼這個人還要創生一個圖釘給自己踩呢？以卡片的例子來說，假設我寄出卡片之後把這件事忘了，甚至我也忘了裡面寫了什麼東西，但是，收到卡片的人卻仍然正確的創生出我當時寫的東西？為什麼會這樣呢？

這時，我們遇到了另一個唯心論的困難，這個困難可以稱之為「幻象恆久性問題」，當我們不再繼續創生某個事物時，這個事物似乎仍舊繼續存在著而且不隨創生者內心的改變而改變。例如，當我們所有人離開了一間教室時，這教室內的所有桌椅是不是就消失不見了？如果不是的話，那我們就得回答是什麼因素在我們不再持續創生它們時它們仍舊能夠繼續存在？這也就是說，我們的幻象在我們不再繼續創生它之後，它仍舊依據其原本的樣貌繼續存在而且可以對其他心靈實體發生作用。為了面對「幻象交流的問題」和「幻象恆久性問題」，我們必須有其他的理論來嘗試解釋這樣的現象。

㈡更高階層的創生者

第二個可以用來解釋這些問題的想法是，假設有更高階的存在者在創生這些事物或是維持這些被創生事物的穩定性。當我不記得放了圖釘或是我不記得卡片寫了些什麼的時候，踩圖釘的人以及收卡片的人如何可能正確的反應我所放的圖釘或是閱讀我寫的卡片呢？我們可以假設，當我創生這些物質的存在時，同時有個機制或是一個更高的創生者接收並儲存了這些訊息，當有人走進教室或是打開卡片時，這個儲存資料的實體便會發揮作用將這樣的幻象傳輸進入這個走進教室的人或是打開卡片的人，這樣的假設便可以說明「幻象交流的問題」和「幻象恆久性問題」。

英國哲學家柏克萊就是使用這樣的想法，由於他是一位天主教徒，在他心目中的更高階的創生者就自然稱之為「神」或稱之為「上帝」，而上帝這樣的高階創生者不但可以使得我們創生的事物在我們自己已忘了之後繼續保持下去，也能夠使得沒有任何人觀看的山中清晨一朵小花的綻放成為可能。否則，既然沒有人去創生它，它又如何可能存在呢？在討論這個假設的優缺點之前，我們先看看其他的假設。

㈢集體潛意識

　　集體潛意識的假設主張，每一個人的內心都有一個自己無法看見的潛意識，而這樣的潛意識是集體共有的，亦即，在某個程度上是所有人共通的，因而可互相交流的。簡單的說，我們的諸多想法可以進入這個集體潛意識，而由於這樣的儲存想法的地方是共有的，因此我們可以藉此互通想法，而且由於其是屬於我們自己無法觀察的部分，因此我們自己無法發現這個機制。

　　以上面的例子來說，即使我們自己忘記那枚圖釘或是忘了卡片上寫了些什麼，只要這些思想進入了集體潛意識，那麼，踩圖釘的人以及收卡片的人都可能可以藉由這個共同擁有的集體潛意識收到相關資訊而創生出正確的現象。那麼，我們就可以藉由這個假設來說明「幻象交流的問題」和「幻象恆久性問題」。

　　由於這些假設大致上有類似的優缺點，我們再看下面的其他假設後，再一起討論其所可能遭遇到的批評與困難。

㈣唯我論

　　前面已經簡單介紹過唯我論的意義，其主張這個世界只

有我存在，其他一切都是我的幻象。這裡的「我」主張的自然是一個不包含身體在內的我的心靈。所以，簡單的說，唯我論主張這個世界只有一個東西存在，這個東西就是我的心靈。這是一個在直覺上聽起來很誇張離譜的理論，但無論怎麼不符合直覺，只要其理論上有說服力，我們至少在理智上必須接納它。

唯我論在理論上可以避開前面提到的「幻象交流的問題」，因為，當這世界只有我的心靈存在，幻象實際上是沒有交流的，既然幻象根本沒有交流，當別人踩到圖釘時，並不是他人獲得了我關於圖釘的幻象，而是根本上，別人踩到圖釘這整件事情都是我創生出來的。因此，從理論上來看，唯我論避開了這個問題。

而且，唯我論也不太會有「幻象恆久性問題」，因為，只要我的心繼續存在，幻象就可能繼續存在，就算我已經忘了，我的某個潛意識或許還記得，那麼，就有其繼續存在的根據。

所以，從理論上來看，唯我論似乎比一般的唯心論還更有說服力。但是，當我們深入思考會發現一些荒謬的情況。例如，當我們面對一個唯我論者時，他宣稱只有他的心是真正存在的，這時我們該怎麼想呢？如果我接受唯我論，那麼，真正存在的是我自己的內心，而這個宣稱唯我論的別人實際上是我的幻象，那麼，我為什麼會有這樣的幻象呢？而且我也不能同意「他」（我的幻象）所主張的唯我論，這是一個很奇怪的狀態。另外，我們也發現別人的內心世界似乎完全無法被我們所掌控，甚至還常常誤解，為什麼我們會創生出這種我們自己無法掌控的東西，而且，創生出來後還常常會誤解？這些很荒謬的情況在理論上並非完全不可能獲得

解釋，最簡單的解釋就是這一切全是幻象。然而，問題在於，當我們要找一個合理的解釋時，我們卻只能訴諸想像力而完全無法有其他可靠的證據來支持，這樣的情況會顯得這個理論只是一種單純的想像而失去其可信度，下面一節將會更深入討論這類問題。

㈤作為幻象的物質具有影響他人心靈的因果力量

另一個可能的假設是，當我們創生出一個物質的事物時，這個被創生出來的物質本身就具有某種程度的獨立自主的地位可以影響其他心靈實體，而且至少一段時間不會隨著幻想者不再繼續思考它而消逝。也就是說，當物質被創生出來後，其本身由於分享了心靈實體的某些特質而分享了某種程度的實體性質。我們可以將這種被分享的性質稱之為「獨立自主性」，當具有獨立自主的心靈實體創生出一個物質時，物質本身雖然不是實體，但也在某個程度上分享了心靈實體的這種獨立自主性，因而具有這樣的特質。

以上面的例子來說，被創生出來的圖釘以及卡片雖然並非實體，但是卻分享了心靈實體的部分獨立自主性而能持續保留其被創生出來的狀態。其也同時具有影響其他心靈實體的因果影響力而讓其他人也能夠發現它的存在。而且，依據這樣的假設，我們甚至可以進一步的說，隨著時間的消逝其本身也會漸漸跟著這個分享特質的消逝而逐漸改變。這樣的想法除了可以用來說明「幻象交流的問題」和「幻象恆久性問題」之外，其也順便說明了為什麼物質會隨著時間而自然改變的現象。

上面這些說明都可以合理的解釋「幻象交流的問題」和「幻象恆久性問題」，但是，都有一個共同的特點就是：

「這些說明中的假設都只是為了要說明某些特定現象而假設出來的東西，其本身似乎完全沒有任何根據。」這是一個很嚴重的問題，如果我們為了要說明一件難解的事物而憑空創造出完全沒有根據的東西，那麼，只要我們的創造力夠好，想像力夠好，我們便可以創造出無數個解答來達成說明的目的。然而，既然可能性有無限多個，而如果每一個都毫無根據，那麼，一個很簡單的計算可以得出，其中任何一個解答是事實的機率幾乎就趨近於零了。也就是說，在解答這類問題時，我們不能光靠想像，而是必須在想像之外尋找其他更能支持的線索。

以集體潛意識的說明來看，雖然現今科學或許認同有潛意識的存在，因為，心理學家發現我們有時會被一些已經完全忘了的想法所影響，然而，這樣的潛意識卻很難找到其有集體共有的現象。如果我們真的有一個共同的集體潛意識，那麼，或許在某些方面會有特殊的溝通能力。而實際上，也的確可能有這些現象，例如雙胞胎似乎有特殊的溝通能力，而有時在日常生活中我們似乎真的具備某種程度的感受（在視線外的）他人的情緒現象。但這些現象不能光是訴諸模糊的個人體驗，而是必須更為審慎的探尋其是否真是如此。而其他無論是更高階的創生者的假設，或是作為幻象的物質具有影響他人心靈的因果力量的假設，我們都必須更進一步的去尋找其更有說服力的線索。然而，目前據我所知，支持唯心論的線索很少，成果很有限，這是唯心論在理論上最大的一個缺點。

除了上述幾個唯心論遇到的問題之外，另一個被多數人認為很嚴重的問題和實體二元論是一樣的，也就是，我們無法發現非物質靈魂的存在。

然而，如同上一章所談到的，這個部份牽涉到我們如何發現非物質靈魂存在的問題。在當今以物質為主要思考焦點的科學觀中，當我們說，我們無法發現非物質實體的存在時，我們的意思也就是說，我們無法用（物質構成的）儀器去偵測非物質的存在體。這種用來判定非物質實體是否存在的方法在實體二元論的假設中已經有所爭議，因為，如果實體二元論是對的，我們尚且不知這兩種實體是如何交互作用的，我們如何可能知道要如何用物質實體去偵測心靈實體呢？這樣的方法根本上就是將非物質實體當作一種物質實體在做實驗，這樣的作法本質上是預設了唯物論後再去否定心靈實體的存在，因此，這種否定心物實體二元論的方式是沒有說服力的。而這樣的問題在唯心論中就更加嚴重了。以唯心論的角度來看，物質是由心靈實體所創生出來的東西，那麼，我們今天的作法是想拿出人心所創生出來的儀器來檢驗心靈實體是否存在，從唯心論的角度來看，這似乎是荒謬的舉動。既然物質是由人心所創生出來的，在因果關連的思考上，心可以影響物，但物卻不一定能夠影響心，這麼一來，物質儀器不一定能夠對心靈產生任何因果上的影響，如果在實驗中，物質無法在因果上影響心靈，那麼，我們就無法藉由這些物質的作用觀察或偵測心靈實體的存在，那麼，物質儀器自然就無法用來作為偵測心靈實體的工具。因此，這個否定心靈實體存在的理由並不是一個好的理由。我們可以稱用這種理由否定心靈實體存在的想法為「唯物沙文主義」。以一種先入為主的唯物主義在省思心靈實體而達到否定的結論。

　　那麼，既然作為當今最有說服力的科學方法無法適當的用來證明或是否證唯心論，我們有什麼更好的方法來證明或是否證它以至於產生出讓我們更有說服力的理由呢？我想，

或許這可能才是唯心論最大的困難所在，我們很難發現什麼有說服力的理由，尤其當我們希望尋找說服別人的客觀理由時，我們似乎只有透過客觀科學方法，但如果以唯物論為主的客觀科學方法不適用於檢驗唯心論，那麼，我們目前並沒有其他客觀檢驗的替代品。除非有一天，我們找到內心某些其他因子（例如某種特殊的直覺）在相信何為真的情況下可以真實的關聯於本體世界的狀況，否則，我們是很難找到客觀有說服力的方法來檢驗唯心論的。

然而，我們是否有某些主觀的方法來衡量唯心論呢？我想這是有的。我們可以嘗試以唯心論的角度去思考、去生活，先將唯心論當作一個宗教來信仰，在將唯心論完全融入之後形成一個融貫的思想體系，在這樣的思想體系中，我們可以衡量其是否比唯物論的融貫體系來的更好，如果可以的話，那麼，我們至少在知識的融貫性中找到一個超越唯物論地方，那麼，我們或許可以依據思想的融貫性因素來支持唯心論。理由是：真理應該可以形成最融貫的思想體系。

而這種麻煩的做法事實上早在數百、甚至數千年之前就開始有人做了，我們現在可以撿現成的便宜，佛教瑜伽行派的唯識思想就是一個現成的唯心論的思想體系，而且這樣的思想體系已經發展許久，我們可以看看其思想融貫性上是否有其特別值得推崇之處。

三、佛教唯心論：瑜伽行派唯識思想

在佛教的思想中有許多不同類型的主張，有些主張一切皆空認為無論心或物都不是實體，而且根本就沒有實體的存在。也有一些思想比較接近唯物論，認為物質才是實體，而心靈是由物質所造成。然而，這兩者都難以解釋佛教輪迴與

業報的主張。在佛教理論中，比較能夠肯定輪迴與業報觀點的，也就是跟唯心論最接近的瑜伽行派（Yogacâra）的唯識思想，或簡稱之為唯識說、唯識學、或甚至是唯識論。本書為統一起見稱之為唯識論。

　　然而，由於佛教理論的思考脈絡與西方哲學體系差異過大，兩者若要用其真面目來做實質的比較與討論將會是個不可能的任務。因此，這裡所談的唯識論將不會是實實在在原本佛教的唯識論，而是至少能夠套用西方心靈哲學架構下所呈現出來的唯識論。因為，本書要討論的是西方心靈哲學的問題，而原本佛教的唯識論可以說是從完全不同的脈絡在討論心靈與意識，其中主要則是在以解脫為根本的脈絡之中，這與西方形上學探討事物存在本質的觀點並不相同，而且唯識思想所形成的一個思想體系也必須關聯於其他複雜的概念像是「因緣」、「業力」（一切因果與輪迴的根本動力）等等，但本章並不打算做這麼大規模的討論。

　　要比較這兩個完全不同的思想體系實際上是一件很困難的事情，更別說單純要用其中一個分割出來的觀點來探討另外一個思想體系中所遇見的困難了。所以，某種程度上的曲解是避免不了的，本章所談的唯識論只能說是一個從佛教唯識思想的某些想法盡可能在可以套用於當代西方心靈哲學架構下的一個關於意識的觀點。但即使是如此，所得出的想法還是會跟西方心靈哲學架構有很大的不同，甚至還是必須要用一個不太一樣的概念框架來解讀。

　　雖然，西方心靈哲學的概念框架不僅僅是西方的，它也是一種必較接近常識的理解方式，或甚至較為科學的一種概念框架，但這並不表示這樣的概念框架就是對的，佛教唯識思想也很明確的反對這樣的概念框架，認為我們日常所見的

種種心靈活動是錯誤的（橫山紘一2002, P.131）。而且，這樣的概念框架實際上也遭遇到很大的問題，連當代西方心靈哲學界也企圖跳脫這樣的框架重新尋找心物問題的解答（這個部份可說是本書最重要的一個課題，在本書後面的章節中會陸續談到）。

然而，因為語詞上以及思考習慣上的引導，當我們使用日常語言或是西方心靈哲學詞彙討論唯識論時就容易產生混淆，這大概是很難完全避免的問題，此處，我希望能透過小心以及仔細的說明來釐清一些混淆。

在討論佛教唯識論之前，我們必須先比較兩種不同的概念框架，而在比較傳統心物概念框架與佛教唯識論對心靈的看法時，我們首先會發現到，佛教唯識論的「實體」和傳統心物觀是在不同的層次上，依據我們日常生活中所發現的，也是笛卡兒以來對「心」和「物」的概念使用的意義來說，唯識論認為這兩樣東西都不是實體，也就是說，從這個概念框架來看佛教唯識論，唯識論既不是唯物論也不是唯心論更不是實體二元論，所以，我們稱其為「唯識論」。那麼，什麼是唯識論呢？當代日本佛教學者橫山紘一對此解釋說：

> 「唯識」的根本定義是：「被認為真實的外在現象和內在精神，都不過是被某個根源性的東西所表現出來的而已」。這個根源性的東西，也就是究竟的存在、根本的心理活動，被稱為「阿賴耶識」。因此，唯識意味著「一切存在是被阿賴耶識表現出來的東西、做出來的東西」
>
> （橫山紘一 2002, p.71）。

這段話明顯呈現唯識思想是一個偏向唯心論的觀點，因

為最根本的存在是在心靈活動這邊的。若從這個唯識論的角度來看西方心靈哲學，我們可以說，被視為唯一實體的「識」稱之為「阿賴耶識」，由「阿賴耶識」的作用產生主客觀事物（外在現象與內在精神）以及主客觀的區別，因而導致心與物的二分，進而產生了西方哲學界所謂的心物問題。因此，對唯識論來說，西方心物問題的解決方法在於回到一切認知之所以產生的「阿賴耶識」。

然而，上面這個說法雖然某部分解釋了唯識論，以及和唯心論與唯物論的不同，但是卻也從傳統概念框架中夾帶了兩個誤導。第一，「唯」這個字在西方傳統的脈絡下要表達的意義是，其為根源性的而且是真實的存在體。就像唯心論認為心是世界上唯一存在實體，物則是由心所創生而成；而唯物論主張物質才是唯一真實存在實體，心則是由物質所產生的現象。但是，何為「真實的存在體」呢？

唯識論與西方心物概念框架對此有著不同的理解。從西方心物概念框架來看，阿賴耶識真的算是實體嗎？簡單回答可以說：「是」。因為，它不隨著身體的死亡而消失，它攜帶著一切因果業報的潛在力量，是連繫一個人生結束後輪迴轉至下一個人生的存在體。但是，這樣的回答「是」卻有誤導的可能，因為這個問題的脈絡本身就有問題，在西方心靈哲學的脈絡談論本體論或實體時，通常預設存在有「靜態的、穩定的、甚至不變的，不需依賴其他事物也能存在的東西」。當我們使用「實體」時就是在這脈絡上在問，因此，當我們問「阿賴耶識是實體嗎？」這個問題也就是在問，「阿賴耶識的存在是靜態的、穩定的、甚至不變的，不需依賴其他事物也能存在的東西嗎？」當我們這樣問的時候，答案卻轉變成：「不是的」。

雖然，有些歐陸形上學像是海德格（M. Heidegger）的本體論的終極實體（Being, Sein）不是靜態的而是動態的，但是，卻也仍舊是穩定的、甚至不變的，不需依賴其他事物也能存在的東西③，而阿賴耶識卻也難說是這樣的一個東西，因為，其存在也某種程度上的受到「緣」與「業力」的影響（橫山紘一2002, p.7）。

　　但是，在西方本體論傳統的脈絡下說「阿賴耶識不是實體」也是錯誤的說法，這彷彿是說，「阿賴耶識是被虛構的存在。」這是不對的。那麼，溝通唯識論的「阿賴耶識」與西方心靈哲學中的「實體」的溝通必須回到「實體」或「存在」一詞的觀念上而最好能針對整個概念框架來比較。

　　然而，由於本書的討論方式基本上是以西方哲學方法為基礎，因此，若要將唯識論放入西方哲學的框架中思考與比較必須先以西方哲學分析方式掌握唯識論，而掌握唯識論的關鍵就在於瞭解阿賴耶識。那麼，我們可以依據橫山紘一的說明來分析阿賴耶識針對心物方面的幾個重要的特質。

　　1. 阿賴耶識是生出一切的根源體（橫山紘一2002, p. 86）。

　　　　由於一切都源自於阿賴耶識，所以，心與物都來自於阿賴耶識。而且，由於心與物都不是本有的事物，因此，我們對心物的認識就是心與物的本體，簡單的說，心與物的存在就是我們對心與物有所認識。那麼，當我們說，「心與物源自於阿賴耶識」時也就是說，「我們對心與物的認識源自於阿賴耶識」。所以，精確的說，阿賴耶識並非產生了心與物這些事

③ 請參考（Heidegger 1926; 1962）。

物，而是產生我們對心與物的認識。

2. 阿賴耶識是種種經驗的影響被儲存的場所（橫山紘一 2002, p.86）。

　　阿賴耶識除了能夠產生心物的認識之外，我們的經驗也以某種方式儲存在阿賴耶識之中。那麼，什麼是經驗呢？既然心與物都是由阿賴耶識所產生的，那麼，我們的經驗自然就是這些心與物的作用，那麼，這些經驗也就是阿賴耶識的某種運作方式，這些運作過程也同時繼續影響著阿賴耶識的下一步運作。這樣的機制乍看之下或許不可思議，但是，以數學遞歸函數或是資訊科學的回饋網路來理解或許也不是什麼大不了的事情。阿賴耶識就像這些回饋網路有所運作，而運作的過程又會對回饋網路本身發生影響而產生不同的運作，整個運作過程可以想像成一種力，這種力導致運作的產生，而這些運作又會對這個力產生影響而產生不同的運作，整個機制包括其發生源就是阿賴耶識。用這樣的方式理解阿賴耶識比將之當作一種傳統思維下的存在實體要更精確。

3. 阿賴耶識是輪迴的主體（橫山紘一2002, p.96），它是像種子一般的存在（p.99），但是，這樣的種子不能被認為是一種物質性或是事物性的存在（p.101），所謂種子，它像能源那樣，是一種力。是一種內心深處潛在的精神的能源，是沒有開始也沒有結束的精神的流。

　　雖然，我們說，「阿賴耶識的存在是真實的」，但是，卻不能將之理解成一個單一事物，或是許多個別事物，它的存在像是一股流動的能量，這樣的能量

能產生心物這樣的知識，能產生自我意識、以及意識與內省這樣的心靈狀態，可以說，一切能觀察到的東西，無論是主觀或是外觀，都源自於阿賴耶識，它可以被理解成能造出上述這些認識的潛在能量，而且這樣的能量只有變化但卻沒有開始與結束。因其沒有結束，所以我們也可以說其是永恆不滅的。

4. 阿賴耶識的認識作用細微到不能以我們的意識去經驗（橫山紘一2002, p.87）。但可以經由禪定來體證其存在與其相關特質（p.112）。

　　阿賴耶識並非是我們平時能夠藉由內省看見的意識，它在比意識更為深層的地方，在一般意識甚至自我意識之所以發起的地方。但是，人可以透過禪定一窺這個意識的發源地而證實它的存在以及對它的認識。

以上面的說明來看，我們已經大概可以有一個輪廓來把握唯識論的概念框架，下面我們可以將之與西方心靈哲學做個比較嘗試讓這兩個概念框架有個溝通互補的機會。這樣我們才能進一步去思考與衡量這個理論如何面對西方心靈哲學中的各種困難。

㈠唯識論與西方心靈哲學理論與基本概念框架的比較

在佛教唯識論與西方心靈哲學理論的比較中，我們首先可以發現的最明顯的事實是，唯識論絕不會是任何一種唯物論，因為唯識論否定唯物論所主張的「物是實體」之說，當然更不用說，其反對「物是唯一實體」的主張了。這個西方當代的主流思想──唯物論大概是西方心靈哲學中距離唯識論最遙遠的一個想法，由此可見若要將唯識論思想打入西方

心靈哲學界將會有巨大的阻力——理論上以及情緒上的阻力都會有。

然而，唯識論不僅反對唯物論，就連唯物論的死對頭——唯心論也被唯識論所反對。唯識論反對唯心論主張「心」是唯一實體的說法，基本上，唯識論不把唯心論所謂的「心」當作是一種實體。唯識論認為「心」與「物」都是被「識」（阿賴耶識）所產生的。

當然，唯識論也反對實體二元論的主張，實體二元論主張心物都是實體而且是不同的實體，但對唯識論來說，實體二元論所談的心和物都不是實體，而其主張唯一實體的是「阿賴耶識」。但是，這兩者對「實體」一詞的意義實際上也不相同，這一點最好不要忘記。然而，依據唯識論的看法，心和物是對等的，物並不比心更為基礎，而心也不比物更為基礎，這點倒是和實體二元論是一樣的而有別於其它理論。

然而，我們可以想像一種讓唯識論落入這個唯心唯物之爭的脈絡中的想法。我們假設，西方哲學的「心靈」概念並不只是「一個」東西，而是可以被區分成兩部份，一是顯明的意識，就是我們日常生活中所觀察到的「心」，而另一部分則是平時無法藉由內省所觀察的所謂的「微細意識」，在此藉由達賴喇嘛的這個詞彙取代「阿賴耶識」的說法（Houshmand et. al. 1999）。由於「微細意識」這個概念在佛教不同的派別（經量部）也將之當作心與物的起源、業力的儲存地以及輪迴的主體（橫山紘一 2002, p.27），這和阿賴耶是一樣的，因此，我們可將對微細意識的說明來做為對阿賴耶識的補充。而且，橫山紘一（2002, p.87）也主張「阿賴耶識的認識作用細微到不能以我們的意識去經驗」，因此，稱

呼其為平時無法內觀而只能藉由禪定發現的「微細意識」應當沒有什麼問題。而且實際上，唯識瑜伽行派也的確存在有認為阿賴耶識可以透過禪定體驗來發現的主張。

那麼，我們也可以說，在唯識論中，只有這種「微細意識」算是本體，而其他都是此本體所創生出來的東西，那麼，我們可以將這樣的理解圖示如下：

西方心靈哲學對心物的區分：

物	心（意識）

唯識論對心物的區分：

物	心（意識）	微細意識

在這個圖解中，由於唯識論的主張可理解成將西方心物觀中的「心」區分成兩部分，而主張其中一部分是實體而另一部分不是，那麼，我們可以說，唯識論事實上是某一種型態的唯心論，因為，至少其主張為實體的部份是在心的區塊而不是在物的區塊。就像橫山紘一的主張，「唯識思想顯然就是唯心論」（2002, p.3）。從上面這樣的區分來看的確如此，然而，它們之間仍舊有著很大的不同。為了區別唯識論與唯心論的不同，我們就必須進入對心或意識的區別。

這種區別可以從佛教與一般對內觀的「內」字（inward）在意義上的差別來看。依據當代哲學家席爾（Jonathan Shear）的解釋，即使是去觀察內心最私密的情感在佛教來說也是一種外觀而非內觀，只有深入到去觀察意識本身的時候才是真正的內觀（Shear & Jevning 1999, p.191）。這個說法如同上一節對阿賴耶識的說明，即使是我們平時內

省所能觀察的意識或是自我意識在唯識論來看都不能算是實體，只有在這些意識背後更深、更基本的，可被稱為意識本身的阿賴耶識才是。如果將阿賴耶識當作是本體，而依據把本體的自我發現才是真正的內觀其餘皆是外觀的想法來看，這就完全符合席爾的說法了。然而，席爾將這種所謂的「意識本身」稱之為純粹意識（pure consciousness），也就是所有對內心情感、思想以及對外在事物認識的發源地。那麼，這樣的純粹意識與前面所提的阿賴耶識和微細意識有沒有什麼實質上的差別呢？稱其為「純粹意識」表示這個意識（除了意識自己本身之外）沒有任何被意識的對象。我想這樣的性質是適合阿賴耶識的。因為，阿賴耶識既然是一切外在現象與內在精神的起源，那麼，阿賴耶識本身一定不包括任何這些外在現象與內在精神。因此，我們便可以說，阿賴耶識除了其自身之外是沒有其他內容的。這符合純粹意識的稱呼，所以，我們也可以將對純粹意識的討論應用在阿賴耶識的討論上，將之當作相同東西而針對不同特性所產生的不同名稱。

　　那麼，從這樣的內外區別來說，上面的圖解並不十分恰當的詮釋唯識論的觀點，因為，如果只有作為微細意識與純粹意識的阿賴耶識才算是真正的內在，那麼，其他我們一般談論的心物現象都是外在的東西，因此，我們可以跳脫傳統思維方法的心物區別而另外劃分這個圖解如下：

西方心靈哲學對心物的區分：

物	心（意識）

跟隨傳統思維方法的唯識論對心物的區分：

物	心（意識）	微細意識

不跟隨傳統思維方法的唯識論對心物的區分：

意識現象	純粹意識（阿賴耶識）

　　在這個不跟隨傳統的區分方法中，「意識現象」包含了我們一般所謂的心與物，也就是說，西方哲學對心物的區分對佛教唯識論來說是沒什麼大差別的，它們都是阿賴耶製造出的「顯像」，由於西方傳統心靈哲學並沒有特別討論到這種純粹意識的存在與性質④，因此，心物的區別就成了重要的區別而傾向去強調兩者的差異處，但唯識論由於主張有更重要的阿賴耶識的存在而反而強調心物兩者的相同處。對唯識論來說，尤其相對於所謂的阿賴耶識來說，心與物都是外在的，是由阿賴耶識所發出的東西，因此從這個角度來看，區別心與物並不是件重要的事情。

　　到目前為止，唯識論的說法都很合理，然而，問題在於，到底這種阿賴耶識是否真的存在？如果這樣的阿賴耶識真的存在，那麼，唯識論的說法當然就比傳統西方心靈哲學的觀點更為深入，但是，如果根本沒有所謂的阿賴耶識，唯

---

④ 西方心靈哲學之所以不討論純粹意識主要是由於抱持否定的態度，大多西方哲學家們不認為有這種東西的存在。但是，伍德浩斯（M. Woodhouse）針對這個問題論證指出，「我們沒有充分的理由否定純粹意識存在的可能性」（Woodhouse 1990, p.254）。

識論自然是一種錯誤的理論。

　　從一般的直覺與日常生活中，我們的確看不到這種可以稱之為純粹意識的阿賴耶識，而且，如同許多西方哲學家所宣稱，意識總是有被意識之物，意識與被意識之物是無法分割的，我們無法在觀察意識時發現意識並沒有一個被意識的內容，這就是在西方心靈哲學史上關於意向性的主張（Searle 1992; Dennett 1991）。也就是說，我們無法觀察到純粹意識的存在，那麼，我們如何可以宣稱其存在呢？

　　由於西方哲學傳統以理智思考與推理為主，此處可以算是西方傳統哲學方法的極限，但是，依照傳統東方哲學方法卻不需停留在此處，席爾解釋說，傳統東方哲學如瑜伽行派、佛教、以及道家等都宣稱我們可以透過某些方法（如禪定等）學習如何超越我們日常直覺的意識範圍，進而通往我們一般時候看不見的內在層面（Sheer & Jevning 1999, p.190）。而事實上，美國當代心靈哲學家耐格（Thomas Nagel）也相信，「如果有適當的訓練，那麼，我們便可以開始觀察內心深處更多原本看不到的東西，我們的直覺自省的內在世界是可以透過某些訓練來擴展的（Nagel 1969, p.452）。」藉由透過一種適當的訓練來產生一種更敏銳的觀察力，再去發現一些原本就在內心的但卻隱晦的心靈現象⑤。

　　當然，這種能力存在的可能性或許爭議不大，但是，是否真能在訓練後看到所謂的意識本身或阿賴耶識則是較有爭

---

⑤ 這種藉由實踐來獲取某些自我知識，再由這些自我知識體證或建構一個理論的方法，在傳統東方哲學中算是一個主流趨勢，這樣的方法雖然在理論的說服力上有著缺點，但卻可以將其觸角深入到許多純論理的哲學無法觸及的地方（Chi 2005）。

議的。因為，我們或許容易想像某些隱藏在內心深處的微弱情感在平時不太容易被發現，但在內心比較清楚平靜時會浮現而較為容易被意識捕捉到。而透過某些訓練，例如放鬆訓練等，人心的確會比較容易平靜下來，那麼，我們自然能透過某些適當的訓練來擴展意識的版圖。然而，我們卻很難想像如何可能發現所謂的「純粹意識」，真的有某種認知是在沒有意識任何事物時被觀察嗎？或者，阿賴耶識真有可能處在不意識任何事物的情況下被觀察嗎？當然，我們之所以認為這很難想像並不是因為這樣的可能性違背任何法則或理論，而是由於在我們內省中缺乏這樣的經驗。然而，如果有許多修行者宣稱可觀察到阿賴耶識這種純粹意識，而且，由於我們相信有些關於內在心靈的東西是可以經由某些訓練來發現的，那麼，我們應該合理的相信這種可能性是存在的，至少應相信存在有一種心靈的直觀會讓人相信純粹意識的存在。不過，即使如此，這不代表這樣的直觀是對世界的正確描述，從這裡要到達主張唯識論是正確的理論也還是會有證據與支持理由不足的困難。那麼，我們先來看看唯識論在理論上和其他幾個主要理論比較起來有什麼優缺點。

(二)唯識論與主要西方心靈哲學理論的比較
1. 唯物論與唯識論

　　唯識論主要的主張之一是稱之為阿賴耶識的純粹意識的存在。然而，在內省中發現純粹意識的存在這樣的證據即使為真，對抱持唯物論的當今西方主流思想是否會構成很大的挑戰呢？事實上，唯物論仍舊可以宣稱：「純粹意識或阿賴耶識是一種心靈現象，而所有心靈現象是由大腦所構成的。」除非唯識論者至少可以證明阿賴耶識可以在人死後

（物質身體消滅後）獨立存在，因為目前唯物論在企圖解釋這個「靈魂」獨立存在方面有些困難，否則，這對唯物論並不構成威脅。當然，若能證明阿賴耶識是非物質存在的話更好，但這種主張基本上是不太可能被科學所「證明」的，這個觀點將會在下一章討論唯物論時深入分析。

在達賴喇嘛與西方神經科學家的對話中，哈佛大學的精神病學教授哈伯森（Allan Hobson）就質問，「你有什麼證據支持微細意識可以獨立於大腦而存在？」達賴喇嘛主要的理由有三，一是意識有深淺與層次之分，這是我們日常生活可以觀察的到的；第二是意識的起源必有因，不會無中生有，而最初的因應該是由獨立的意識進入一個身體，這樣的生死相續的假設較為可以解釋意識起源；最後就是由能夠回憶前世經驗的證詞（Houshmand et. al. 1999, p.54）。

達賴喇嘛所提出的第一點是沒什麼爭議的，我們可以透過內省發現意識似乎有深淺之別，但是，無論我們是否真能觀察到意識有深淺之別都不能否定也不能證明唯物論與唯識論，因為它們都可以有所解釋，所以，我們可以忽略這個支持的理由。

然而，第二點卻不會受神經科學家的接受，因為當代神經科學家普遍相信意識起源於大腦的運作。但是，這個信念只能算是科學家們的一個預設或是唯物論的基本態度，因為目前神經科學也沒有任何直接證據證明大腦真的可以產生意識（Edelman & Tononi 2000, p. 36）。基本上來說，目前神經科學只能證明大腦和意識有關或甚至宣稱有密切的關聯，但這並不抵觸阿賴耶識的假設，因為唯識論中的阿賴耶識並不是那個被腦神經科學家證明與大腦相關的容易在主觀上觀察的意識，而且唯識論也不需要否定那個被阿賴耶識產生的意

識現象與同樣是被阿賴耶識所產生的大腦的關聯。而且，唯識論的理由雖不見得有很強的說服力但和唯物論一樣也是合理的假設。因此，重點在於第三點，但第三點關於輪迴的證據就更有爭議了。雖然達賴喇嘛自己被認為是轉世活佛，但他宣稱自己並沒有前世記憶，他所擁有的關於轉世的證據也只是聽來的（Dalai Lama XIV 1990）。雖然，如同前一章討論過的，輪迴的證據時有所聞，但這很難證實，而且目前也似乎缺乏真正有效的證明。因此，從西方心靈哲學與科學精神的角度來看，作為微細意識的阿賴耶識是否真的是輪迴的主體還有待往後更明確的證明或是否證。

而如果不考慮目前的各種證據，從理論的層面來看，唯物論實際上也不是被證明的理論，而是一種科學上的預設，但至少這個預設符合當今各種觀察證據。然而，如果我們把預設改成唯識論，唯識論實際上也不會與當今各種觀察證據產生衝突，在理論上唯識論的劣勢大概僅有從奧坎剃刀的角度來說，其多出一個阿賴耶識的存在假設，然而，唯物論也會面臨其他困難（下一章討論唯物論時會詳細分析其困難），如果唯識論在面對此問題會有較好的解決方式，那麼，從理論層面來說，唯識論的說服力或許將不比唯物論差，甚至，如果有更多的修行者透過深度內省可以對阿賴耶識提出更多較好的說明或是有更多客觀證據支持其存在，那麼，唯識論或許可能會超越唯物論成為更合理的心靈哲學理論。例如，橫山紘一先生也認為阿賴耶識是可以透過禪定發現的，他說，

> 在日常的意識中，例如在這裡看見梅花，這也不過是自己的心在看自己的心類似梅花而顯現出來的東西；

也就是說，心只看到心，事物並不存在於外界

（橫山紘一 2002, p.113）。

然而，即使我們相信這個禪定體驗是真實的體驗，但是這樣的體驗真的是呈現出事實嗎？還是只是顯現出一個不同的看世界的觀點呢？要從這種禪定所獲得的自我知識來證實某些體驗呈現出事實來說，其實是很不容易的，還有許多的難關需要克服。

依目前各理論已有的各種優勢與缺點來說，唯物論實際上還是站在合理性的頂端等待著其他理論的挑戰。關於唯物論優缺點這個部份將在下一章做詳細的討論。

2. 實體二元論與唯識論

我們假設如果有一天我們真的可以證明輪迴的存在，也就是說，我們證明了真的存在有可以從一個身體到另一個身體的東西，雖然這並不一定要是非物質的，但由於以我們目前對物質的瞭解來說，沒有任何一種物質現象可以完成這個任務，那麼，我們可以合理假設其為「非物質」的東西，那麼，由這個觀點來看，唯物論自然就失敗了。在這樣的假設下，唯識論要競爭的理論並非唯物論，而是心物二元論：主張世界由心靈與物質兩種實體所構成。那麼，我們就可以探索心物二元論與唯識論的不同與理論上的優劣。

兩者最大的不同點在於，唯識論並不將物質當作是一種實體，唯識思想對實體的一個簡單的衡量標準是：「實體是從無始以來一直到達永恆的一種能夠作為經驗的種子的潛在能量」。但是，沒有物質是永恆的、不會破滅的。也就是說，在唯識論的定義下，實體必須是一種永恆的東西，然而，事實上，我們在世間所看到的物質都是由一些基本粒子

所組成，基本粒子本身似乎比較符合永恆的概念，但以現代科學來看，這些基本粒子事實上都還是有可能被毀滅的[6]。但是，唯識論者又如何確定阿賴耶識是永恆的呢？當然，如果阿賴耶識是非物質的，我們不可能用物質的檢驗標準來判斷其是否是永恆的，或許，透過直覺與內省，當我們發現它時，我們會認為它是永恆不滅的。或者，由於其可以由一世轉到下一世而不會消逝，而且從唯識論的眼光來看，心與物都是由阿賴耶識所造成的虛幻的存在，如果藉由禪定的觀察可以發現心與物的幻滅性質，當我們不再執著於它們的存在後，它們就會消失。經由這樣的觀察，我們便可以宣稱心與物不是永恆的。而且，當我們無法觀察或甚至想像這種阿賴耶識的生化力量的消失，那麼，自然就會將之當作是不滅的了。然而，我們可以發現，此處在推理與假設上仍有一些問題是值得商榷的，針對阿賴耶識的永恆假定似乎不能完全透過禪定的觀察，而仍需要有更好的理由。

然而，心物二元論的最大困難之一是心物交互作用的問題，唯識論是否可以克服這個問題呢？在唯識論中，由於心物都不是實體，它們都來源於阿賴耶識，因此，既然它們有著相同的起源，它們之間有交互作用是比較可以理解的，因此，如果我們有一天可以證明的確有非物質實體的存在，那麼，在理論的層面上，唯識論至少在傳統心物問題上優於心物二元論，但其仍然保有著屬於唯心論會有的困難。那麼，讓我們看看唯識論和唯心論何者比較能夠擺脫本章前半段所討論到的唯心論的困難。

---

[6] 現代物理已經發現有所謂的反物質（反粒子），當反物質與正物質碰撞時會是放大量能量而互相消失掉，請參考福若思（G. Fraser, 2004）。

3. 唯心論與唯識論

　　讓我們再假設，如果有一天我們發現物質並非實體，那麼，在西方心靈哲學中勝出的便是唯心論，我們看看唯心論與唯識論在理論的比較上又如何。

　　唯識論與西方心靈哲學中的唯心論有所不同。雖然，佛教徒或甚至佛教經典有時也可能用「心」這個字來取代「阿賴耶識」、「微細意識」或「純粹意識」，而有時也將唯識論稱呼為唯心論，但是用以描述唯識論的這種唯心論的「心」並非一般意義下我們對「心」的掌握，這個能永恆存在的心與我們的七情六慾無關，甚至跟我們的思想與自我也無關，而是一種帶著業的種子意識，也就是作為意識源頭的「微細意識」或「純粹意識」，真正的實體並不是一般意義下的「心」，而是唯識意義下的「心」。

　　前面提到過西方心靈哲學中的唯心論遇到的主要困難之一是「幻象恆久性問題」，意即為什麼被創生出來的物體具有恆常性與穩定性，而相反的，用以創生物體的心反而是多變的？這個問題從唯識論的角度來看則反而比較沒有理論上的麻煩，因為，從唯識論的角度來看，心與物都是被阿賴耶識所創生出來的，而阿賴耶識由於是永恆實體，其穩定性自然比心與物都還有好，因此，唯識論在這個方面並沒有唯心論的困難。

　　而另一個唯心論的困難則是「幻象交流的問題」，這個問題在唯識論的回答則必須訴諸阿賴耶識的各種特質，但是，這個部份卻不是直觀所能獲得的觀察資料，而只能是理論上的想像，這會落入和唯心論類似的問題，我們幾乎可以有無限多種合理的想像，但要支持其成為一個事實卻還有很遠的路要走。

另外一個唯識論獨有的問題是在與西方唯心論比較上，唯識論必須多假設一個屬於「意識的源頭」的阿賴耶識。而且這個東西只能訴諸有深度修行者的禪定中來觀察，這樣的情況會遇到一個可以稱之為「自我知識問題」的困擾⑦。許多人透過禪定的體驗宣稱窺見阿賴耶識，然而，我們怎麼知道他們究竟看到的是什麼？真的是阿賴耶識嗎？甚至我們還可以質疑，他們看到的東西真的是相同的嗎？這裡有許多關於自我知識客觀化的問題還未解決，而且，這個問題面對阿賴耶識時將會相當棘手。

目前神經科學界開始將許多過去無法觀察的許多個人實踐所得的自我知識像是良知、禪定、快樂的程度等等透過對大腦的掃描尋找到一個客觀可衡量的標準，這會讓各種自我知識的可信度提高，但是，既然阿賴耶識是非物質的，它的運作基本上是不會有對應的大腦活動的，那麼，它可以說完全沒有客觀可觀察性，這將導致它永遠會成為科學方法導論的範圍之外的假設，這樣的麻煩會是唯識思想上一個比較大的困擾。在當今科學方法不改變的情況下，他或許將永遠無法擺脫被歸類為一門宗教思想的命運。然而，科學方法一定不能改變嗎？科學方法究竟象徵著什麼樣的真理呢？這些問題將在下一章討論唯物論時深入分析。

然而，無論如何，我們可以看到，唯識論在理論上的確有其優勢，但其困難度除了阿賴耶識的假說之外，跟唯心論也是很類似的，然而，如果在客觀證據上難以突破，其理論的內在一致性與融貫性上若能夠擺脫科學方法的限制而能夠擴大版圖，那麼，或許其可以成為一個很有說服力的一個思

---

⑦ 「自我知識」即是只有自己才知道的知識，通常這些知識需要透過某種實踐過程才能獲得。請參考（Tu 1985）；（冀劍制 2007, 2009, 2011）；

考方向。

四、更融貫的唯心論想像

唯心論主張，世界的基本組成並不是物質世界的任何事物，而是內心世界的一切。或許，我們必須先放棄我們習慣的物質世界的世界觀才能真正體會唯心論的美麗。我們必須先將這個世界的一切組成為物質這樣的觀點放棄（通常這是最困難的一個步驟），不再去思考每一個物質的組成成分對應到心靈的什麼東西。簡單的說，就是完全回到認知的角度來看世界，放棄客觀觀點的世界觀，把認知與存在合而為一。那麼，在內心世界中，主要的基本組成事物可能很多，其中一個可能性就是「發覺」、或是「在意」、或是「起動念」、或是佛教所稱的「法」。簡單的說，在內心世界中，發覺一事物的存在，或是沒有在意一個事物的存在，或是去形成一個事物存在的動念沒有興起，那麼，這樣的事物是不會在內心世界中出現的，也就是說，它是不存在的。

這時，很多人一定會馬上起一個念頭，「但其客觀上還是存在的阿？不管你有沒有意識到它，它還是存在。」當你興起這樣的想法時，這就提醒了你，你還沒有先放掉這個客觀世界的世界觀，所以這個問題會再興起。否則，哪裡有什麼沒注意到的事物呢？然而，的確，我們可以問一個問題，為什麼我們會被一個沒有注意到的石頭擊中呢？這個問題其實可以不是唯心論的麻煩，但這解釋起來就較為麻煩了。

首先，當我被一個東西打到時，我開始意識到這個東西的存在，這個東西在擊中我以後被我意識到，因此其開始存在。那麼，問題在於，「這個石頭從哪裡來的？」我們可以有很多不同的方式來回答這個問題，但回到客觀世界的假設

只是這些回答中的一種。我們可以有的回答是：「這個石頭是內心所創造的，其原因可以是任何心念的作用」、或者「這個石頭並沒有來處，他就是在擊中我的那個瞬間突然出現的」，第一個解釋仍舊遵守著凡事必有因的因果律，但第二個說法放棄了這個因果律。或許，放棄因果律的說法很難被接受，因為其超越我們的常識與習慣性的思維太遙遠了，但實際上，哲學家們從休莫（David Hume）開始就已經發現我們實際上並無法證明因果律真的存在，而當今量子力學更甚至也開始有否定因果律的傾向。

那麼，我們可以嘗試依據內心的基本存在事物重新建構一個世界觀，在這個世界觀中，（內心所創生的）物質世界其實在這個世界觀中所扮演的角色是很不重要的。如果可以，或許我們也可以建構一個具有高度自我融貫不輸給當今世界觀的一套屬於唯心或是唯識的新思維。若能跳脫出當今各種思考侷限之後，思考的世界將會無限寬廣，要找出一個比目前科學觀更合理的整套思維應該是可能的。當然，在能夠真正創造一個新思潮之前，我們也只能依據當今現有的思想為基礎，尋找一個最合理的解答。

然而，實際上在西方哲學史上，唯心論的種類還有很多，但其理論大多很複雜，從不同的角度在思考問題，每一個理論都必須花上很大的篇幅來說明與討論，然而，它們也都有其個別的困難，而且任何唯心論若是接受客觀的觀點來看心靈與物質，都會衍生出許多問題，它們也都會遇到本章指出的難題。本書希望將討論焦距在當代各種理論的論辯，所以就不去討論其他種類的唯心論了。目前來說，唯物論仍是勝出的理論，下一章讓我們來看看唯物論如何勝出，以及其有何問題。

第四章

唯物論與科學

　　在討論完實體二元論和唯心論之後，本章將針對目前在意識理論中位居主流的唯物論來分析。然而，由於唯物論是主流理論，因此，在後面的章節裡，我們還會深入探討各種不同的唯物論主張。尤其在唯物論的主張中出現了一個所謂的新心物問題，也稱之為意識的問題，由此問題導引出一個當代意識哲學的論戰，本書主要就在於思考如何解決這個意識的問題。從傳統心物問題連結到新心物問題，然後整體思考對心物的理解該往哪個方向走。

一、一切都是物質的作用

　　唯物論（materialism）也常被稱之為物理主義（physicalism），主張世界上的基本存在物（或稱之為「實體」）只有物質，沒有其他的東西。相對於主張靈魂與物質兩種實體同時存在的實體二元論來說，唯物論算是一種實體一元論，這樣的理論將心靈（與意識）視為物質的作用或甚至否定心靈（與意識）的存在。

　　唯物論可以說是與自然科學一起發展起來的，自然科學以研究心靈主觀之外的客觀外在世界為主要目標，甚至是唯一目標，而且，科學的發展企圖透過更基礎事物來解釋萬事萬物，這種凡事尋求更基礎解釋的化約主義企圖尋找事物的根本，將一切事物的各種變化與性質化約到最基礎的存在物

上。例如，以較為基礎的氫和氧的組合來解釋較不基礎的存在物——水，再以質子、中子、電子的數量和排列來解釋氫和氧，再由不同夸克的組合來解釋質子與中子，甚至以超弦（superstring）的震動頻率來說明所有基本粒子。如果超弦是最終的基本存在物質，那麼，如果我們可以用超弦來解釋萬事萬物，我們就成功的將萬事萬物化約到最基本的存在物了。

然而，由於自然科學追求最簡化的理論，只要在這種化約性解釋中被認為具有不必要假設的理論都會被否決，而其理論內的存在假定則會被刪除，那麼，純精神存在體的靈魂與神明等事物由於缺乏證據，而且過去必須透過神明作用或是靈魂作用才能解釋的許多神秘現象逐漸被自然科學所釐清，那麼，科學自然而然走向了否定神明與靈魂存在的唯物論了。

例如，過去人們認為乾旱、水災、颱風、以及地震等天災來自於神明的處罰或神明的警告等等，但是，氣象學的發達逐漸能夠形成更有說服力的理論來說明這些災害的形成，因此理智不再相信神明的說法，而且由於我們沒有任何有力的證據證明神明的存在，因此，理智的作用使人們逐漸放棄這種神明存在的假定，轉而支持自然科學的解釋，而將神明的存在假定取消掉。

而靈魂的假定也處在類似的狀況，過去人們假設靈魂的存在來解釋某些像是精神疾病的奇怪行為，或是以靈魂在死後繼續存在為由，撫慰著自己與親友對死亡的恐懼，以及藉由靈魂與地獄的觀點來勸人為善等等。然而，近代客觀實證科學的發展以及不受情緒影響的思考邏輯的進步，使人逐漸不再相信這些似乎沒有什麼根據的看法，而逐漸接受心靈現象不過只是藉由大腦的作用所產生的現象，那麼，整個學術

界便將唯物論當作是學術研究的正道而不再假設非物質或非肉體的靈魂存在來解釋人類心靈與意識。

二、唯物論的優勢

基本上，唯物論應該是比較不受大家愛戴的理論，如果讓唯物論、唯心論、以及心物實體二元論以民主方式參加競選，投票選出最期待其為真實對世界描述的理論的話，唯物論應該是最後一名。也就是說，如果我們的投票可以讓神來決定或改變這個世界的真相，那麼，心物二元論和唯心論兩者大概很難分出勝負，但幾乎可以肯定的是，唯物論一定是獲得最低票。唯物的世界觀讓我們的許多夢想成為泡影，讓人生的意義難以彰顯，這樣的理論基本上來說是不受自然人性所喜歡的。

但是，在這樣的情況下，它卻仍舊是當今學界最主流的理論，令人不悅的唯物論既然能夠成為當今學界的主流理論，自然有其具有更高可信度的理由讓學者們支持它。以下我們就來看看主要有哪些理由讓大家認為唯物論是對的。

㈠符合當今科學發展與研究

自從西方文藝復興時代以來，科學開始在人類的生活中產生影響，從西方至東方，進而捲襲全球。科學可以說是歷史上影響全人類最大的一個東西，尤其是科學的實證精神與方法，讓人類在許多方面化腐朽為神奇，製造出古代人們根本無法想像的各種發明與發現，甚至在許多方面（像是氣象、日蝕等）產生了相當程度的預言能力。我們幾乎可以宣稱，在所有人類的知識與思考模式上，科學是最值得信賴的東西。

學界支持唯物論不僅僅是因為當今科學界採取了唯物論的立場，而且唯物論也較為符合科學方法與精神，因此，從這樣的角度來看，我們可以宣稱，以目前我們所知來看，唯物論的確是最值得信賴的理論。然而，我們可以進一步的思考，科學跟唯物論究竟是怎樣的一個關係呢？

　　如果在我們做了一個假設之後，經由推理卻達成矛盾的結論，那麼，我們可以說，原本的假設是錯的，這方法稱之為歸謬證法。然而，如果我們假設了一個東西而達成成功的預測或是合理的解答，我們雖然不能直接宣稱該假設是正確的，但是，卻讓該假設有一定的支持度，而且，當我們大多時候依據這個假設都能獲得正確的預測或是合理的結果時，我們就更加肯定了這個假設，這就是唯物論和科學的關係。科學基本上假設了唯物論，而依據唯物論的假設在科學研究中逐漸產生一些正確的預測或是對某些自然現象產生合理的解釋，那麼，我們就更加肯定唯物論是正確的。

　　舉例來說，當瘟疫來襲，對唯心論者來說，由於一切都是人心所創生出來的東西，那麼，瘟疫必然也是人心所創生出來的東西，因此，我們傾向於假設瘟疫來自於一個邪惡的心靈，也就是惡神之類的存在，那麼，為了平息瘟疫，我們必須取悅惡神。這樣的觀點較可能發自於唯心論或至少是心物二元論，但是，這樣的作法在實施過後或許會發現沒有效果，或至少不是每次都有效，那麼，這個理論受人們相信的程度就會降低。當然，沒效的因素可能在於取悅惡神的方法不對，人們可能會改變其方法繼續嘗試，但是，如果在不斷繼續嘗試之後仍舊不是很有效果，人們自然也會開始質疑。

　　然而，當一個唯物論者面對像是瘟疫這樣的情況時，由於唯物論者傾向於認為一切事物發生的背後原因都是物質的

作用，那麼，我們便會開始尋找造成瘟疫的物質是什麼，後來人們發現了細菌這樣的東西，於是又找到了可以殺死細菌而且不傷人體的某種稱為抗生素的物質，只要將某種抗生素置入人體內，該細菌就會被除去。而後來發現其效果非常的好，雖不必然是所有人都有效，但其效果也足夠令人驚異的了，這麼一來，我們便會傾向於相信原本的假說是正確的，而這樣的假說卻是根源於唯物論的世界觀而來，當我們愈是相信科學的種種說法，我們自然就會愈來愈相信這樣的唯物主義的世界觀。而唯物論成為正確的可能性也就愈高。

這樣的想法從某個角度來看可以說和實用主義（pragmatism）很類似。實用主義主張：「如果一個理論是錯的，那麼，這個理論一定會在某些地方是沒有實用價值的；然而，如果一個理論是對的，那麼，當我們採取這個理論時，通常都會有實用價值的。」簡單的說，愈有用的理論通常愈可能是真的，而愈沒用的理論通常會是錯的。雖然這樣的判準並無法百分之白的判斷理論的對錯。因為，的確有些想法或是理論很有用但卻是錯的，而有些理論是正確的但卻沒有什麼用處，然而，從支持度來看，理論的對錯與實用性兩者之間的確有某種關連，而唯物論也在類似這種關聯下被科學所支持。

(二)神經科學的證據

在古代，當人們發現有些人的心智出現怪異的狀態時，人們基本上會從心靈影響心靈的角度來看這樣的事情，也就是解釋說，這個人的心靈之所以受到這種不良的影響是因為某一個惡靈影響到他，或者，是由其他能力高超的心靈藉由作法或是巫術的方式在影響他，或者，是因為這個人自己心

中有邪念所導致的。總之，心靈的問題是由心靈所影響的。這樣的看法較能呼應實體二元論以及唯心論，但是，藉由這樣的解釋而做出的解決方法大多無法真正解決問題，而且也難以找出足以說服人的證據。

當代神經科學逐漸發展之後，人們傾向於採用唯物論的方式，認為心靈的一切現象都是由大腦所產生，而後在大腦中企圖尋找人們心智問題的線索。而在尋找的過程中的確有些發現，而且這些發現逐漸形成一些理論，這些理論在許多情況下成功的解決了人們的心智問題，也成功的達成了預測某些心智問題的成果。

例如，在西元 1861 年，當法國醫生布洛卡（Paul Broca）遇到語言能力產生問題的病人時，這些病人雖然有說話的能力，但其表達力很差，幾乎無法使用語言把想法說清楚。當遇到這類問題時，傳統上，不採取唯物論假設的人們可能會認為具有這種症狀病人的心靈被某種邪靈入侵了，但是布洛卡卻採取較為唯物論式的觀點，假設其語言表達的問題發生在大腦某處的傷害，經由這個假設以及之後在獲得病人大腦後的觀察，布洛卡發現這些類似症狀的病人的某個特定區域真的都受到了損傷，因此，他大膽假設，這個區域負責人類語言的表達。而這個理論便可以用來預測未來如果有人此區域受傷將會有類似的症狀出現。而數百年後的當代，我們幾乎可以宣稱說，這樣的預測是正確的。那麼，我們就傾向於相信布洛卡的理論，同時，我們也傾向會去相信其假設的唯物論依據。

即使不管整個理論是否是採取唯物論的假設，只要這樣的類似案例愈來愈多，當我們找到更多大腦與心靈的對應，我們自然會愈來愈相信心靈是由物質所造成的，既然心是由物所構

成，那麼，這個世界的基本成分就是物質而不需要假設心靈是另一種基本成分，當然也不需要假設心靈是比物質更基本的成分，而這樣的一個主張也自然而然走向了唯物主義。

當代神經科學發展中，的確有許多的證據顯示出心靈與物質的高度關聯，這些都可以用來支持唯物論的主張。例如，某些部位的傷害導致另一種語言問題稱之為韋尼克（Wernicke）失語症。其他像是失去記憶能力、無法辨認人臉、忽視症、裂腦等等。而更重要的證據像是憂鬱症、躁鬱症、精神分裂症、或是吸毒的上癮性、酒精對情緒的作用等等屬於人們心靈感受的相關問題也幾乎都找到了相對的大腦位置或是大腦化學分子的作用。如此一來，主張心靈就是由大腦所產生的唯物論自然會躍登為主流理論了。

然而，這些證據雖然可以用來證明心靈與大腦（物質）的高度聯繫，而這樣的聯繫可以用來支持唯物論，但是，我們卻不一定非在接受這些證據的情況下接受唯物論的主張。因為，從「高度連繫」到「同一」的推理上仍有一段距離，許多有高度連繫的事物並非同一件事物。例如，二十世紀法國哲學家柏格森（Henri Bergson）就主張，衣架掉了衣服總是會掉，雖然衣架和衣服有著高度的聯繫，但是衣架並不是衣服[1]。這也如同當代神經科學家艾格士（John Eccles）所指出，如果大腦只是一個通訊器，這通訊器連結著我們在地球上的身體以及在宇宙某處的心靈，那麼，當作為通訊器的大腦故障時，心靈總是會出現一些問題，它們的確有著高度的聯繫，但是，通訊器本身並非心靈。

雖然這種反對意見只能算是一種想像的可能性，我們沒

---

[1] 請參考（鄔昆如 1977, p.102）。

有任何證據顯示心靈在某個宇宙的不知處，也沒有任何證據顯示大腦只是一個通訊器。然而，相反的，我們目前也沒有任何證據顯示大腦的運作真的可以產生心靈現象，我們仍舊無法在觀察大腦的運作中發現心靈是如何被製造出來的，目前唯物論主張「心靈是由大腦所產生的」，從其理論的優勢來看，除了這個唯物論假設目前在科學中運作良好的優點之外，主要也還是較能符合奧坎剃刀的原則。

㈢奧坎剃刀

唯物論的另一個支持理由是第二章提到過的奧坎剃刀。奧坎剃刀的基本原則是將最簡單的理論當作對事實的描述。前面討論實體二元論時已經討論過了，除非我們已經掌握了所有可能的證據，否則簡單與事實此兩者是不能等同而論的，因此，奧坎剃刀的支持並不能說是使唯物論為真的支持。

但是，最簡單的理論卻毫無疑問是最實用的理論，不管實用與事實能拉上多少關連，至少，在沒有其他因素的考慮下，我們會傾向於接受較為實用的理論。奧坎剃刀原則使人們較願意接受其論述。而且，如果我們不接受最簡單的理論，我們根本上也很難衡量一個理論的好壞，所以，暫時遵守奧坎剃刀在追求真知的路上應該還是有好處的。不過，我們必須銘記在心的是，雖然，唯物論有很多優點，而且也有一些理由支持它比較可能為真，從理論的角度來看，我們可以先假設唯物論為真，但是，目前我們所擁有的知識與證據還無法真正宣判唯物論為真。那麼，我們下一節來看看唯物論有何問題與困難。

三、唯物論的再商榷

前面討論完對唯物論優點的支持之後，我們現在來看看唯物論的困難與值得懷疑的地方有哪些。

㈠科學的危機

前面已經大略談到，唯物論之所以被信賴的主要原因之一在於科學的成功。人類歷史發展的這幾百年來，科學算是最大的成就之一，而且也是超乎人們意料的成功。現代科學發展基本上超越了古人的想像，可以說到了不可思議的地步，科學理論所應用的成果可以讓我們立即觀察數千公里外所發生的事情而不需要千里眼的神通，可以和數千公里外的人對話而不需要極高明的內力，甚至可以送人上月球、製造出下贏棋王的電腦、發現肉眼所看不到的細菌甚至粒子世界等等。在這種成果的衝擊下，若是有人仍然想說，「科學根本上可能有問題」，這樣的人馬上就會被認為是痴人說夢話。

的確，科學的成果是不容忽視的，而且即使我們不要讓這種情緒上對科學的崇拜感來迷惑我們的思考，這些成果的確很有說服力的讓我們認為科學所說的一切都很可能是對的。因為，如果是錯的，又怎麼會讓我們製造出這麼多有用的科學產品呢？

這個觀點也就是前面討論過的實用與真實的關連。它們之間真的是有一些關聯的。愈具有實用性的理論就愈可能是真的，反過來說，真實的理論通常較具有實用性。然而，從謹慎與嚴格思考的角度來說，我們也必須提醒，實用的理論未必為真，而真的理論也未必實用。這也是不容忽視的事實。

科學的成功可以支持其理論很可能為真，但是仍舊不保

證其為真。我們仍然可以找到科學值得懷疑的地方。首先，歷史上許多哲學家已經發現到，科學的整個理論建構實際上是建立在許多沒有任何客觀根據的假設裡，例如，「凡事必有因」，科學假設所有事物的產生與變動都一定有原因，然後藉由尋找原因來建立科學理論。然而，十八世界英國哲學家休莫（David Hume 1711-1776）指出，「我們實際上不能肯定因果的存在，因為我們根本無法觀察到因果的發生，我們只是看到兩件事物前後發生而用因果去解釋它們而已。」也就是說，因果有可能根本就不存在，如果真是如此，那麼，科學的一個根本磐石就不見了，這麼一來。科學理論的說服力會完全崩毀。

另外，休莫也同時指出，科學實驗證明所使用的歸納法（從觀察一些案例來推斷全體具備某個性質的方法）實際上訴諸了一個叫做自然齊一律的預設，這個預設是說，「具有某些類似性質的事物的其他性質也會是類似的。」然而，相同的，自然齊一律也是我們的假設，我們實際上無法證明它。如果所有科學定律實際上隨著時間在緩慢改變，依據我們目前幾百年的科學史也無法真正發現它的錯誤。

思考了這些困擾之後，十八世紀德國哲學家康德（Immanuel Kant, 1724-1804）主張，因果律與自然齊一律是我們認識事物的基本框架，我們藉由這些預設認識事物，但是這世界究竟是否真是如此，我們卻無法知道。也就是說，我們實際上是帶著一個有色的眼鏡在觀察這個世界，而這樣的有色眼鏡是否真的能夠顯示世界的真相，這就必須要看我們這個有色的眼鏡是否碰巧符合世界的基本框架了。如果真實世界的基本框架並不是由因果律與自然齊一律等基本假設所建構，那麼，我們的科學發展實際上是誤入了歧途。

在這樣的反思中，我們可以問一個問題，我們先天認識事物的基本框架是否可能剛好就是世界結構的基本框架呢？這種可能性當然有，如果我們是有神論，那麼，我們可以和十七世紀法國哲學家笛卡兒（Rene Descartes, 1596-1650）一樣主張我們可以合理的相信我們可以正確的認識這個世界，因為神不會騙我們。但是，當今科學基本上卻不是依據在有神論的理論基礎上，而是依據在以十九世紀生物學家達爾文（Charles Darwin, 1809-1882）為主流的演化論基礎上，依據這樣的演化論，我們的認知方式實際上是經由隨機以及適合生存產生的，而這樣的產生機制完全無法保證正好可以正確的對應到世界的真相。雖然，我們仍舊可以主張，較適合生存的就較可能是真的。但是，我們太容易發現許多不符合這個說法的例子，而且，先決條件是，我們必須先依據隨機性而演化出這種正確對應世界結構的認知機制才行，而這樣的可能性似乎可以說其根本就是微小到幾乎是不可能的事情。這麼一來，我們其實是有理由來質疑科學本身是否真的走向真實對世界描述這一個方向的。

除此之外，我們也發現科學內部其實也隱藏著一些理論上的困難，這些困難也暗示著科學可能根本走錯了方向。例如，科學基本上建立在主張凡事必有因的預設下，但是，當討論到宇宙起源問題時便落入到可以沒有「因」的大爆炸理論，無論如何解決這個問題，這都讓凡事必有因的理論預設出現危機，而這樣的危機會危及到整個科學理論。

另外，近代物理學的發展也進入到一個有點困窘的局面，因為，一些令人難以置信的實驗結果出現了。例如，原本科學家們相信所有物質依據一定的定律在運作，但當代物理學家們發現基本粒子的運動方式是具有隨機性的，雖然，

這是所謂的「發現」，然而，由於這樣的發現其實訴諸了很多的科學預設（唯物論就是其中一個），如果這些預設是錯的，當然就會產生錯誤的「發現」，所以，如果某些發現是不合理的，我們實際上也可以站在質疑的一方。因為，粒子的隨機性是一個難以想像的狀態，我們可以問，為什麼一個粒子可能是隨機運作的？究竟背後有什麼樣的機制導致這種狀態？我們無法獲得任何滿意的解答，科學家只能說，這就是事實，沒什麼好解釋的。然而，如果人們的認知功能恰好可以用來正確認識這個世界，那麼，我們又為什麼無法理解這種粒子的性質呢？如果我們不要站在唯物論的假設，我們或許就不會很快的得出粒子有隨機性的解釋，或許我們應該說，粒子具有一種難以預測的性質。而這樣的難以預測性會不會就是屬於粒子的非物質心靈所造成的呢？

除此之外，難以理解的理論還包括了空間彎曲、平行宇宙、超距作用、以及無法接受自由意志的存在等各種匪夷所思的理論。當然，這些物理理論都可能是對的，我們正發現這個世界和我們過去想像的不同，而我們正逐漸了解這個匪夷所思的世界。但是，從另一個角度來看，在人類知識發展的歷史上，當一個理論根本上要被推翻之前，也會開始出現一些匪夷所思的理論，直到人們發現在推翻它之後有更好的理論可以取代時，知識的革命就產生了，我們又何嘗不能用這樣的角度來解讀近代科學的發展呢？

因此，雖然當今科學是支持唯物論的一個最大力量，但是，科學也並非是完全無法被質疑的，當科學理論根本上陷入危機時，也同時會危及到唯物論的觀點。然而，唯物論本身也並非是科學理論，而僅是一個科學的預設，其受科學成果保護的程度其實也相當有限，科學實際上可以拋開唯物論

而仍舊是科學。這個部份將再下一節來討論。

㈡唯物論只能算是一個預設的世界觀並不是一個被證明的理論

前面已經大略提到過，當今科學成果可以用來支持唯物論的主張，但唯物論本身並非是一個科學理論。我們可以舉一個例子來說明這種情況，假設小明是一個小吃店的老闆，在小明的心目中，他認為每一個人都是貪小便宜的，價錢愈低生意就會愈好。於是，他就故意把價錢定的比周圍其他類似的店家低一點，果然，生意還不錯，至少比其他店家都還要好，在這種情況下，生意不錯的結果符合他的預設，所以，他認為「每一個人都貪小便宜，價錢愈低生意愈好」這件事情得到了「證實」。

我們把這個例子套用在唯物論上面，我們假設了唯物論是正確的，然後藉由這個假設基礎所發展出來的科學成果符合我們求知的要求，而且應用的還不錯，那麼，我們就認為唯物論被科學成果所「證實」了。當然，小明的例子是極端簡化的，科學的主要預設不僅僅只有唯物論而已，但這例子只是針對兩者間的關係來方便我們說明而已，所以有些不同的地方沒有什麼關係。

從上面的推理來看，「證實」兩字可以說用得不恰當。因為，我們不會認為小明的生意好這件事真的可以「證實」小明的預設，最多我們只能說，小明的生意好「符合」他的預設，這樣的「符合」可以算是一種「支持」，但要談到「證實」則太過輕率了。科學也是在類似的情況下支持著唯物論，而不是證實。

再假設，小明認識了某個大批發商，這個大批發商可以給他更便宜的價格購買食品的原料，於是，小明又把價格降

低，這時，生意果然又更好了。於是，小明認為，果然人們是貪小便宜的。在這樣的情況下，支持度是提高了，但是，若要用「證實」兩字則似乎還是不妥的，其還是只是「支持」的效果而已。因為，若要使用到「證實」就必須至少讓我們認為其應該不會是錯的，但是，我們很容易發現這樣的推理其實是不穩定的，隨時可能產生推翻性的證據出來。例如，有一天，不懂得做生意竅門的小明的太太小玉趁著小明生病住院時想多賺一點錢來繳醫療費，於是就開始提高價格，然而，生意卻沒有變差。小玉很高興的告訴小明這件事情，但小明卻認為，那是因為大家來習慣了，如果價格不降下來馬上就會生意變差。

從這個例子反觀唯物論的情況，如果開始有一些看似不支持唯物論假設的例子出現的時候，我們實際上不會很快的放棄唯物論，而是會想辦法用其他方式去解釋它，就像是小明的解釋一樣。實際上，我們的確已經遇到有些不太支持唯物論的現象出現了，就像是在實體二元論談到的瀕臨死亡經驗，但基本上我們仍舊會嘗試站在唯物論的角度勉強來解釋。除非有一天出現更強而有力讓我們不得不重新反思的情況出現。

以小明的例子來說，假設過了一陣子，缺錢的小玉又提高價錢，但是人不但沒變少卻還是生意愈來愈好。當這樣的情況出現時，我們就會開始反思，或許小明的假設是錯的。直到這種強而有力的反例出現時，我們就會好好反思原本的預設或許是錯的。但是，直到這種反例出現之前，我們不會感到有必要去改變預設，而且會由於預設符合我們的預期而認為其是正確的。

唯物論的預設到目前為止雖然已經遇到很多的麻煩，像

是前面所說的瀕臨死亡經驗以及自由意志的問題②，但是，也還沒有到達我們必須放棄它的地步。在知識繼續改變的未來中，或許我們會克服這些困難而更加肯定唯物論，但也可能將會出現更爆炸性的情況出現而讓我們放棄唯物論。這些可能性都存在。基本上，唯物論雖然附著在當今科學成果中而被肯定，但這樣的支持性的肯定其實並不是一種牢固的證實，其隨時有可能在某些理論失敗後跟著倒下。例如，小玉把價錢提高到比其他店家所訂價錢的兩倍之後，生意還是愈來愈好，小明就不得不放棄原先的假設了。

㈢唯物論的意義模糊

唯物論主張：「世界上的一切真實存在物都是物質，除了物質之外其餘都不是真實存在的。」這樣的說詞看起來很清楚，但實際上卻有著一個很大的模糊空間。其模糊的地方在於，何謂物質？笛卡兒對物質實體的基本定義在於一個「佔有空間的性質」（或稱之為擴延性），然而，當今許多物質已經不太能夠符合這個定義了。因為，佔有空間的事物必然具備有體積，那麼，我們可以問那些基本粒子的體積是多少？一顆電子或是微中子的體積多少？甚至我們用「顆」這種像是形狀描述的詞彙都已經不適用了，更別談其體積了。更麻煩的是一個光子的體積為何？一個連靜止質量都沒有的東西要如何談體積呢？也就是說，如果唯物論對物質的

---

② 唯物論難以接受自由意志的存在，因為，如果自由意志是由物質所造成，那麼表示有一種可以稱之為自由的粒子存在，這樣的想法是很匪夷所思的。所以，當今物理學傾向於否認自由意志的存在，否則，我們必須在目前物理學所接受的（與自由意志最接近的）粒子的隨機現象中尋找出轉變成自由意志的可能性（Searle 2007）。關於自由意志的問題將會在後面談到心物在因果上的化約時會再詳細討論。

定義停留在笛卡兒的時代，那麼，只要不符合該定義的東西都可以稱之為非物質，這麼一來，我們早就已經發現非物質實體了。如果我們不認同這些事物屬於非物質實體，那麼，「物質」這個詞彙究竟該怎麼定義呢？

當今的定義是依據現代物理學，只要能夠被現代物理學所認定存在的事物都算是物質。那麼，如果我們鎖定這個定義，未來如果發現一種與當今物理學不同的存在物，例如，一個可以在時間中跳躍的物質或是一個完全不具備能量也無法轉換成能量的物質，那麼，我們是否會稱這些事物為非物質而認為我們找到了非物質實體呢？如果可以的話，那表示唯物論對「物質」的定義基本上還算是明確。但是，實際上，如果真的發現這些存在物，唯物論對「物質」一詞的定義會跟著改變。也就是說，唯物論對「物質」的界定會隨著物理學的發展而不斷改變，如此一來，依據當今科學方法來說，唯物論將永遠都是對的。或說，唯物論永遠是符合科學的。這樣的模糊性導致這樣的理論是沒有什麼價值的。

如果有一天，我們發現了自由的粒子（基本上這根本不可能，就算真的是自由的粒子也會被觀察成為隨機的粒子），或者，我們發現了像是小說《黃金羅盤》裡描述的具有意識的「塵」（除非像小說般我們可以跟塵對話，否則我們也不會相信他們具有意識），在那樣的情況下，我們是否就會相信我們發現了非物質實體了呢？我認為，即使真的有這些發現，唯物論仍舊是正確的，只不過「物質」的定義改變了而已。頂多唯物論者會說，我們終於發現了心靈物質，而心靈物質也是物質的一種。在這種情況下，唯物論是否已經呈現出一種不可否證的性質了呢？③為了回答這個問題，我們可以試想，在什麼樣的情況下，我們會認為唯物論是錯的？

如果有一天我們可以發現一種完全虛無的事物存在，不具有質量也不具有能量，但是卻具備有心靈現象，如同一般想像的鬼魂，那麼，在這種情況下，我們或許會認為唯物論是錯的，而考慮實體二元論的可能性。然而，這有可能嗎？首先，一個事物如果不具有質量與能量，那麼，任何儀器或是感官都不可能可以觀察它，它不會反射光所以看不到、它不會發出特殊分子所以沒氣味、它也不會導致空氣震動所以聽不到，它不會產生能量所以不會造成任何事物的改變，那麼，頂多或許只有某些心靈能力可以直接感應它，如果只是這樣，這個事物也難以被認同為存在事物，這麼一來，這種具有彈性定義的唯物論幾乎可以說是不可被否證的。一個不可被否證的理論的價值與可信度就必須再重新衡量了。

㈣意識的化約問題

　　唯物論的另一個困難在於意識的化約問題，也稱之為心之不可化約性問題，這個問題指出，我們無法用物理概念完全解釋心靈概念。也就是說，如果我們接受唯物論，並且接受當今物理學的以客觀為基礎的思考架構來理解一切，那麼，主觀的心靈或意識在整個理論體系中將無法獲得解釋，這是對唯物論的一個很大的挑戰，但此問題爭議很大，此爭議也直接或間接造就了許多意識理論，本書將在第七章深入討論這個問題。

---

③　二十世紀哲學家波柏（Karl Popper, 1902-1994）主張具有「可否證性」（falsifiability）的理論才是科學理論，意即，一個科學理論必須（至少在想像上）有可能被否證，而無法被否證的理論不能稱之為科學理論（Popper 1968）。

四、唯物論、宗教、與生命意義

自古以來，人們相信靈魂的存在，相信神明、相信鬼魂、以及相信一些超自然的存在主宰著世界與人事間的運作。天然災害是神的憤怒所引起，五穀豐收是神的獎賞。由這種觀點，人們建立起祭祀的儀式，建立起輪迴的觀點，也建立起生生世世為夫妻的海誓山盟。甚至，許多宗教也必須建立在這樣的假設中，將人間的痛苦轉化成修行的動力或是神的試煉，全心全意為死後的生命做努力。

然而，如果人們轉為相信「人死後就不再繼續存在了」這樣的觀點，不再相信有靈魂、神明、以及輪迴，這個社會的價值體系將會變成什麼樣子呢？人不再為了取悅神或追求死後的樂園而行善，人不再做了虧心事後擔心夜半鬼敲門，然而，人也不再需要虛情假意的造橋鋪路或捐米捐糧而自以為是，這樣的轉變究竟是好的轉變還是壞的轉變呢？無論好壞，這將會是一個巨大的轉變。當然，無論如何轉變，學術研究追求的是真理，探索什麼才是真相，不該因為擔心有壞的轉變而自欺欺人。

在心靈哲學的研究中，受了現代科學的影響與支持，學者們逐漸放棄了非物質靈魂存在的假定而走向視心靈為物質的唯物論。也就是說，普世價值即將巨變，或者說，這樣的變遷事實上早已經在進行中了。一種屬於唯物論的人生觀尚在建構之中，尚未深入民間社群而成為主流觀點，不過，我想，這只是時間的問題罷了。然而，怎樣的人生觀可以適合於一個唯物論的世界觀而又能讓我們安身立命呢？我想這是每一個唯物論者應該思考的問題。但這問題與本書的主題關聯性不大，所以僅此簡單的敘述。

五、唯物論的種類

在心靈哲學中的唯物論可以區分成好幾個種類，雖然它們一樣主張物質是唯一實體，但由於對心靈的解釋有所不同而衍生出不同的心靈理論。本章將只針對各種主要理論做一個簡單的介紹，而在後面幾章才會針對幾個比較重要的理論再做更深入的討論。看看哪一個理論對心靈與意識的解釋較有說服力，以及為何思潮應合理的朝向一個心物的概念革命。

(一)行為主義

行為主義（Behaviorism）大約在二十世紀中期時興盛起來，目的不僅在於否定笛卡兒對靈魂實體的存在假定，進而希望建立一個具有能夠以客觀科學研究的心理學（Lycan 1990, pp.4-5）。而且由於當時的科學與哲學精神強調研究對象必須是客觀可觀察的，所以，行為主義的基本精神是以「客觀可觀察的行為」來定義心靈。例如，什麼是「快樂」？對行為主義來說，「快樂」的定義不能是原本我們所理解的那種主觀的心理狀態，因為這樣的定義將導致這個詞彙無法符合科學客觀精神，因為它既不能客觀被觀察，也難以衡量。「快樂」的一個適當定義可能是：「一個人的嘴角向上傾斜」。依據這樣的定義，行為主義者就可以用嘴角是否向上傾斜，這個可客觀觀察的行為來衡量「快樂」這樣的現象。

這裡需要說明的是「定義」這個詞，如果說，我們用嘴角向上傾斜來做為判斷一個人是否快樂的「判準」，也就是說，我們並沒有改變快樂的意思，而只是用一種客觀標準來衡量它。那麼，這爭議會比較小一點。然而，當我們將之當

作快樂的「定義」時，意思就是說，當我們說某人快樂時，意思就是說此人的嘴角向上傾斜，而並不是像我們日常生活中使用「快樂」這個詞彙時是在談論一個人的某種內心世界。因為人的內心世界不是客觀可觀察的，所以，當我們要建立一個客觀可觀察的心靈科學時必須完全不理會這種主觀世界的東西，就像將之放在黑盒子裡面一樣當作沒有這些東西的存在。所以，這樣的定義等於就是在科學上直接否定或至少忽視了主觀心靈世界的存在。

依據這樣的定義，如果沒有做出這樣的行為則沒有快樂。當然，上面這個對快樂的定義或許比較草率，行為主義可以將之定義的更為精確、更為複雜，例如，「快樂」其實就是一個人嘴角向上傾斜或是張口發出呵呵或是哈哈之類的聲音。這個定義或許比上一個更好，而且，行為主義或許可以找到更好的定義，但是，無論如何，一定要從「客觀可觀察的」行為來掌握心靈現象。

行為主義這種理論的優點是把心靈現象客觀化，讓客觀科學也可以探討人類的心理現象。但其嚴重的缺點是似乎無法捕捉到心靈現象的精髓。一個現象之所以可以被稱為心靈現象最重要的是內心的主觀感受，如果沒有內心的感受則不算有該心靈現象。無論我們用什麼樣的行為來定義快樂，一個好的演技派演員可以在沒有快樂的心靈狀態下演出那些行為出來，那麼，我們是不是要說這個演員很快樂呢？當然，這是特殊狀況，一般正常情況下人們不會在日常生活中演戲，而且，是否在演戲也可以放入定義之中做判斷，例如，我們可以說，「快樂」其實就是一個人在（不是發瘋也不是演戲的）正常情況下，嘴角向上傾斜或是張口發出呵呵之類的聲音。這樣的定義就可以防止上面所說的情況發生，然

而，這樣就真的可以了嗎？如果行為和心靈間真有這樣的必然關連，毫無疑問的，我們可以用行為作為判斷是否具有某心靈狀態的判準，但是，這樣的必然關連可以強到直接將行為作為心靈的定義嗎？如果行為主義者不把黑盒子丟掉而相信黑盒子（主觀世界）裡面仍有東西，那麼，把看的見的行為當作有必然關連的看不見的黑盒子裡的事物，這雖有爭議但也似乎值得一試，但是，行為與心靈現象之間真有這樣的必然關連嗎？或許，行為主義的主張者傾向接受一個預設，認為不同人的類似的心靈狀態都會有類似的行為。這樣的預設本身卻是有問題的，例如，苦笑的人算是快樂嗎？嘴角沒有上揚也沒有什麼其他表情的人就一定不快樂嗎？顏面神經麻痺的患者就不可能快樂了嗎？無論從生活經驗或是科學實驗，我們很難找出行為與任何心靈狀態的必然關連，心靈狀態與行為之間似乎沒有這種關聯，雖然行為主義很能符合客觀科學的精神，但是，它卻無法正確與深刻的進入主觀心靈世界去討論。

然而，人們真有一個主觀的內心世界嗎？如果這個問題是問自己是否有一個這樣的內心世界，那麼，我猜想大多數人的答案都是肯定的。但是，如果我們問的是自己以外的別人是否有這樣的內心世界？如果回答「有」，我們便可以問，如何得知？得知的途徑是否也就是透過別人的行為呢？那麼，這樣的判斷別人心靈狀態的方式是不是就符合了行為主義？在這種情況下，我們是否可以用「行為」來定義別人的心靈狀態？我想，這還是不妥的，因為雖然我們實際上是以行為來「判斷」別人的心靈狀態，但是，我們這種判斷的主要依據是自己的內心世界的心靈狀態與該行為的聯繫，例如，當我們處在某心靈狀態 X 時我們很可能有 Y 行為，我們

可以藉由別人的 Y 行為來推測別人有個 X 心靈狀態。因此，我們對別人的心靈狀態的描述還是針對自己主觀內心的心靈狀態，而不是針對該行為在描述。

　　然而，隨著科技時代的進步，人們的可觀察世界愈來愈廣，例如，過去無法觀察的微生物世界在今日各種顯微鏡下一覽無遺。過去無法被觀察的大腦活動現在也能一探究竟。因此，在遵循行為主義的可客觀觀察的精神下，當代行為主義者用可客觀觀察的大腦作用來定義心靈，他們認為某個心靈狀態就對應於某大腦狀態，我們可以藉由對大腦觀察來確定一個人的心靈狀態。這等於是使用「大腦的行為」來定義心靈，這或許也可以算是一種廣義的行為主義，此廣義的行為主義在當代已經取代了舊的行為主義，因此，下面的章節將不再更深入談論舊的行為主義。

　　但為了將這種廣義的行為主義區別於上面所提到的傳統行為主義，我們將這種以大腦定義（或等同於）心靈的理論稱為「心物同一論」（mind-body identity theory），或更精確的稱為「心腦同一論」（mind-brain identity theory），簡稱「同一論」（identity theory）。

㈡同一論

　　同一論的基本主張就是把大腦和心靈視為等同的東西，同一論者宣稱：「心靈狀態（mental states）就是大腦狀態（brain states）」。雖然，我們可以將這個理論視為廣義的行為主義，因為其符合客觀行為觀察的要求，但是，它們之間有一個很大的差別，同一論比較可以接受行為主義所不接受的主觀內心世界的存在，就像是將主觀內心世界的心靈現象從黑盒子中拿出來，然後用大腦狀態去解釋它們（Place

1956）。例如，假設快樂是一種心靈狀態 M，當我感到快樂時，相對的在大腦就有一種大腦狀態 B，每當這種心靈狀態 M 出現，該相對的大腦狀態 B 也一定會出現，反之亦然。在這種情況下，我們可以說，心靈狀態 M 其實就是大腦狀態 B，兩者是相同的東西。這樣的解讀同時承認主觀心靈狀態與客觀大腦狀態的存在。然而，如果同一論是用大腦狀態來定義心靈狀態，而忽略其主觀面，則這種同一論就會和行為主義比較接近。這樣的立場差別在它們如何面對主觀心靈的存在地位。

另外，從不同層次的「同一」角度來看，同一論也可以分為兩種，一種稱為「類別同一論」（type-type identity theory），另一種叫做「個別同一論」（token-token identity theory）。類別同一論認為心與腦的同一性在於類別的層次。例如，當我們說快樂的心靈狀態 M 對應（且同一）於大腦狀態 B 時，我們是說，凡是快樂這種心靈狀態都可以對應到大腦狀態 B，無論是誰的快樂，無論是我以前的快樂或是現在的快樂都一樣，甚至可以主張所有種類的快樂都能對應到同一類型的大腦狀態。然而，個別同一論卻不這麼認為，個別同一論的支持者主張這種對應只能在個別心靈狀態的層次。例如，我的快樂和你的快樂可能對應到不同的大腦狀態，甚至我十分鐘前的快樂和現在的快樂也可能不同。這個爭議不易在哲學的論證中找到較為肯定的解答，或許需要等到神經科學有更明確的實驗證據後就自然真相大白了。

然而，這種似乎很符合當代科學精神的同一論仍舊遇到了挑戰，首先針對類別同一論，假設水母也有痛的心靈狀態，那麼，依據類別同一論的主張，當水母痛的時候和人類痛的時候就會有著相同或至少類似的大腦狀態，這是匪夷所

思的事情。因為，大腦結構簡單的水母怎麼可能會有和人類相似的大腦狀態呢（Putnam 1967）。當然，類別同一論的支持者可能會說，水母的痛和人類的痛是不一樣的，如果真是如此，我們就不能說水母會痛了。

而且，我們可以想像一種非碳水化合物的外星人也會有和人類類似的痛的心靈狀態，但是，人類與這種組成完全不同的外星人是不可能有類似的大腦狀態的，這樣的可能性對類別同一論提出了挑戰。雖然這個挑戰並非來自於實驗或是觀察證據，而是來自於一種想像，但由於多數人都認同這種想像的可能性，認為這種外星人的存在（或至少其有可能可以存在）是比較合理的，這樣的共識使得類別同一論的支持度受到了影響。

另外，個別同一論也遇到了困難，如果我的痛和你的痛對應到不同的大腦狀態，那麼，我們憑什麼用相同的詞彙「痛」去稱呼這兩個不同的東西呢？我們是否必須說，我的痛和你的痛是不同的心靈狀態，如果如此，我們不應使用相同的辭彙來稱呼它們，如果我們認為他們之間有著相似性，那麼，我們至少應該找到一個它們之間可以共同被稱為「痛」的共通性，而如果有共同點，這也就會回到了類別同一論了。而事實上，心腦同一論難以在大腦中找到這樣的東西，尤其針對不同組成的人類與外星人之間，在他們都感到痛的時候，有什麼共通點呢？這個難題引導出另一個唯物論的心靈哲學理論出來，這個理論稱之為功能主義或功能論（functionalism）。

功能論以「功能」（function）來等同於心靈狀態，而此功能也就是一個類別的心靈狀態的共通性。為了解決這兩種心腦同一論所面臨的困難，功能論以解救者的姿態出現在思

想的舞台，它的出現吸引了大批的支持者，也讓哲學與電腦人工智慧學接上了線。

㈢功能論

　　功能論主張心靈狀態就是功能狀態（functional state）。然而，此處「功能」（function）這個詞很容易被誤解，需要詳加解釋。英文的 Function 這個字可以翻譯成「功能」、「函數」以及「運作方式」。針對心靈哲學的 functionalism 的比較貼近原意的翻譯或許是「函數主義」或是「運作主義」，至於「功能論」的翻譯可能是所有這些意義裡面最易產生誤解的，但由於這個翻譯已經普遍被使用，我們也不需去修改它，但必須澄清其意義。

　　從字面上來看，心靈哲學的「功能論」主張似乎是在強調心靈的功能。那麼，什麼是心靈的功能呢？例如，心靈狀態「痛」的功能（用處）大概是防止我們接近或接觸危險的事物等等。從這樣的角度來理解功能論事實上是一個誤解。心靈哲學中功能論中的「功能」一詞所要強調的不是其「用處」而是其「運作方式」。例如，心靈狀態「痛」的運作方式是什麼？為了回答這個問題，針對人類來說，我們必須去看看大腦在「製造」痛的時候的運作方式是什麼，而以該運作方式來界定這個心靈狀態。④

---

④ 此處討論的功能論主要針對以電腦程式來模擬心靈的機器功能論（Machine Functionalism）或稱之為電腦功能論（Computer functionalism），另外還有其他類別的功能論，這在說明功能論上在細節部份會略有一些不同。例如，因果角色功能論（causal role functionalism）從心物的整體因果關係的角度來看心靈現象的功能論來說，由一個心靈現象在這樣的因果關係網中所扮演的因果角色來界定一個心靈狀態。不過，由於各種功能論之間的不同在本書所討論的概念革命路線來說是相對比較不重要的，故不特別討論它們，有興趣的讀者煩請參考（彭孟堯 2005, p.103），或是（Heil 2004）。

例如，如果某烏賊針對「痛」的大腦運作方式和我們對「痛」的運作方式類似，那麼，我們可以說，烏賊也會痛。因此，即使一個非碳水化合物的外星人有著和人類類似的關於「痛」的運作方式，那麼，我們也可以說，該外星人有著和人類類似的「痛」的主觀經驗。我們稱這樣的特性為「多重可實現性」（multiple realizability），意思是說，無論用什麼物質，只要有類似的運作方式就可能會有類似的心靈現象（Putnam 1975, p.373）。即使是一部機器，只要有正確的運作機制（或程式）也可能具備有像人類一般的心靈狀態（Block 1980, p.178）。

　　這樣的理論看起來有說服力的多了，然而，即使功能論有很強的說服力，只要是唯物論都受到了一個很大的挑戰，稱之為心之不可化約性問題，也就是前面章節簡略提到的新心物問題，也稱之為意識的問題。簡單的說，我們無法用客觀概念完全說明清楚主觀概念的問題。即使我們對大腦有完全的了解，即使心靈現象真的是由大腦所構成，我們還是無法用物理語言說清楚「痛」是什麼，我們也無法對一個天生的瞎子說清楚紅色是什麼？我們甚至無法說清楚大腦如何產生這些意識現象。這就是新的心物問題，這個問題乍看之下有可能讓人感覺到這是一個很怪異的問題，或是一個不需解決的問題，但實際上仔細分析之後卻會發現它是一個很重要的問題，這個問題導引出更多的心靈哲學派別。這個問題將在後面的章節會陸續討論到。

　　由於功能論也無法完全說明主觀的各種心靈性質，無法解決這個新心物問題。因此，唯物論轉向另一個方向，主張這種無法化約的心靈或是意識根本就不存在，這樣的理論稱之為取消唯物論（Eliminative materialism）。

㈣取消唯物論

取消唯物論的基本主張簡單的說就是「意識不存在」或甚至是「心靈不存在」，也就是把心靈取消的唯物論。雖然，以「主張心靈或意識不存在」的陳述方式來理解取消唯物論非常簡單明瞭，但其實並不能點出其精華所在，而且甚至會造成誤解，更好的說法應該是：「我們目前對心靈或意識的了解是全盤錯誤的，我們必須將當今我們所使用來描述心靈現象的概念和心靈現象之間的關係的法則全盤推翻，進而重新建立理論來理解。而新的理解是完全依據客觀神經科學的。」那麼，這主張和心腦同一論有什麼差別呢？差別在於，同一論肯定當今我們所理解的心靈的存在，主張我們目前所討論的（至少大部分的）各種心靈現象與大腦有對應關係。而尋找這些對應也是當今神經科學的主要研究議題之一。然而，取消唯物論則主張（至少對大多數目前我們談論的心靈現象來說）沒有這樣的對應。在這個爭議點上，取消唯物論是比較有說服力的，這個部份將在後面討論到心靈在因果上的不可化約性時討論到為何目前我們日常詞彙中所理解的心和神經科學的各種現象之間難以存在一個一對一的對應關係。

取消唯物論主張，人類過去在自然的發展下建立了一個理論來理解心靈的各種現象與因果關係，但是，這個理論是全盤錯誤的，因此導致了心之不可化約性等問題，若要根本解決這個問題，我們必須先將我們對心靈與意識的了解推翻，然後重新來認識這種人類內在的運作方式。因此，我們可以說，目前我們所使用的心靈概念像是「希望」、「慾望」、甚至「痛」、「意識」等都無法對應到任何真實事物，簡單的說，它們都不存在。從這個角度來看，我們可以

說，取消唯物論主張心靈與意識不存在（Churchland 1981; 1984）。

取消唯物論可以說是被心之不可化約性問題逼出來的理論，當我們無法否認心靈的不可化約性時，如果我們仍舊想要堅持唯物論，我們就只好否定這個不可化約的意識的存在，但是這樣的理論在直覺上有著較弱的說服力。然而，事實上，唯物論在接受心之不可化約性之後不一定要走向取消唯物論。因為，心之不可化約性不必然是一種本體的問題⑤，它有可能被理解成知識的問題。這意思是說，當我們無法用物理概念完全解釋心靈概念時，這並不必然表示有什麼東西存在那裡是完全無法被物理性質所解釋的，也就是說，問題不是出在本體世界（ontological world），而是出在我們的知識與認知。人類的認知功能或許有所限制因而無法在知識上將心物連接起來而導致心之不可化約性問題。

雖然這個理論聽起來有道理，但是，我們怎麼能夠否認這麼直覺與清楚的意識的存在呢？人類真的是因為建構了錯誤的理論而創造出意識這樣的概念還是意識本身就是需要解釋的自然現象？後者似乎比較有可能。要否定「痛」這種心靈概念的本體地位似乎真的是非常困難以及難以想像的。如同，邱瑪斯（Chalmers, David）所說，「意識是最直接的直覺，是我們最基本的知識，我們不能否定它（Chalmers 1995）。」因此，邱瑪斯主張，在接受唯物論的同時，我們應該同時接受心靈與物質兩種無法互相解釋的性質的存在

---

⑤ 所謂「本體的問題」意思是說關於真實存在物的問題。如果一個物體的本性會導致一個問題，那這算是一個本體的問題。但是，如果問題的來源不是關於這個事物的存在本性而是來源於我們對這個事物的誤解所造成的，那麼，這就不是一個本體的問題而是一個知識上的問題。

（Chalmers 1995）。這也就是所謂的「性質二元論」（property dualism）的唯物論主張。

㈤性質二元論

性質二元論相信心靈與物體在性質上本來就存在有不可化約的性質，因此，性質二元論在接受心之不可化約性問題為本體問題的情況下仍然接受物質為唯一實體的唯物論（Chalmers 1996）。這些詞彙在此有些混淆而須多一些說明。

首先，性質二元論反對物理論，但是，物理論和唯物論意思相似，而性質二元論又屬唯物論，這幾個敘述似乎有些矛盾。問題出在「物理論」這個辭彙有兩個意義被學界使用。一是「唯物論」，另一則是「心物同一論」。我們通常不使用物理論當作唯物論的意義來描述性質二元論，所以我們不會說性質二元論是一種物理論。而物理論在心靈哲學的討論中通常被用來描述心物同一論，所以會有這個混淆。

另外，也有人不同意將性質二元論視為一種唯物論，理由是性質二元論主張存在有不可被化約的心靈性質存在，而在心靈哲學討論中，唯物論者通常是化約論者就像心腦同一論或是功能論。此處因為性質二元論主張世界存在的實體只有物，所以也將之歸類為一種唯物論。這些只是一些習慣用法上所產生的混淆，並非什麼大問題，只要在討論時有共識即可。

性質二元論這個理論可以說也是被心之不可化約性問題與唯物論主流逼出來的，當接受唯物論與心之不可化約性以及拒絕接受意識不存在的假定之後，自然而然就會形成性質二元論。但是，這個理論卻有著很大的困難，這些主張似乎

很難順利融合在一起。因為，如果主張唯物論則主張心靈由物質所造成，那麼，既然心靈由物質所造成，為什麼心靈無法被造成它的物質所解釋呢？我們只能說這是因為人類認知能力的不足所形成的現象，並不是心物的本質就是無法化約。這麼一來，性質二元論只能用來解釋目前我們針對心物性質的知識狀態而不是對心物的本體性質做解釋。而且，如果宣稱我們的認知能力不足也還有待商榷，難道我們的認知能力沒有機會進步到能夠連結心物的地步嗎？這樣的斷言似乎也言之過早了。⑥

六、結論

　　唯物論可視為是一種看世界的眼光，這樣的眼光將物質當作唯一存在的事物，然後使用物質去解釋一切。這是符合當今科學精神的一種觀點，雖然，目前並沒有辦法完美的以物質解釋一切，但是，這有可能是目前科學還在成長的階段，有朝一日，或許我們能夠成功的達成這個目標。然而，就算到了很久的未來，人類還是未能成功的完成這個目標，或者，人類發現根本不可能達成，那麼，這也不表示唯物論是錯的，因為即使這個世界真的是由物質所構成，那也不表示我們真的能夠用物質去解釋一切，一個可能的問題在於我們的認知能力或許真的有所限制，而且，這個世界的物質與現象未必具有可以互相解釋的關係。因此，即使我們無法做到這種完全的化約也不表示唯物論是錯的。

　　反過來說，我們如果可以將這個世界的一切事物都化為

⑥ 在心靈哲學中有一個稱之為「不可知主義」的觀點，認為我們的確在認知上無法跨越心靈與物質。請參考（McGinn 1991）；冀劍制（2006b）。

物質來解釋是否表示唯物論就是對的。或許吧！但是也未必能如此肯定，誰知道在人類所尚未認識或甚至不能認識的世界裡面還有些什麼呢？因此，與其說唯物論是一種理論倒不如說它只是一種觀看事物的觀點，除非我們能夠找到非物質實體的存在或是確認其不存在，否則我們永遠沒法否證或證實唯物論，然而，有可能排除非物質實體的存在嗎？難以想像我們要如何排除一個事物存在的可能性。那麼，我們有可能找到「非物質」實體嗎？即使非物質實體真的存在，在什麼樣的情況下能夠被發現呢？如果真有所謂的非物質實體，那麼，這樣的東西照理是不會和物質有任何作用的，如果和物質世界沒有任何作用，那麼，沒有任何包括人類感官在內的任何儀器可以偵測，那麼，我們怎麼可能發現它的存在？如果，這種非物質的實體和物質有作用，那麼，為什麼它還可以算是「非物質」實體，而且，這種可能性如何產生？這又回到了引發心靈哲學討論起源的笛卡兒的傳統心物問題了。

　　當然，如同耐格（Thomas Nagel）所提的擴展論（expansionism）⑦所主張的，人的想像力隨著增加的新概念而能夠觸及到更遠的地步，今天無法想像的事物或許在未來的某一天成為可以想像的東西，目前的想像力並不足以成為事物是否存在的依據，在研究心靈的路上，無論是科學或是哲學都顯然還有一段很長的路要走。尤其是在概念革命的路上。

---

⑦ 擴展論由耐格在 1998 年所提出，其主張我們必須跳脫現有的思考框架來重新思考心物問題，雖然擴展論也主張心靈來自於物質，但其對「物質」一詞的理解必須以未來新概念為理解框架，所以本書不將之當作以當今思考框架下的一種唯物論主張。

第五章

物理論與同一論

　　在心靈哲學中，當我們說到「物理論」時，雖然其實際上的意義應該泛指所有類型的「唯物論」，唯物論與物理論這兩個詞可說是同義的，其差別可能只有在某些當今物理學接受存在的事物不太符合傳統物質的意義。傳統「物質」指涉的是如笛卡兒所言的具有體積且能夠佔有空間性質的物體，甚至是可以摸的到看的到的事物，但當今物理中的磁場、重力、純能量形式的粒子等等比較不符合傳統的「物質」歸類。因此，當唯物論者說一切存在都是「物質的」（Everything is material）時，這些事物似乎就被忽略了。而當物理論者說一切存在都是「物理的」（Everything is physical）時，這些事物就可以被包含。

　　然而，這樣的區分在現代是沒有什麼太大的意義的，因為，過去主張唯物論的人若生活在現代大概沒有人會反對當今的物理論，而且，當今主張唯物論的人所談的「物質」也是依據當今物理學對物質的定義，把質量與能量都當作是物質，而這樣的主張也就是物理論，所以，當今這兩個詞彙應可以視為同義語。差別只在於如果討論的是百年以前的唯物論觀點，那就和現在有些不同了。

　　但是，物理論這個詞彙在使用上有時會有歧義，它除了通常用來指稱現代的唯物論之外，當這個世界觀應用在心物問題時，有時指的是同一論的主張。在這樣的情況下就可能

產生很多的混淆。因為，從廣義的「同一」一詞的意義來說，當我們說「心靈的本體就是物質」或是「心靈由物質所產生」，這樣的主張可以說和唯物論是相同的，其只是針對本體事物是什麼的問題來回應，並不強調心靈可以有一些與造成它的物質有任何不同的地方。但是，在比較狹義的「同一」標準來看，如果我們主張「心靈等同於某些物質」，這就表示心靈與造成它的物質沒有任何不同，這樣的主張就會和其他某些唯物論觀點有所衝突。

這兩種意義下的物理論各有其優缺點，第一種與唯物論等同的物理論比較可以區分主觀心靈與客觀物質的一些不同，但是，卻會遭受到一個問題的挑戰：試問，既然心靈完全由物質所產生，為什麼會有一些物質所不包含的（像是主觀特質之類的）東西出現呢？不主張嚴格心靈與物質同一的物理論會遭遇這樣的困難。而主張心靈與物質同一的同一論就沒有這個困擾。但是，它的問題卻必須解釋為什麼心靈與物質這兩個看起來差別這麼大的東西竟然是同一的。

一、同一論的分析與因果的化約

同一論主張心靈就是大腦，所以也被稱作心腦同一論。其主張，「一個心靈狀態就等同於一個大腦狀態」（A mental state is a brain state）。舉例來說，一個心靈狀態「痛」等同於某個對應於痛的大腦狀態。

依據當今唯物論的思維來說，同一論可以說是一個自然會形成的主張，也是神經科學希望達成的目標。神經科學家一直不斷的在尋找什麼樣的大腦區域對應於什麼樣的心靈現象，希望能找出一個完全一對一的關係出來。尤其在發現許多腦傷病患缺乏某些特定的心智功能的時候，科學家們認為

這樣的對應應該是可以達成的目標。如果這樣的神經科學路線是正確的，那麼，我們可以說，有朝一日，人類將對大腦如何對應於心靈有完全的了解，未來將可以知道當我們有某個心理現象時，大腦處在什麼樣的狀態。用另一個說法來說，就是主張心靈至少在因果上可以化約到大腦狀態，也就是當心靈之間有因果關係時，例如，為什麼壓力大時會不快樂等等，我們可以知道對應於這些因果關係的大腦是如何運作的。這個目標可以說是研究心靈的神經科學家們的終極目標，但除了因果關係之外，心靈還有其他屬性（例如主觀現象），至於在因果關係之外的其他方面是否也必須要同一呢？針對這個問題，不同的學者可能有著不同的意見。

　　無論如何，心靈與大腦在因果上的一致性應該是宣稱兩者同一的最基本要求，至少在因果關係所扮演的角色上必須是同一的。如果連這點都做不到，那麼，同一論的主張就很難成立了。那麼，我們可以先分析看看，心與腦在因果上的化約是否能夠達成呢？

　　首先，我們需要說明一下什麼是「因果的化約」？美國當代哲學家瑟爾（John Searle）解釋說，假設有兩組個別具有因果關聯的現象 A 與 B，如果我們可以用一組現象 A 的因果關聯來取代或完全解釋另一組現象 B 的因果關聯，那麼，我們可以說，這兩組事物之間具有因果的可化約性，或說，B 在因果上可以化約於 A（Searle 1992, p.114）。[1]依據這個

---

① 例如，假設 A 組事物有三樣東西，分別是 A1, A2, A3 而這三者的因果關聯是，若 A1 成立則 A2 成立，而且，若 A2 與 A3 皆成立，則 A1 成立。而對 B 來說，假設 B 組事物也可以分出 B1, B2, 與 B3，而且也可以獲得如下因果關聯：若 B1 成立則 B2 成立，而且，若 B2 與 B3 皆成立，則 B1 成立。在這樣的情況下，A 與 B 再因果上便可以有一一對應的關係，我們便可以用 B 組事物的因果關聯來說明 A 組事物。而如果 B 組事物更為基礎而且能表達更多的因果狀態，那麼，如果用 B 組事物化約 A 組事物則是一種科學上的進步。

說明，我們可以簡單的說，如果心靈現象的因果關係可以被物理現象的因果關聯一一對應，那麼，我們可以說，心靈在因果上可以化約於物理現象。而同一論的主張則認為，心靈狀態在這樣的因果化約中所對應的是大腦狀態。

我們可以先想像一下大腦對心靈的因果化約是怎麼一回事。以「痛」為例，我們有著主觀的感覺，知道痛的感覺以及痛和其他感覺的關聯是什麼。然而，我們也有一些在大腦方面對痛的客觀認識，例如，某些大腦區域的神經作用產生痛，或是某些大腦化學物質的變化導致痛或降低痛的發生等等。如果我們可以用這些關於痛的對大腦的客觀認識來把握主觀痛的因果角色（causal role, 在因果關係網中所扮演的角色），那麼，我們就完成了對「痛」的因果化約。假設我們已經有如下的證據：

(1)當某大腦狀態 X 發生在小明的大腦裡，小明的心裡就會有某個意識現象。但當 X 消失時，小明就不再有任何意識。當 X 變強，小明的意識經驗就變強，反之變弱。

(2)當某大腦狀態 X1 發生在小明的大腦裡，這時小明說，我覺得痛。當 X1 消失時，小明就不再覺得痛，而且，當 X1 變強，小明的痛感就變強，反之變弱。

(3)當 X2 發生時，小明看見紅色，其他如(2)。

(4)就像 X1 和 X2 一樣，我們在小明的腦中發現 X3⋯Xn，而且再假設這包括了所有的人類意識經驗。

(5)我們又發現，上面的對應不僅針對小明如此，而且對所有人皆如此。

如果我們真能發現以上的證據，那麼，我們可以說，我們已經可以在大腦中找到痛以及所有其他意識經驗的因果角

色了，我們將可以用大腦狀態的因果變化來解釋心靈意識現象的因果變化。我們甚至可以找到心靈與大腦的一對一的對應，而這也就能形成心靈的因果化約。

瑟爾相信這種因果的化約是辦得到的，他認為我們可以建立一個關於心靈或意識的科學理論來解釋心靈現象的因果角色。為了說明這種化約的可能性，瑟爾借用了1962年諾貝爾獎得主克里克（Francis Crick）的理論（Searle 2000）。克里克提出，造成意識現象的神經運作主要在於丘腦（thalamus）以及大腦皮脂的第四與第六層之間約40 Hz的運作方式（Crick 1994）。如果這樣的理論是對的，依據這個假設，我們便可以設法尋找各種心靈現象相對的神經運作，克里克和寇許（Koch）於是針對視覺的意識經驗展開了這樣研究（Crick & Koch 1998）。如果克里克和寇許可以獲得成功，藉由物理狀態和心靈現象的結合，我們也能夠將不同心靈現象之間的因果關聯以物理概念重新建構起來，那麼，我們便完成了意識在因果方面的化約。

除了瑟爾之外，另一位著名的美國當代哲學家耐格（Thomas Nagel）也相信因果的化約是辦得到的，他說：「人們期待有一天，或許這一天來臨時我們都早已死去，我們可以藉由觀察大腦然後宣稱『從客觀眼光來看，當我們吃巧克力時的感覺的大腦狀態就是這個樣子的。』這樣的期待應該不是非理性的[2]。」

在對大腦與心靈有一對一對應的主張方面，同一論的這

---

[2] 請參考原文：："Yet, I believe it is not irrational to hope that some day, long after we are all dead, people will be able to observe the operation of the brain and say, with true understanding, 'That's what the experience of tasting chocolate looks like from the outside'"（Nagel 1998, p.337）。

個主張認為這種一對一的對應是某大腦狀態和心靈現象的對應，但是上面提到贊同有因果化約的哲學家們未必會認同這樣的對應方式，它也可以如同功能論者主張是大腦所運作的功能狀態對心靈現象的對應，或是其他尚未發現的對應方式。這種對應究竟是怎樣的一種對應也是一個有爭議的問題。

然而，雖然因果的化約受到很多的支持，但是，其實也有許多哲學家並不支持心靈在因果上可以化約到物理這樣的觀點，而這也是本書要指出的一個重要部份，我們有許多理由認為，這樣的因果化約是辦不到的，因為心靈和物理被建構在不同的概念框架的基礎之上，兩者在現象上以及在因果上都無法互相化約，所以我們需要一個概念革命來解決這方面的問題。

因果化約的問題主要是對典型的同一論提出了挑戰，這裡所說的典型的同一論也就是稱之為「類型同一論」的理論，但其對另一種稱之為「個別同一論」的理論則衝擊較小，這個部份將再本章後面討論類別同一論時再深入討論。而關於概念革命的相關討論將會在後面的章節中陸續談論。

二、同一論中的「等同」意義

同一論另一個有爭議的地方在於，同一論主張「心靈等同於大腦狀態」，其所主張的「等同」究竟是哪一種等同？首先，我們先看看西方十七世紀的哲學家萊布尼茲（1646-1716）提出的「同一」的標準，這個標準是說：「當兩件事物的所有性質都無法被區別時，它們就是相同的東西③」。然而，這樣的說法有一個爭議點，究竟其「無法區別」意思是「實際上我們目前無法區別」還是設定一個「無論是

誰無論何時都永遠無法區別」的標準呢？第一個解讀是一種從實用角度來分析的解讀，當我們的區分能力愈強則越能判別兩者的不同。但一般採用的第二個解讀為理想客觀上的無法區分，這個說法的意思就等於是說：「當兩件事物的所有性質都相同時，它們就是相同的事物。」而以邏輯語言來表達則是：$\forall x \forall y \, (x = y \leftrightarrow (\varphi x \leftrightarrow \varphi y))$ ④，意即，「當 x 有的所有性質 y 都有，而且 y 有的所有性質 x 也都有，那麼，我們就可以說 x 等於 y。」既然有完全相同的性質當然就完全無法區別了。

現代哲學家奎普基（Saul Kripke）則依據模態邏輯的思考方式提出不同的說法，他說：「當兩者在所有的可能世界都相同時，則其為等同」（Kripke 1981）。所謂的「可能世界」可以想像成當今物理所說的「平行世界」，意思是說，在我們所處的世界之外，還有眾多的世界同時存在，而這些眾多的世界中，可能擁有多數和我們所處的世界相同的事物，但可能有一些不同的改變。例如，我在這裡打字，在某個平行世界中也有一個我，這個我可能和現在的我有相同的職業，相同的服裝，但是他現在可能正在睡覺。另外，在另一個可能世界中，我可能不是老師而是郵差，而且也不是在打字而是正在送信等等。這樣的可能世界可以有非常多，甚至無限多個。但是，可能世界還是需要遵守一般的邏輯規則或甚至基本物理法則，否則就不是「可能」的了。例如，某個世界中的我是棒球教練而且不是棒球教練，這樣的想像違

---

③ 此說法是依據柯布斯通（Frederick Copleston）的英文說明："If two substances were indistinguishable from one another, they would be the same substance"（Copleston 1985, p.290）。

④ 請參考（Béziau 2003, p.2）。

反了基本的邏輯法則，這時我們就不接受這樣的世界為可能世界。那麼，從這定義來看，在可想像的可能世界中，如果某兩個事物都是同一件事物，那麼，他們就是同一的。這樣的定義或許能夠提供一個更好的理解基礎。

依據這種同一的界定，心靈與物質必須在任何方面都是同一的，包含心靈的主觀性質方面，這樣的要求讓同一論面臨心之不可化約性問題，因為客觀的物質很難等同於具有主觀性質的事物。這個部份將在後面的章節再深入討論。但如果這種同一可以把主觀性質排除，意即，只從客觀的角度看心靈與物質，那麼，滿足同一要求的就是必須有相同的因果角色。下一節將深入討論物質與心靈是否具有相同的因果角色。

另外，當我們說「兩者」是同一的時，我們仍須考慮到所謂的兩者是指哪兩者，該如何分類，是每一個個別心靈狀態的分類，還是每一個種類的心靈狀態的分類，例如，同一論是主張某一類型的心靈狀態和某一類型的大腦狀態（就像是「幸福感」和「某個大腦類型」）為同一，還是一個個別的心靈狀態和某一個個別的大腦狀態（就像是「我現在的幸福感」和「我現在的大腦狀態」）為同一？藉由這樣的區別就可以區分成類型同一論（type-type identity theory）與個別同一論（token-token identity theory）兩種。

三、類型同一論與因果化約的困難

首先，我們先來看看類型同一論。類型同一論主張每一個類型的心靈狀態就是某一個類型的大腦狀態，也就是用心與腦的類型來做等同對應的同一論。例如，假設每當人們痛的時候，不管是頭痛還是腳痛，不管是誰在痛，只要有

「痛」這個心靈類型出現，在大腦都會有一個 X 類型的神經狀態發生，那我們就說，痛就是 X。針對這個主張，其所要論證的主要有三點。第一，一個類型的心靈狀態真的有與之相對應的大腦狀態。第二，若沒有其相對應的大腦狀態出現，則不會有該相對應的心靈狀態類型出現。第三，一個類型的心靈狀態和其相對應的大腦狀態在各種性質上都相同。

然而，這三個主張都會遇到困難。第一個主張會遇到的問題在於結構上的問題，意即，心靈狀態的因果結構和大腦狀態的因果結構很難一致，如果真是如此，它們就不可能存在有一一對應。第二個主張會遇到的問題則是所謂的「多重可實現性」（multiple realizability）的問題。本節先來看看結構上的問題。由於個別同一論也會遇到多重可實現性問題，這個問題將在本章後面討論個別同一論的困難時再談。而第三點會遇到意識在性質上無法化約的問題（也就是心之不可化約性問題），這個問題是大多數唯物論都會遇到的問題，這個問題將在第七章討論。

首先，結構的問題是說，從類型的角度來看，大腦的運作與心靈的運作在其因果的結構上很可能是不同的，那麼，大腦不會等同於心靈。這個問題屬於心靈在因果上的不可化約性問題。

首先，我們可以從美國當代哲學家戴維森（Davidson）的充要條件論證來看這個問題，戴維森說，心靈與物質之間不存在有可聯繫互換的法則（There is no bridge law between the mental and the physical），因為，物理法則大都以充分或必要條件來決定物質之間的關聯，但是，心靈狀態之間的關聯的法則卻很少能夠使用充分與必要條件來規範（Davidson 1974）。客觀的物理法則總是可以用必要或是充分條件的方

式陳述出來，例如，燃燒的三要素（必要條件）是可燃物、氧氣與溫度到達燃點，稱其為必要條件的理由是，這三要素中的任何一個都是必須的，缺乏任何一個都不會產生燃燒現象。而這三個必要條件的組合形成燃燒的充分條件，這意思是說，只要具備這三個要素，則燃燒現象就會發生。在物理概念中，這種必要條件和充分條件的結構建立起概念間的關聯。但是，在心靈概念中，卻很少甚至沒有這種概念間的關係。

例如，如果我們用充要條件來表達心靈現象之間的關聯，那麼，我們可能會說，「當一個人有某個信念、慾望、感覺或情緒時，而且如果某些條件成立，那麼，這個人一定會做出某個舉動⑤。」然而，事實上，在大多數的情況下，我們無法有這樣的對心靈現象的描述。例如，某人 A 害怕某事 P（A fears *p*），那麼，某人不喜歡 P（A desires ～*p*）。這樣的敘述方式就是以充分必要條件的架構來構作心靈現象之間的關聯，這個例子已經算是看起來符合人心了，但是，心靈現象之間的關聯都難以真正用充分與必要條件的結構建立起來，因為我們都很容易找到反例，在某些特殊狀況下，人們可能會喜歡他們所害怕的東西，又愛又怕並不是什麼難見的情況，例如，許多人很怕坐雲霄飛車，可是又愛的不得了；也有很多男人既愛老婆又怕的很。

或者，我們可以嘗試給出一些充分或必要條件來討論隔壁家小強在什麼情況會感到害怕？又在什麼樣的情況下會感

---

⑤ 請參考原文：“Suppose we had the sufficient conditions. Then we could say: whenever a man has such-and-such beliefs and desires, and such-and-such further conditions are satisfied, he will act in such-and-such a way. There are no serious laws of this kind”（Davidson 1974, p.233）。

到焦慮？而其害怕與焦慮之間的關聯又是什麼？當然，我們可以嘗試給一些規則，但是，我們會發現我們根本無法提出充分必要條件來解釋這些心靈現象。在這樣的情況下，心靈與物理之間用以描述因果關聯的法則是無法統一的，也就是說，心靈與遵循物理法則的大腦之間的因果化約是不可能的⑥（Davidson 1974, p.233）。

雖然，戴維森的論證看來是有說服力的，但是其中也有需要慎重考慮的層面。由於我們所知的心靈法則主要源自於意識經驗，例如，假設每當我生氣時我總是感覺不愉快，依據這樣的意識經驗，我學會了一個心靈法則：「生氣使我不愉快」。雖然這樣的心靈法則不具有充分或必然性，也就是說，我們可以找到「有時生氣但卻沒有不愉快」這樣的反例，然而，這樣的情況是發生在有意識的層面，雖然在意識階層沒有必然或充分性，但是，在下意識階層或在無意識的階層是否真的也沒有必然性與充分性呢？如果意識現象是由無意識的大腦運作過程所產生，那麼，我們如果可以在產生意識現象的無意識運作過程找到充要條件是不是也算是對心靈現象的因果化約了呢？如果真能找到這樣的充要條件，那麼，這似乎是說，我們認為心靈法則無法被充分與必要條件所把握只是因為我們對心靈的了解只在意識階層，而這種只

---

⑥ 現代美國哲學家丘琦南（Paul Churchland）也用類似的理由來主張心靈在因果上的不可化約性，並且藉此主張我們對心靈的了解根本上是錯誤的。他說，過去人們藉由主觀上對心靈的觀察與日常生活的應用而形成一個稱為常民心理學（folk psychology）的概念框架（conceptual framework），而整個概念框架都是錯的，我們在因果上無法化約心靈現象不是因為心靈現象很特別，或我們需要什麼了不起的科學革命，而問題就出在於我們根本就錯解了心靈的因果現象，甚至我們對心靈的了解根本上都是錯的（Churchland 1981）。

在意識階層的了解可能不是真正對心靈運作的整體把握。

然而，事實上，即使我們深入無意識階層去尋找充要條件，心靈在因果方面的化約仍舊無法達成，也就是說，即使在無意識階層產生心靈現象的大腦狀態具有充分與必要條件的關係，心靈現象還是可以如戴維森所說的不具有充分與必要條件的關係。讓我們以下列的思想實驗來解釋這個想法：

假設下列的敘述都為真：

(1) 大腦狀態1（簡稱B1）必然產生（或對應於）一種痛（簡稱 P1）⑦。

(2) 大腦狀態2（簡稱B2）必然產生（或對應於）一種心靈現象 X。

(3) B1 總是引發 B2。

我們可以用下圖來表示這些敘述如下：

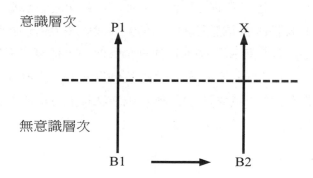

圖5-1　**B1, B2, P1 和 X 之間的關係**

⑦ 這樣的說法雖然是以物理論（physicalism）或是同一論（identity theory）的主張來討論，但是，即使是以功能論（functionalism）的看法將大腦狀態（brain state）改為功能狀態（functional state），此分析與論述並不受影響而仍舊有效。

在這個圖示中，意識階層和無意識階層的區別指的是意識階層中的 X 和 P1可以透過意識的直觀內省所發現，但直觀內省無法發現無意識的 B1和 B2的大腦狀態或運作。那麼，在這個假設下，我們可以在意識層次發現 X 總是跟隨著 P1出現[8]，依據戴維森的看法，我們或許可以給大腦狀態B1和 B2一個充分與必要條件的關係，但是，在意識層面，P1和 X 之間仍舊難以有這種關係。即使我們發現 X 總是跟著 P1而出現，但是，它們仍舊會有例外。我們可以依據神經科學的證據來闡述這種可能性。

首先，當我們有相同的意識經驗時，我們的大腦有可能處在不同的狀態。我想這是很顯然的事實，我們一生之中有過許多相同的意識狀態，但是終其一生大腦可能從來不會出現完全相同的狀態，因此，我們可以說，不同的大腦狀態可能導致相同的意識經驗。如果上述的說明因過於依賴直覺而不足以產生說服力，那麼，我們還有更好的理由。由於並非所有的大腦活動都會產生意識，至少有證據顯示單一個腦神經細胞不會產生意識（Johnston 1999, p.121），那麼，那些與意識不直接關聯的大腦狀態的改變就足以造成不同的大腦狀態但卻產生相同的意識經驗。而且這些不產生意識的大腦活動的不同也可能造成了不同的大腦狀態的因果關聯，那麼，我們可以有如下的假設：

(1a)大腦狀態3（簡稱 B3）必然產生（或對應於）一種痛（簡稱 P2）。

---

[8] 在這種情況下 X 和 P1 究竟是什麼關係是可以有爭議的，根據不同的理論將令他們有不同的關聯，或甚至沒有任何直接關聯，因這個爭議與本文無直接關聯，所以我只說，「X總是跟隨著P1 出現，」而不宣告任何它們之間的關聯。

(2a)大腦狀態4（簡稱 B4）必然產生（或對應於）一種心靈現象 Y。

(3a)B3 總是引發 B4。

我們可以用下圖來表示這些敘述如下：

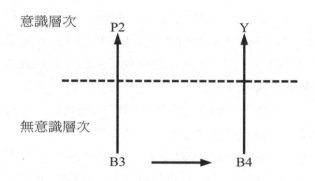

圖5-2　B3, B4, P2 和 Y 之間的關係

依據上面解釋的可能性，假設在意識層面上，P1和P2完全相同（也就是說，在直觀內省上我們無法區別 P1 和 P2 的不同，那麼，讓我們用 P 來稱呼 P1 和 P2），而且 Y 不同於 X，而且在無意識層面上，假設大腦狀態 B3 和 B4 不同於 B1 和 B2，那麼，在 P 與 X 之間或 P 與 Y 之間就沒有一個必然性，在圖一的狀況下，X 在 P 之後出現，而在圖二的狀態下，Y 則在 P 之後出現。所以，依據這個思想實驗，即使下意識階層的大腦狀態之間具有充分與必要條件的關係，而且心靈現象由大腦狀態所產生，那麼，心靈現象之間還是可能不具備充分與必要條件的關係。

如果我們還是堅持要用充分與必要條件的關係來重新理解心靈現象，那麼，我們可以主張：「P1和P2是不同的心靈

現象。」說它們是不同的心靈現象的理由是它們對應著不同的大腦狀態，而且它們有著不同的因果角色。這似乎也是區別它們的一個好理由，但是，這卻將我們過去對心靈用語的習慣給打破了，當我們說某心靈狀態不同於另一個心靈狀態時，它們之間至少在主觀感覺上有些不同，對於在主觀上完全相同的心靈現象卻被判定為不同的心靈現象似乎是一種很怪異的說法。因此，如同戴維森所主張的，即使我們完全掌握大腦的運作方式（也就是說，我們可以完全使用物理概念描述大腦運作），那麼，我們對心靈的了解還是極少於我們所預期的（Davidson 1980, pp.245-246）。

雖然並非當今所有的客觀科學都具備有完整的充分必要條件，而且也會產生例外，那麼，我們是否要說這些科學也無法在因果上化約為物理現象的因果關聯呢？這是不同的，因為，心靈因果關聯的例外和其他某些會產生例外的科學有著根本上的不同，某些像是經濟學、氣象學等之所以產生例外是因為我們的資訊不足或是理論還建構不完整所導致，但是，其本質上或理想上還是可以被充要條件所涵蓋的，但是，至少從主觀方面對心靈現象的因果關聯的觀察來看，心靈的因果關聯其本質上就不屬於充要條件式的因果關聯。

那麼，如果我們不放棄心靈概念及其因果關聯的結構，我們就無法使用物理法則的結構來把握心靈法則的結構，然而，如果我們放棄心靈概念或其結構，我們關於心靈的理論將會變得很怪異。為了避免這種怪異產生，我們必須選擇放棄使用充分與必要條件來理解心靈現象。否則，如果我們為了希望更能預測心靈現象，以及讓我們對心靈的把握更為科學，我們可能就必須接受這種剛開始的不習慣，然後使用一

種不同的概念框架（conceptual concept）⑨重新理解心靈。但是，如果我們仍希望在因果層面統合心靈與物理，或許我們需要另一種不同的物理學概念框架來達成。

如同美國當代語言學家瓊斯基（Noam Chomsky）的主張，可以融合當今我們對心靈的認識的自然科學或許不會是現今這種自然科學，而可能是未來所發展出的另一種型態的科學（Chomsky 2000, p.144）。科學的發展或許會徹底的改變科學的因果關聯的結構，或許，真正可以在因果上化約心靈的自然科學必須構作在另一種完全不同的概念框架之上。但是，這會是怎樣的概念框架呢？或許光是為了解決這個充分與必要條件結構問題的新物理學還不難想像，目前已經有些物理理論不依據這種因果結構了，但是，當我們更進一步思考心靈方面的自由意志的問題之後，我們會發現，這種新概念框架似乎還蠻難想像的，至少，當今任何物理學理論並不提供任何線索在因果方面統合物質與自由意志。

既然心靈的類別與大腦之間的對應無法在因果結構上產生一致的對應，那麼，我們就有理由可以宣稱，在類別的對應上，心靈與大腦不能被視為同一個事物，因為同一個事物至少在因果的結構上必然是一致的。換句話說，依據這個充

---

⑨ 「概念框架」（Conceptual framework）在本文中是一個重要的概念，因其在當代哲學討論的使用上並沒有很固定明確的意義，本文採用美國當代哲學家肯斯（John Kearns）的界定，他說：「概念框架是一組用來談論事物的有意義敘述的集合，而這些敘述有各種不同的語意性質以及互相的關聯，而這些有意義的敘述和它們的語意性質建構起一個概念框架」（Kearns 1996, p.7）。原文如下："We can consider a conceptual framework to be a set of meaningful expressions used for talking about objects of certain sorts. These expressions have various semantic properties and relations to one another. The meaningful expressions and their semantic features constitute the conceptual framework"（Kearns 1996, p.7）。

要條件論證，類別的同一論是不合理的。

四、個別同一論與多重可實現性

上面的結構的問題是針對類型同一論來說的，既然依據心靈的類別為單位所產生的因果關聯與大腦的因果結構不合，那麼，我們就不能把心靈的類別與大腦當做同一件事物。那麼，我們是否可以把個別的心靈狀態與其對應的大腦狀態當作是同一呢？

上面提到的類別同一論的不合理性無法套用在個別的同一論。因為，我們的每一個心靈狀態以及和其他人的心靈狀態來比較都或多或少有一些不同，從這樣的角度來看，無法使用千篇一律的因果結構也是理所當然的。也就是說，即使心靈的類別無法對應到大腦，但是，個別的心靈現象卻可能可以對應到大腦。因此，個別的同一論可以躲開充要條件論證的攻擊。

然而，針對個別同一論，我們卻可以問，難道這些不同的痛之間都沒有一個共通性嗎？如果有，各別同一論自然是個不完全的理論，因為其無法顯示出其共通性出來。如果沒有共通性，那麼，我們如何通稱它們為「痛」呢？而且，又為什麼在主觀上有許多心靈狀態非常類似，而讓我們認為它們是同一種心靈現象呢？個別同一論很難回答這個問題。

而且，無論是哪一種同一論都會遇到一個稱之為「多重可實現性」的問題。多重可實現性問題是說，人類的某類（或某個）心靈狀態（例如，痛或是某一次的痛）和某種較低等的動物（例如，狗）的某一類（或某一次）心靈狀態有可能是相同的（或至少非常近似的），但是，當人們在痛時的大腦狀態和一隻狗在痛時的大腦狀態會是相同（或非常近

似）的嗎？由於人腦和狗腦有很大的差異，我們很難想像這兩種大腦會出現相同的大腦狀態，但是，一般來說，我們認為狗也會痛，而且狗的痛和人類的痛應該是類似的。雖然我們無法確實的証明狗具有和人類類似的痛，但從狗的行為來觀察，我們合理的相信狗的痛和人的痛應該是類似的，也就是說，即使是以個別的心靈狀態來說，我們合理推測人和狗之間會有相同的心靈狀態但是在這相同的心靈狀態所對應的卻是不同的大腦狀態。

即使有人主張狗腦和人腦在痛的時候的確出現類似的大腦狀態，那麼，我們還是可以假設一個非碳水化合物的外星人很可能和人有類似的痛。這樣的想像雖然沒有什麼證據，但一般來說我們認為這是很合理的推測。如果這樣的可能性真的存在，那麼，我們還是可以說，即使有著完全不同的大腦，我們認為還是有可能會有類似的心靈狀態。也就是說，我們合理的相信，心靈狀態是可以由許多種不同的方式產生的，這就是多重可實現性的主張。這個主張讓兩種同一論都陷入了困難，除非同一論可以排除上面的論證並且找出更合理的說法，否則，我們會認為同一論在這個觀點上是較不合理的理論。

或者，同一論必須主張，同一論所談的心靈只針對人類來說，而不談論其他物種。但這樣的理論可以說退縮到只是主張人類的心靈來自於大腦這樣的唯物論了，這麼一來雖然只需要面對唯物論的問題，但其也沒有必要再打一個「同一論」的招牌了。

多重可實現性的主要觀點是說，某一個或是某一類的心靈狀態可以由不同的大腦狀態來實現，因此，重點便不在於什麼樣的大腦狀態，甚至不在於什麼樣的大腦結構或是什麼

樣的大腦組成成分，重點在於其功能（function），或說在於其運作的方式。這也是功能論（或也稱為功能主義）的主張，本書將在下一章深入探討這個主張。

　　功能論的主張甚至可以讓我們合理的解釋一個有不同大腦生化結構的外星人有可能和人類有類似的痛，甚至矽晶片做成的電腦機器人也可能具有和人類一樣的心靈現象，只要其運作方式是相同的即可。雖然我們目前沒有證據顯示這樣的外星人或是電腦機器人是存在的，但是至少我們認為，以不同於碳水化合物的物質產生與人類類似心靈現象的可能性是很高的，也就是說，同一論的假說在這裡會有較不具有說服力的地方，而取而代之的是功能論的主張。

　　至於前面提到的第三個問題，也就是關於意識化約的問題，這個問題也就是開創出當代心靈哲學論戰的「新心物問題」。不僅兩種同一論都會遇到這個問題，就連下一章要討論的功能論也難逃這個問題的摧殘。從功能論解釋心靈現象的高度合理性來看其如何面對這個意識問題時，我們更能清楚看到這個意識問題的麻煩所在。因此，我將在討論完功能論之後詳細論述這個意識問題。

第六章

功能論與人工智慧

　　自從1950年代電腦問世以來，人類就開始企圖製造出具有人類思考能力以及可以跟人類用自然語言對話的人工智慧機器人。這樣的想法剛開始的時候一直很樂觀的被認為是個很快可以達成的目標。尤其電腦原理發明人之一的涂林認為在二十世紀結束前就可以獲得相當大的成果了（Turing 1950）。但現實上，我們到了現在（二十世紀都過去十餘年了）還是不知道該如何實現這個夢想，甚至未來能否實現都還是個未知數。

　　然而，雖然人工智慧的發展始終難以突破一些重大的難題，當心靈哲學界的同一論發展遇到了心靈的多重可實現性問題之後，哲學家們發現，如果我們換一個角度思考產生心靈狀態的事物，不要再執著於人類大腦，而是把焦點放在大腦的運作方式①，其所執行的像是電腦程式的東西，那麼，多重可實現性問題將可以被解決。因為，重點在於那個程式而不是執行程式的大腦。如果有一個矽晶片結構的電腦，以及其他結構的外星人都可以執行同一個程式。那麼，這個電

---

① 近幾年來，在心靈哲學界甚至出現有所謂的新功能論（neofunctionalism）認為不要只執著於大腦來看心靈（無論是大腦狀態或是其運作方式），必須加入整個身體、甚至外在環境的共同作用來產生心靈。這個問題目前仍在學界激烈討論中，但此爭議問題在本書所討論的概念革命主軸中較不相干，所以不去深入分析。請參考（Alva Noë 2004; Clark 2008; Coleman 2011）。

腦和外星人也可以產生類似的心靈狀態。這個想法讓心靈哲學與人工智慧學接上了線。功能論時代來臨。

一、心靈狀態就是功能狀態

在討論同一論的時候我們談到了多重可實現性的問題，主張要製造出心靈現象並不一定要我們現在這種碳水化合物的大腦結構，即使是不同的材質（例如，矽晶片）也可能產生出一樣的心靈狀態，重點在於其必須是以某種特定的方式在運作。因此，功能論者主張，在我們的大腦中對應於心靈狀態的不是大腦狀態而是功能狀態，簡單的說，功能論宣稱：「心靈狀態就是功能狀態」（A mental state is a functional state）。

在此處，我想，我們須要說明一下，在上一章同一論所謂的「大腦狀態」和本章功能論所講的「功能狀態」有什麼不同。舉例來說，當我們產生「痛」的時候，如果這時我們掃瞄大腦，大腦處在某種特定狀態，某些神經元正在被激發中，而這樣的狀態就可以稱之為大腦狀態，而當我們說痛就是大腦狀態的時候也就是說，痛就等於是這些神經元正在被激發。而功能狀態則非如此，功能狀態指的是這些神經元在被激發時所執行的運作方式。

在第四章已經大略談到，「功能」（function）這個翻譯詞用在此處很容易被誤解，因為，英文的 Function 這個字除了可以譯成「功能」之外，也還可以翻譯成「函數」以及「運作方式」等等。而針對心靈哲學中的 functionalism（功能論）一詞的原意來說，其比較貼近的翻譯應該是「函數論」或是「運作論」，至於「功能論」的翻譯可能是所有這些意義裡面最容易產生誤解的，但由於這個翻譯已經普遍被

使用，我們也不需去修改它，只要能避免字面上的解讀而把握好其正確的意義就好了。

　　從字面上的解讀來說，「功能論」一詞應用在解釋心靈方面似乎是在強調心靈的「功能」。那麼，藉由這樣的解讀，我們自然會去問，什麼是心靈的功能呢？例如，心靈狀態「痛」的功能（用處）大概是防止我們接近或接觸危險的事物等等。這麼一來，我們可能就自然會把「心靈狀態就是功能狀態」這句話解讀成「痛的狀態就是防止我們接近或接觸危險的事物的狀態」，也就是把心靈狀態等同於此心靈狀態的功用，從這樣的角度來理解功能論事實上是一個誤解。

　　心靈哲學中功能論中的「功能」一詞所要強調的不是其「功用」或「用處」而是其「運作方式」。例如，心靈狀態「痛」的運作方式是什麼？為了回答這個問題，針對人類來說，我們必須去看看大腦在「製造」痛的時候的運作方式是什麼，而以該運作方式來界定這個心靈狀態。那麼，這樣的說法和心腦同一論的主要差異何在呢？舉例來說，如果某烏賊針對「痛」的大腦運作方式和我們對「痛」的運作方式類似，那麼，依據功能論，我們可以說，烏賊也會痛。雖然烏賊在痛時的大腦狀態（被激發神經元的分佈方式）和人類不同，但是，只要有著相同的運作方式，我們就可以說人類和烏賊有著相同的或是類似的痛的主觀經驗。因此，即使一個連神經元都沒有的非碳水化合物的外星人有著和人類相似的關於「痛」的運作方式，那麼，我們也可以說，該外星人有著和人類相似的「痛」的主觀經驗。而依據心腦同一論的主張就比較難以論述此兩者有類似的痛。但基本上，雖然我們無法證明此兩者真的可以有類似的痛，但我們認為此兩者有類似的痛的觀點是比較符合直覺也較為合理的看法。所以，

從「運作方式」來論述心靈狀態有這方面的理論優勢。

這裡，我們或許會想更深入去問一個問題，所謂的「運作方式」究竟是什麼意思？針對這個運作方式的不同解讀可能導致不同類型的功能論，但最明確的表達方式則是用電腦程式來說明這種運作方式：「運作方式就是可以用電腦程式表達出來的東西」。或從數學的計算理論來說明這種運作方式則是：「運作方式就是可被計算的算則（algorithm）」。上面兩種表達方式雖然不同但要說的卻是完全相同的觀點，這樣的說法就幾乎把心靈等同於電腦程式。本章討論的功能論也以這樣的觀點為主要對象。如果心靈真的就是電腦程式，那麼，這表示有一天我們將能夠寫出一個具有心靈現象的電腦程式出來。而這樣的目標也就是人工智慧學界的主要努力方向之一。

功能論的這種主張可以容許烏賊與外星人等生物具備有和人類類似的心靈現象，這可以解決心腦同一論的困難，也就是所謂的心靈的多重可實現性，意即，無論用什麼材質，只要有類似的運作方式就會有類似的心靈現象（Putnam 1975, p.373），重點在於能否執行該運作方式而不是依據什麼樣的物質結構。即使是一部機器，只要有正確的運作機制（或程式）也可能具備有像人類一般的心靈狀態，雖然我們很難證明這點，但是，功能論者認為，這種多重可實現性的想像是很有說服力的（Block 1980, p.178）。

然而，此處我們或許會遇到另一個問題，如果大腦的材質不同，人類和外星人又如何可能有類似的運作方式或算則呢？我們是從哪麼角度來宣稱不同的物質也可以有相同的運作方式的？例如，矽晶片製成的電腦和碳水化合物組成的大腦如何可能有相同的運作方式？

我們可以用電腦程式來說明，而把人類大腦的運作方式也當作是一個像是電腦程式的算則在運作，而說明這樣的想像的一個好方法是使用英文字"function"的另一個意義——「函數」。讓我們先以一個簡單的數學函數為例：$f(x) = x^2 + x + 4$（或也可以寫成 $y = x^2 + x + 4$），在這個稱為 $f(x)$ 的函數中，我們可以代入不同的 x 而獲得不同的 $f(x)$ 的結果，例如，如果 $x = 0$ 則 $f(x) = 4$，如果 $x = 1$ 則 $f(x) = 6$，如果 $x = 2$ 則 $f(x) = 10$，……以此類推。也就是說，只要給一個輸入，經過了一個函數的運作，我們就可以獲得一個輸出，而且相同的輸入一定會獲得相同的輸出。當兩個不同的函數卻有完全相同的輸入與輸出的對應時，我們也認同它們有著相同的運作方式，例如，$g(x) = x^2 + x + 1 + 3$ 與 $f(x)$ 有著完全相同的輸入輸出的對應，我們便可將 $f(x)$ 與 $g(x)$ 這兩個函數視為有著相同的運作方式。我們可以把這樣的函數看成是一部機器的運作方式，而人類大腦也像是這樣的一種機器一樣，我們只要給這部機器相同的輸入就會獲得相同的輸出，只要這部機器能夠產生這種運作方式，能夠完成所有可能的輸入與輸出的對應，無論這部機器的結構如何，無論這部機器的材質是碳水化合物、矽晶片或是其他東西，我們都視其為能夠完成相同功能或運作方式的機器，在這樣的意義下，功能論主張，心靈狀態就是功能狀態以及相信心靈狀態的多重可實現性。

這個主張對電腦科學界發出了歡迎的微笑，這似乎是說，以矽晶片製成的電腦也能夠產生和人類一般的心靈，只要我們找對了「函數」——也就是寫出能夠產生心靈的電腦程式，那麼，我們就能夠創出具有像人類心靈的電腦機器人了。然而，這個非常有吸引力的主張也遇到了嚴厲的挑戰。這個挑戰稱之為「中文星論證」。

二、 中文屋論證

瑟爾（Searle, J. 1980）在八〇年代為了反駁電腦也可以有心靈，提出了中文屋論證（Chinese room argument）。此論證可以說是在回應一個稱為涂林測試（Turing Test）的觀點，因此，要談這個論證之前，我們需要先解釋一下什麼叫做涂林測試。

涂林（A. M. Turing）是電腦基本原理的創始人之一，而涂林測試則是涂林提出來為了檢視電腦是否具備思考能力的測試。簡單的說，如果你透過電腦和 X 交談，假設 X 是一個電腦程式，而且你事先並不知道 X 是人或是電腦程式，而在對談一段時間過後，你無法分辨 X 究竟是人或只是一個電腦程式，那麼，此電腦程式就通過了涂林測試。依照涂林測試的標準，我們就認為該程式有思考能力。

當我們認為某個電腦程式具備思考能力時，從某個方面的解讀來看，有思考能力就是具備某種類型的心靈能力，所以，有思考能力的程式也同時具備心靈（Turing 1950）。而瑟爾的中文屋論證主要是反駁後者。他認為，即使一個程式通過涂林測試，它還是不具備心靈。論證如下：

假設我（不了解中文的瑟爾）在一個房間裡面和外面的人藉由紙條以中文傳遞消息。每當瑟爾接到新的紙條，他就查閱房間裡的資料庫，然後抄下適當的回答在紙上然後送出去。例如，他收到：「你好嗎？」，經過查閱資料庫，他發現可以用「我很好」——這不知道是什麼東西的符號來回答那些莫名其妙符號「你好嗎？」。然後抄下答案傳出去。從頭到尾他都不知道那些紙條說些什麼，但是，房間外用中文和他溝通的人卻以為瑟爾懂中文，就像瑟爾通過了中文涂林測

試一樣。但實際上，瑟爾卻完全不了解中文。然而，了解溝通內容是具備心靈的必要條件，由此可知，通過涂林測試不能做為具備心靈的標準（Searle 1980）。而且，如果我們同意，了解思考內容也是思考與心靈的必要條件，那麼，即使通過涂林測試，也不能說該程式具備思考能力以及心靈。

這個論證出現後在哲學界和電腦科學界造成很大的衝擊。許多論文或支持或反對的討論，甚至到了二十年後的今天，這論戰還不算完全平息。在瑟爾1997年出版的書中，他用較簡單的方式重新陳述該論證（Searle 1997）：

1.電腦程式只有語法沒有語意。

2.心靈是有語意的。

3.語法不能取代語意。

4.所以，電腦程式沒有心靈。

有一批功能論者反對瑟爾的論證而企圖反駁他，這些反駁只要是主張瑟爾的論證是一個無效論證，或是某個前提為假。例如，有些回應認為在瑟爾的論證中有著歧義的謬誤，認為「語法」和「語意」這兩個詞在論證中同時包含了電腦程式的語意和語法以及自然語言的語意和語法，由於它們是不相同的東西，這樣的交錯使用導致此論證為無效論證。或者，有些回應主張前提三並不是明顯為真的，因為，許多電腦科學家主張，電腦程式的語法結構可以表現出人類自然語言的語意，那麼，無論這兩者哪一個是正確的，瑟爾的結論都不必然為真[2]。

但是，即使瑟爾的論證真的不能明確結論出電腦不可能具有心靈，但是，要想像一個電腦程式產生心靈似乎是件很

---

② 請參考（冀劍制 2010）。

困難的事情，我們似乎永遠不可能將心靈化約為電腦程式，也就是說，電腦程式永遠不能將心靈解釋完全，這個問題即是心靈之不可化約性問題的一個面向，由於這個問題難以被任何一種上面提到的唯物論者所解決，於是，有另一批功能論者以及同一論者走向不同的道路，他們認為，我們心中所想的難以被程式所產生的心靈指的就是意識，心靈的認知功能大都應該能夠被程式所完成，但唯獨意識似乎總是無法被把握，我們難以想像一個電腦程式如何產生意識。然而，意識是什麼？意識真的存在嗎？意識是一個心靈之所以成為一個心靈的必要條件嗎？由這些質疑，某些功能論者或其他唯物論者轉向另一個方向，他們企圖否定意識，這樣的面對方法必須解釋為什麼我們這種這麼清楚的關於意識的直覺竟然只是一種錯誤的認知，當某些唯物論者走上這個步驟之後，他們建構論證設法否定意識的存在，我們統稱這樣的理論為「取消唯物論」（eliminative materialism），也就是將心靈意識取消的唯物論，這理論將在後面的章節會詳細討論。

三、人工智慧的背景知識問題

在機器是否能夠有心靈的議題上直接相關聯的是機器是否能夠操作像是中文、英文等人類自然語言的問題。由於我們很難判斷一個機器是否具有心靈，至少，如果一個機器能夠具備人類自然語言能力，那麼，其較有可能具備心靈，因為心靈與語言是息息相關的。在瑟爾的論證中，他主張即使一個機器具備有人類自然語言能力也不代表其具有心靈。然而，反過來說，如果一個機器無法具備有人類自然語言，是否就可以說其不具有心靈了呢？這裏面或許還有其他需要考慮的問題，但是，如果一個機器無法具備有自然語言能力，

那麼，直覺上我們就很難接受其可能可以具有心靈了。

　　然而，人工智慧的主要目標之一是建立一個能夠使用人類自然語言的機器，無論這種具備語言能力的機器是否具有心靈，一旦有了這樣的機器，我們便可以很輕鬆的和機器自由對話，這會給人們的生活帶來很大的方便，因為機器可以儲存大量知識，如果我們可以和這樣的機器談話，機器便成為我們主要的知識來源，它就像是所有學科集合的專家一樣，幾乎任何人類已知答案的問題都可以回答，只要一個人擁有這樣的機器就等於擁有一大群專家當私人家教一般，甚至它還可以針對我們的某些困惑給予建議，甚至開導一些悲傷的人。當電腦程式真的可以做到這種程度的時候，我想大概很少有人會認為它是沒有心靈的了。就像看哆啦Ａ夢的卡通時，雖然它是機器，可是當其語言與行為的表現如此像人類時，人們至少在直覺上都會當它是有心靈的了。因為我們很難想像一個沒有心靈的機器可以把心靈相關詞彙作如此適當的操作。這也可以看出語言能力和心靈能力的相關性。

　　這種機器人的功能可以說非常的大，而人類擁有這樣的夢想已經有很長的時間了，許多電影、電視劇、漫畫、小說等等都有對這樣機器的描述。自從西元1950年代數位電腦問世以來，這樣的夢想開始讓人感到不只是一個夢想，而是一個有實現可能的希望。而如同上一節所討論的，電腦科學家涂林認為，如果一個機器可以操作自然語言到達難以分辨它是機器或是真人的地步（也就是通過所謂的涂林測試），那麼，我們就應當承認其有思考能力（Turing 1950）甚至具有心靈能力。從這角度來看，我們發現涂林認為操作自然語言是思考的充分條件，如果這樣的主張是正確的，那麼，我們只要創造能夠操作自然語言的機器就等於創造了一個會思考

的機器了。

　　在涂林的時代，或許包括涂林在內，許多電腦科學家認為只要電腦執行速度再更快一些，只要記憶體再多一些，我們便能找到一個適當的電腦程式來操作自然語言，因此，要製造出一個會思考的機器是不難的。涂林甚至預言，五十年內（也就是二十世紀結束之前），我們將會有10^9的記憶容量電腦（也就是具有1G的記憶體容量），而到那時，將有電腦程式具有超過百分之七十的機會能通過涂林測試（Turing 1950, p.158）。

　　然而，五十年的期限已經過了，電腦科學的突飛猛進導致現今的電腦記憶體容量以及速度早已超過當時的預期，但是，仍舊沒有出現任何一個真正能夠通過涂林測試的電腦程式。因此，許多哲學家與電腦科學家等紛紛投入這個問題思索，究竟為什麼這是一個這麼困難的任務，如今我們大致發現，電腦運作的速度與記憶體容量並不是扮演最關鍵的角色，而真正扮演關鍵難題的或許有許多部分，在這些部分中其中一個廣被討論的問題叫做，「背景知識的問題」（the problem of background knowledge），或有時也被稱作「常識的問題」（the problem of common knowledge）。這些問題主張，電腦程式無法具備這些知識也因此而無法掌握自然語言，而這樣的問題的某些面向也間接主張電腦程式由於缺乏心靈能力而無法處理某些這類知識。因此，這類問題不僅對電腦科學在處理自然語言方面產生挑戰，也針對電腦程式是否可以具備心靈方面造成困難。

　　「背景知識」這個詞通常指的是那些我們日常生活理解、推理、思考等等常常使用到、理所當然的、而且習慣性不會注意到的知識。例如，小明說他下午帶狗出去散步，當

你聽到這個說法時，你自然而然也認為小明把狗的頭也帶出去了，因此，當小明說小狗的頭撞到電線桿時你不會很驚訝，但是，如果小明說狗的頭留在家裡吃午餐，你可能會嚇一跳。這些背景知識除非特別提到，否則我們通常不會意識到它們的存在，然而，它們的存在卻對我們的日常生活與語言、知識的使用有很大的關聯，一旦我們缺乏這些背景知識，我們幾乎不可能正常使用語言以及無法與人正常溝通。因此，電腦要具備有像人類一般的溝通能力就必須具備背景知識，而如何讓電腦具備背景知識就成了這個背景知識的問題。

這個問題簡單的說就是我們在日常生活中操作自然語言時運用了大量的背景知識，而這些知識往往是被忽略的，而且問題可能並不在於它的「大量」，問題在於這樣的知識很難讓電腦具備與應用。而當電腦無法操作這些背景知識的時候，它就無法順利像人類一般操作自然語言。

但是，人工智慧研究的創始人之一的閔斯基（Marvin Minsky）卻主張背景知識的問題主要只是量的問題，所以，只要將背景知識「好好的組織好」，大約只需要一百萬條背景知識就足以能讓電腦具有相當高程度的智慧了（Minsky 1968, pp.25-26）。而另一位電腦科學家達林（Keith Devlin）則指出，在1970年代末期，多數人工智慧研究者認為一百萬條背景知識是不夠的，而且主張需要超出很多才行，而且甚至已有一些學者認為即使量再大也無法解決這個問題（Devlin 1997, p.168）。如果背景知識的問題真的不是量的問題，那麼，是什麼樣的問題呢？又該如何解決呢？

針對目前仍舊無法解決背景知識問題的解釋有兩個主要的思考方向，第一個思考方向就是主張電腦根本上就無法具

備背景知識。尤其當代哲學家瑟爾（John Searle 1980b, 1983, 1990, 1992）和德來符思（Dreyfus 1972, 1981, 1986）就是站在這個立場的主要人物，而且愈來愈多的人向這個思考方向靠攏，尤其人工智慧開創者之一的馬德磨（Drew McDermott），從初期主張電腦可以具備背景知識到後來卻在1987年改變立場（McDermott 1987）。然而，即使許多學者這麼主張，卻仍舊沒人能真正證明電腦無法完成學會背景知識的任務。

因此，另一個思考路線則主張，雖然我們已經能夠建立一百萬條背景知識，但這些背景知識卻沒有辦法「好好的組織好」，也就是說，目前失敗的關鍵點在於我們尚未找到正確組織這些背景知識的方法，另外，或許一百萬仍舊不足，一個稱之為 CYC 計畫的領導人雷納（Doug Lenat）主張，「電腦智慧沒有捷徑，關鍵點就在於知識的量要非常之大（Lenat & Guha 1990）」。這個思考方向認為電腦事實上是可以具備背景知識的，問題只在於量的問題或是我們必須好好組織它們。在電腦人工智慧一直不斷失敗之後還能讓許多學者這麼堅持是因為這樣的思考方向有很好的論證支持：

1. 人類具有背景知識。
2. 人類的背景知識存在於大腦之中。
3. 大腦是一種計算機制（一切大腦的運作都是可計算的）。
4. 依據丘琦—涂林論點（Church-Turing Thesis），任何可計算的都是涂林機（電腦）可計算的（Church 1936）。
5. 背景知識是可計算的。
6. 因此，電腦可以具備背景知識。

從當今唯物論的思維潮流來看這樣的論證會覺得它看起來還蠻有說服力的，然而，仍舊有一些爭議之處，例如，我們至今不能確定人類大腦是否真的在丘琦—涂林論點的意義下屬於一種計算機制。例如，英國物理學家彭羅斯（Roger Penrose）就主張大腦的計算包含有量子運動，而這樣的計算就不屬於丘琦論點下的可計算模式（Penrose 1989）。而且，我們也難以確定可計算背景知識與具備背景知識是否可以當作是同一回事。如果這些問題尚未獲得解決，這個主張電腦可以具備背景知識的思考路線也無法被確認。也就是說，這個人工智慧的核心問題事實上仍然是很有爭議的。③

　　而從心靈角度來看，這些背景知識可能包含了許多我們的感覺、直覺、與情緒。某些習慣或是認知轉換成為心靈的直覺或是情緒，而我們人類藉由這類的情感性思考而能處理自然語言的背景知識，但由於電腦不具備這種思考方法，因此，從這個角度來看，我們認為電腦程式之所以無法適當的操作背景知識是因為其缺乏這種與心靈相關的思考方式，反過來說，如果電腦工程師可以寫出這種思考方法的電腦程式而解決背景知識問題，那麼，我們就更傾向於相信電腦程式也可以具備心靈。

　　但是，從一個更為嚴苛的角度來看，即使電腦工程師可以寫出具備像是哆啦A夢一樣語言能力的電腦程式，還是會碰到一些理論上的質疑，這個質疑可以稱之為「僵屍論證」（The zombie argument）或是譯成「無心人論證」，這個部份將在下一節討論。

---

③ 針對這個爭議，可參考（Copeland 1993）。

四、逆反感質問題與無心人論證

　　一般來說，我們相信別人和我們一樣有個心靈在後面操縱著各種行為，但是若要我們去證明別人真的有一個心靈，我們發現這真的非常的困難。這也成了一個古老難解的哲學問題，稱之為他心問題（the problem of other minds）。從這個問題的角度來看，我們至少可以說，我們無法用證明自己心靈存在的方法來證明別人心靈的存在，因為我們透過直接的內心心靈感受與直觀觀看自己的內心世界而知道自己心靈的存在，但是由於我們無法用這樣的方法直接感受他人的心靈，所以，我們只能用其他方式來判斷別人是否有個心靈。然而，這樣的一個方法卻導致很多的問題，而針對心靈的探討方面，有兩個很重要的問題發生。第一，別人是否根本沒有心靈呢？這樣的質疑導致了「無心人論證」。第二，別人的內心感受是否可能和我們不一樣呢？這個質疑導致了「逆反感質論證」。首先，我們先來看看無心人論證。

　　無心人論證通常稱之為僵屍論證（the zombie argument），英文的 zombie 就是僵屍的意思，意指一個沒有心智的行屍走肉。但是，在這個論證中所講的僵屍和一般我們在電影中看到的不同。電影中的僵屍如果真的出現在人們面前，大家都會知道僵屍來了，因為其行為舉止和一般人是不一樣的。但在這個論證中所講的僵屍則是專指一個行為舉止和一般人沒什麼差別但卻完全沒有心智的人，這樣的僵屍如果出現在人群中則不會引起恐慌，甚至沒有人知道他是僵屍。因此，為了避免誤解，我認為此論證翻譯成「無心人論證」比較好。

　　此論證主張，我們永遠可以想像一個在生理與行為上類

似（或甚至完全相同）的兩個人中，一個有心靈而另一個卻沒有心靈。如果這樣的可能性是存在的，那麼，功能論就是錯的，因為，當其生理上與行為上完全相同時，這表示其大腦的運作方式也是相同的，那麼，如果功能論的主張「心靈狀態就是功能狀態」是對的，這就表示兩者應該要有完全相同的心靈狀態，但是，我們卻可以想像其是不同的，如果這種想像可以為真，那麼，功能論自然是錯的（Chalmers 1996）。

反對此無心人論證的功能論者自然會認為這樣的想像只能夠是一種想像，並非所有的想像都可能為真，而且，如果我們同意唯物論的主張，認為心靈來自於物質，那麼，我們基本上沒有理由相信這種想像是可以為真的。這樣的反駁很有道理，但是，為什麼我們可以這樣想像呢？這樣的想像不具有什麼重要意義嗎？當我們可以這樣想像時，是不是就代表功能論對心靈的解釋永遠沒辦法完全，用專門術語來說就是，心靈無法化約於功能狀態。這個問題也就是所有唯物論必須面對的心之不可化約性問題，我們將在下一章再深入探討這個問題。

功能論可以較為簡單的訴諸唯物論來宣稱上面談到的這種無心人是不可能存在的，但是，針對逆反感質論證來說可能就沒這麼好對付了。十七世紀英國哲學家洛克（John Locke, 1632-1704）提出了逆反感質（inverted qualia）的問題④。感質（qualia）這個專有名詞指的是內心主觀的感官知覺，而這問題是說，如果我看紅色的色感（感質）和別人看

④ Locke (1689/1997), An Essay Concerning Human Understanding, bk.2, chap.32, sec.15。

綠色的色感相同，而且我看綠色的色感和別人看紅色的色感相同，如果這樣的感質對調具有系統上的一致性，那麼，我永遠不可能透過語言的討論與行為的觀察知道這個現象，我會一直以為我們的色感是相同的（Chalmers 1996, p.263）。簡單的說，如果我天生看見的綠色和你看見的紅色的感官知覺一樣，我們永遠無法發現這個不同，因此，當某人Ａ說他比較喜歡紅色而另一個人Ｂ卻說他比較喜歡綠色，當他們爭論哪個顏色比較美時，他們所喜歡的感官知覺說不定根本是一樣的。而且他們完全無法察覺這樣的不同。有人說，只要看一個人在紅綠燈前的行為不就可以知道他是否是紅綠色逆反感質的人了嗎？事實上他們的行為不會有任何差別。為什麼會這樣呢？

假設Ａ的視覺經驗是像一般大眾一樣，而Ｂ是紅綠對調的逆反感質的人，那麼，當Ａ看見紅色事物時，Ａ的感官經驗可以稱之為「Ａ紅」，而當Ａ看見綠色事物時，Ａ的感官經驗可以稱之為「Ａ綠」。由於Ａ和一般人看到的顏色的感官知覺是相同的，所以，「Ａ紅」的感官知覺就是我們一般稱之為「紅色」的感官知覺，「Ａ綠」則是一般所說的「綠色」。反之，當Ｂ看見紅色事物時，Ｂ的感官經驗可以稱之為「Ｂ紅」，而當Ｂ看見綠色事物時，其感官經驗則稱之為「Ｂ綠」。由於Ｂ是紅綠色的逆反感質人，所以，「Ｂ紅」實際上是我們一般所說的「綠色」，而「Ｂ綠」則是一般我們所說的「紅色」。那麼，從內心的感官知覺來說：

Ａ紅＝紅色＝Ｂ綠
Ａ綠＝綠色＝Ｂ紅

在Ｂ小的時候，當他看見紅燈時，它實際上內心的感官

知覺是「B 紅」，也就是我們一般所說的綠色，但是，人們都稱呼這個東西是紅色，所以，B 也學會稱呼這個東西為紅色，當 B 學會交通法規說看到紅燈要停下來時，他看到了「B 紅」（他內心呈現的實際上是我們所謂的綠色）他就跟著停下來，因此，在紅綠燈前，B 並不會表現出任何不同的行為。因為，B 從小學習語言的時候就自然會把內心的「B 紅」感受（也就是他內心的綠色感官知覺）稱之為紅色，而把 B 綠（他內心的紅色知覺）稱之為綠色，所以，從行為表現上來說，他會和其他人一樣，我們完全無法分辨這樣的差別。

那麼，這個問題對功能論的挑戰在哪裡呢？由於功能論主張，心靈狀態就是功能狀態。在逆反感質的假設中，我們假設其在紅綠色的辨識上的運作方式（功能狀態）只是系統上的不同，所謂系統上的不同指的是在運作方式上兩者完全一樣，差別只在於採用了不同的脈絡或是不同的初始條件而已，也就是說，其運作方式可以視為是完全相同的。那麼，從功能論的宣稱來說，既然心靈狀態就是其運作方式，既然運作方式是相同的，其心靈狀態就應該是相同的，但是，逆反感質論證確指出，心靈狀態在這樣的情況下不同是可能的，因此，這樣的論證就對功能論構成了挑戰。

當然，功能論也可以宣稱，逆反感質的人在運作方式上一定還有一些與其他正常人不同的地方，否則，怎麼可能會產生不同的色感呢？所以，只要能夠深入了解形成顏色的那個運作方式，那麼，我們自然就可以判斷出其是一個逆反感質的人了。這樣的反駁也是有道理，但這也只是提出一個功能論可能仍舊為真的可能性而已，並無法排除逆反感質出現的可能性。而且，功能論並不能像反駁無心人論證一般訴諸唯物論來反駁逆反感質論證而宣稱：「既然所有心靈狀態是

被物質所造成，那麼，色感不同一定有某些運作方式不同，只是我們沒有找到而已。」這樣的反駁說服力較弱，因為，即使唯物論是正確的，色感不同所對應的未必一定是某種運作方式，說不定是其他與運作方式無關的因素所導致。」

在這個爭議中有一個混淆的地方，為釐清這個混淆我們必須區分兩種類型的功能論，第一種是我們前面談到的用「電腦程式」定義「運作方式」的功能論。而上面的反駁則是依據這種功能論的反駁。把不同的心靈狀態的形成都當作由不同的運作方式所產生，那麼，這樣的反駁說服力雖然並不高，但至少仍然容許功能論為真的可能性。另一種功能論則是用因果角色（causal roles）來定義「運作方式」，所謂「因果角色」的意思是說，「其與其他事物因果關係的互動中所扮演的角色」，只要某兩個東西的因果角色是相同的，則此兩事物有相同的運作方式。在這個定義下，由於「A紅」和「B紅」只有系統上的不同，因此它們有相同的因果角色，也就是有相同的運作方式，那麼，這種功能論必須視它們為相同的顏色，但實際上它們是不同的顏色（不同的感官知覺），因此，這種功能論無法反駁逆反感質論證。

然而，即使以電腦程式定義運作方式的功能論無法完全被逆反感質論證所反駁，但是，和無心人論證相同的問題仍舊會出現，意即，「我們可以想像產生A紅和B紅的電腦程式是相同的」，這一樣就進入到下一章要討論的心靈的不可化約性問題。

五、機器心靈的社會問題

在本章結束前，在下一章深入討論心之不可化約性問題之前，我想，我們可以在思考機器是否有心靈的同時大略想

想如果機器真的有朝一日有了心靈，這會對社會產生什麼樣的問題。

首先我們會碰觸到的是一些權力的相關問題，例如，有心靈的機器人可以擔任總統嗎？如果我們發現由機器人擔任總統比一般人擔任總統還要來的更好的話，我想，這個問題會比較簡單，可能多數人會同意讓機器人擔任總統，但是，要如何讓人覺得機器人做總統會比較好可能是比較困難的地方。例如，當總統面臨一些棘手的難題時，通常可能需要一些創造力與智慧來化解，而機器人是否可能具備這樣的能力呢？所以，這個問題可能會比較是一個技術層面的問題，而道德或種族主義方面則可能比較不會有問題。

第二個問題是關於基本人權的問題，例如，這些機器人的生命可以被任意剝奪嗎？例如，如果需要汰舊換新時，機器人所具有的心靈程式可否直接刪除而重灌新的具有心靈的程式呢？我們或許會說這樣機器人太可憐了，不應該這麼做。但是，如果機器人並不具備認為這樣很可憐或是對這樣的事情感到恐懼的程式在運作，那麼，似乎這就比較沒有關係。但是，反之，如果一個人類已經對活下去沒興趣了，也對死亡不再恐懼，我們似乎也不認為可以剝奪他的生命，那麼，在這樣的情況下，我們是否可以有差別待遇呢？這個問題顯然就困難多了。

第三是關於觀念的問題，機器人可以跟人類戀愛甚至通婚嗎？對於觀念可以快速跟著時代潮流改變的人來說，這或許沒什麼大不了的，但如果是自己的親人要做這樣的事情時，通常我們在觀念上會難以接受。例如，機器人當自己的繼父或是繼母，當自己的女婿或是媳婦，這種情況會有點難以接受。但或許這只是觀念的問題，社會如果愈來愈多這種

案例就會見怪不怪了。⑤

　　第四個問題是關於自由意志與犯罪的問題。基本上，電腦機器人是依照程式在運作，這樣的程式是不具有個人自由意志的，如果機器人犯罪了，這表示機器的程式設定不當，錯應該是在程式設計師而不在於機器人，所以，從這角度來看，機器人即使犯了再大的罪也永遠不需要被處罰。頂多或許只是程式需要修改而已。然而，這裡會遇到的問題反而是，一個具有心靈的機器人真的一定不具有自由意志嗎？我們很難想像一個依照程式運作的機器人如何具有自由意志，但是，實際上來說，我們也很難想像一個依據大腦運作的人類如何可能具有自由意志，那麼，我們是否也要比照辦理呢？這個問題是關於自由意志的問題，它和心靈問題一樣難以化約在當今唯物論的脈絡底下。⑥

　　這些問題與本書要深入討論的心靈相關問題並無太大的關連，在此只是略述一下這些可能的問題，並不打算深入討論。下一章將進入讓唯物論主流思想產生風暴的新心物問題，也就是心之不可化約性問題或稱之為意識的問題。

⑤ 針對人工智慧的功能與道德相關問題，可參考中譯本《電腦如何思考》（Hillis 1998）與《會思考的機器》（McCorduck 2004）。
⑥ 針對自由意志相關問題請參考（王文方 2008）。

第七章

意識的化約問題

　　唯物論是當今討論心靈問題的主流，雖然，從理智思考上來說，我們認為唯物論在與唯心論和實體二元論的比較中已具有較高的說服力而勝出，但是，它也碰上了一個難以解決的問題，這個問題的衝擊力道並不小於笛卡兒實體二元論所遇見的傳統心物問題（不同實體的心靈和物質如何可能有交互作用），所以，我們可以將這個問題稱為「新心物問題」。而此問題在學術界，從不同的角度來看有不同的名稱。首先，它被稱為「意識的問題」，此問題在問，意識如何從大腦產生出來。第二，它也被稱為「難題」（the hard problem），相對於目前神經科學界積極尋找心靈與人腦的對應來說，這個意識問題顯然難了許多。而尋找心靈與大腦對應的問題則被稱之為「簡單的問題」（easy problems），雖然其實際上一點都不簡單（Chalmers 1996）。第三，從心靈與大腦的概念之間無法化約來看，我們則稱其為「心之不可化約性問題」（the irreducibility of the mind），而當我們用「心之不可化約性問題」來稱呼意識問題時，需要當心的地方在於，心靈的不可化約性問題有兩個層面，在主觀性質無法化約方面的問題等同於意識的問題以及難題；但在因果的無法化約問題上則較為接近上面所說的「簡單的問題」。

　　第四，從認知與解釋的角度來看，有另一個名詞稱之為「解釋的鴻溝」（the explanatory gap），這個名詞專門用來

指稱當我們企圖使用物理概念來解釋心靈概念時，我們難以解釋完全（Levine 1983）。這個現象也是屬於意識問題、難題、與主觀性質方面的心之不可化約性問題的一個面向。

　　然而，這個新心物問題和傳統心物問題有一個很不一樣的地方。當傳統心物問題被提出來之後，大概所有人都會認同這是一個必須要面對，而且需要被解決的問題。但是，當新心物問題被提出來後，大多數人大概都會產生一個疑惑，這算是一個問題嗎？這不是很正常嗎？這需要被解決嗎？是的，它是一個問題，而且是一個很嚴重的問題，只不過我們難以看到它嚴重的一面，本章的目的在於詳細討論這個問題。

一、唯物論與新心物問題

　　當今科學界普遍認為心靈是由大腦這種物質的作用所產生的。當我們對大腦了解透徹時，我們就能夠對心靈了解透徹。這樣的看法已漸漸被廣泛的接受，不僅在科學界被接受，甚至許多大學生可能都已經這麼認為了。事實上，如同在第四章已經大略討論過的，近十餘年來神經科學的發展已提供了相當多的證據來支持這樣的看法。

　　二十世紀的九〇年代被稱為大腦神經科學的年代。在這十年裡對大腦研究的新發現超出過去所有研究成果的總和，而二十一世紀前十年的研究成果也一點都不遜色。這樣的成果主要來自實驗工具的突破，人類開發出一些儀器在不用剖開腦蓋骨的情況下對大腦的運作進行研究。而這些對大腦的新發現，也不斷震撼了我們過去對心靈的認識。

　　現今我們已經可以由大腦的運作解釋許多現象。例如，為什麼吸煙會上癮，為什麼會有幻覺，為什麼有些人有很強

的憂鬱傾向等等。甚至，我們也成功的發明了藥物來制衡這些現象。逐漸地，我們愈來愈相信一個說法——心靈現象其實就是大腦的作用。

愈來愈多的證據可以支持這樣的一個看法，尤其是對於腦傷的研究，不同部位的傷害造成不同的認知障礙。有些人因而失去了對顏色的知覺，所有的東西都變成了黑色、白色或是灰色。有些人只注意左邊而忽視右邊，當你要他畫一個房子，他只會畫左邊，而且覺得自己畫完了。有些人保留短期記憶而喪失了長期記憶的能力，當你第一次跟他見面談話時，你完全無法分辨他和其他人有什麼不同。但是，當你之後再去拜訪他，你必須每次都要重新再自我介紹一次，因為他完全不記得你了。

過去只能用魔鬼附身來解釋的現象現在一一獲得了澄清。那麼，大家便逐漸接受了這個說法——心靈是完全由大腦的運作所產生出來的。如果，這樣的一個說法是對的。那麼，當一個人腦死的時候就是心靈消失的時候。也就是說，死亡就是完全的結束，並不是什麼新的開始。

最新的研究顯示，就連在道德方面很重要的同理心也在儀器的運作上在大腦某處現形（Iacoboni 2008）。因此，我們所崇尚的心靈品質、美德、智慧、勇氣與幽默感等等，都很可能只是大腦的某種結構所產生的作用而已。更慘的是，針對愛情分子的研究，某人之所以愛你是因為他的大腦產生某種變化，而當這種變化不再時，他就不再愛你了。這簡直徹底摧毀了愛情的浪漫。如果有一天，腦外科手術可以更發達，我們便可以經由某種手術讓一個人成為聖人。或許，未來有一天，你會在醫院的宣傳目錄上看到，「大特價，只要五千元就讓你的小孩具有孝順的品德」。

如果有一天，大腦科學真的能夠完全解釋與分析心靈的作用時，我們是否真的就必須相信——心靈就只是大腦的運作而已，如果腦死了心靈就不再存在——這樣的說法呢？其實未必。

　　就算心靈現象可以完全對應於大腦的作用，但心靈不必然就是完全由大腦所產生，其它的可能性是存在的。在前面的章節已經討論過的，我們可以想像一個情況，心靈的位置是在一個超空間裡，藉由和大腦的聯繫讓我們與這個世界產生交流。那麼，雖然大腦的受傷會使得心靈產生問題，但問題是在通訊器材上，並不是在心靈上。當作為通訊的大腦完全損壞之後，我們的心靈或靈魂可能就回到了原來屬於的超空間了。這個想像雖然沒有任何科學根據，但卻指出了非常重要的一點：無論大腦對心靈的分析有多透徹，主張心靈完全由大腦製造出來的說法總是無法完全被證實的。因為心物二元的可能性總是無法被排除。為什麼會這樣？

　　從概念的種類來分析，用以把握心靈的主觀概念以及用來了解大腦的客觀物理概念（physical concepts）似乎是兩種截然不同形態的東西①，沒有一個能夠完全取代另一個。只要這種取代（或稱為化約）不完全，我們永遠可以想像心與腦是不同的東西。只要這種想像力有存在的一天，我們永遠無法完全證實心靈就是大腦的作用。因此我們可以說，有些關於心靈性質的概念是無法完全由客觀物理概念所取代的。

---

① 這裡所謂的「物理概念」（physical concept）並不是只針對物理學所用的概念，physical 指的是物質方面的，例如，我們常說，人有物質的（physical）一面和心靈的（mental）一面，所以，physical concept 也包括生理學、化學和微生物學甚至土木電機等所有跟物質有關的概念。或許將其翻譯成物質概念比較恰當，但是因為物理概念這個中文翻譯已經廣為流通所以也沒有改變的必要了。

我們將這稱之為「心之不可化約性」。這個心之不可化約性引爆了二十世紀末的心靈哲學論戰，戰火延燒至今而未見停歇。

二、「心」這個字指的是什麼？究竟是什麼東西不可化約？

在討論心之不可化約性之前，我們先來看看這個不可化約的「心」究竟指的是什麼。許多思考心之不可化約性問題的人往往都搞錯了對象，尤其是有愈來愈多的人把心靈當作是一種機制，完全從功能的角度來看心靈，當我們說心靈不可化約時，這樣的人就會去想到底什麼樣的心靈運作方式無法化約。

雖然，這的確也是一個問題，例如，自由意志的功能或主體性（subjectivity）的運作方式似乎不太容易化約，[2]但它們真的就無法化約了嗎？對於熟悉電腦程式的人來說，這似乎也未必有這麼難。然而，這樣理解心之不可化約性的人實際上搞錯了對象，在此，我們必須先弄清楚，當我們企圖化約心靈時，這個主要被搬上手術台的「心」到底是什麼？

首先，心靈的各種現象必須透過體驗而非思考，我們可以閉上眼睛感受一下，當我們在使用「心」這個字的時候，我們在表達些什麼呢？例如，當我們說「今天心情真好」或者「吃到心裡好滿足」，這時，這些句子裡面的「心」這個字是什麼意思呢？當你正在感受心情好以及很滿足的情緒時，內心正在作用，而這時你依賴著主觀的直覺去把握心的

---

② 如果討論的是主體性本身的話就沒問題，這屬於意識的主觀層面的問題，但主體性這個詞本身有著相當大的模糊性，所以本書盡可能不用這個詞彙。關於主體性這個概念的分析請參考（Chi 2009）。

意義，這個「心」的意義就是我們要談到心之不可化約性的「心」的意義。而這個心是具有意識的、是主觀的，而這也就是我們要談的意識問題中的「意識」的意義。也就是我們要化約的對象，我們希望把這個東西用物理概念說清楚，也就是把跟這個心相關的（具有意識性質）的各種心靈概念化約到物理概念。

現在，我們知道要化約的對象是什麼了，但是，什麼又叫做「化約」呢？所謂「化約」簡單的說就是用一個或是一群詞彙去解釋以及取代另一個或是一群詞彙。例如，什麼是「熱」（heat）？「熱」其實就是分子的運動（motions of molecules）。分子的運動愈激烈就會產生更多的熱能，當一個真空中沒有分子時，熱能就完全消失而回復到絕對零度[3]。像這樣對「熱」的解釋，就是將「熱」化約為「分子運動」。其他的例子像是，我們可以用 DNA 的功能來解釋生命現象或甚至用腦神經的化學變化來解釋愛情，也可以用次原子結構來解釋一個原子的性質。[4]這樣的解釋都叫做化約性的解釋。化約性解釋的一個特點就是使用更為基礎的東西來解釋一個現象（或東西），這樣的解釋的好處是我們可以更清楚地看見其更為基礎的運作原理，而對該現象（或東西）有更清楚、更明確的把握。

例如，有些神經科學家宣稱在大腦中找到了「愛情分子」，[5]這類分子的某種活躍運作使人深陷愛情的泥沼，但

---

③ 絕對零度就是完全沒有熱能的溫度，約等於攝氏零下兩百七十三度。

④ 次原子結構是質子、中子與電子所組成的結構。

⑤ 例如，費雪（Helen Fisher）主張，多巴胺（dopamine），正腎上腺素（norepinephrine），以及血清素（serotonin）這些大腦神經傳導物質在愛情的運作中扮演著關鍵的角色，她企圖以這些化學分子與腦神經網路的結構來解釋與了解各種愛情的現象（Fisher 2004）。

因為這種運作通常在兩三年後會減弱或甚至消失，因此科學家們也認為他們找到了答案來解釋為什麼愛情總是無法持久。

　　科學發展的一個主要方向就是沿著這種化約性解釋而來的，這種化約性的掌握不僅使我們對一個東西的了解更為深入，也使我們更能把握、預測與控制某些現象。例如，如果該神經科學家對愛情的化約性解釋是對的，那麼，我們只要能夠知道如何控制該分子的運作，我們就能把握愛情了。這麼一來，只要我們願意，我們或許可以延長愛情的持續性，對於失戀的人我們也可以很快地讓他從熱戀中醒過來。

　　當我們想更深入的了解心靈時，我們企圖將心靈化約為更明確更容易把握的大腦作用，⑥但我們卻在這個化約行動中遭受空前的挫折。那麼，我們現在來看看究竟為什麼心靈具有不可化約性。

　　當我們企圖化約心靈時，我們要把它化約成什麼呢？由於我們相信心靈由大腦作用所產生。也就是說，大腦的作用是心靈的更基礎運作，只要我們能夠弄清楚大腦是如何產生心靈現象的，那麼，我們就能夠對心靈有更明確的把握與認識了。但是，我們用以了解大腦的物理概念卻無法完全解釋心靈概念。這個現象導致了心之不可化約性的問題。

---

⑥ 精確的來說，我們用物理概念（physical concepts）像是神經細胞、電流、和神經傳導物質等等來描述大腦活動，而用心靈概念（mental concepts）像是快樂、想要、痛、和紅色等等描述心靈現象，如果我們一一用物理概念取代所有心靈概念，那麼，我們就可以用物理概念來解釋所有心靈現象，這樣一來，我們就完成了對於心靈的化約性解釋，換句話說，我們就有一個立基於腦神經科學的心靈理論，也就是成功地將心靈現象化約為物理現象。

三、主張心之不可化約性的主要論證

　　心之不可化約性問題實際上可以分為兩個面向，第一是主張心靈主觀現象（mental phenomena）的不可化約性，[7]第二則是主張心靈概念的因果關係的不可化約性，但本章只針對心靈現象的不可化約性討論，關於心靈因果方面的不可化約性將在後面的章節才會詳細討論。

　　所謂心靈主觀現象（或簡稱為心靈現象）指的是藉由主觀內省所觀察到的現象，例如，綠色、甜味、痛覺，等感官知覺，以及高興、爽、煩、無聊等情緒，但我們的討論通常比較著重在感官知覺，因為我們認為感官知覺是比較基本的心靈現象。有時我們使用「意識」（consciousness）一詞來取代「心靈現象」，但「意識」有時被用在描述某種心靈功能（例如自我監督的功能），所以，使用「心靈現象」會比較精確一點。那麼，我們現在來看看幾個主要主張心靈具有不可化約性的論證。

1. 傑克森（Frank Jackson）的黑白屋論證[8]：

　　傑克森在1986年提出一個反對心靈哲學中的物理論的主張[9]，我們可以將該論證稱之為「黑白屋論證」。雖然其論證比較針對心腦同一論，但其論證亦可用來反駁功能論。但

---

⑦ 談論心不可化約性時，除了使用 *mental phenomena* 之外，我們有時也用 *phenomenal properties*, *qualia*, 或甚至是 *consciousness*，它們的意義其實沒什麼大差別，強調的都是由主觀內省所掌握的心靈內在感受。所以這方面的心之不可化約性問題有時也被稱為「意識的問題」，而對此一問題的另一個的常用的稱呼則是由邱瑪斯（Chalmers）所提出的 *the hard problem*。

⑧ 請參考 Jackson, F.（1986）. 'What Mary didn't Know?' *Journal of Philosophy*, 83, pp.291-5。

難以用來反駁「取消唯物論」與「性質二元論」等類型的唯物論。

在心靈哲學中，唯物論主張：心靈就是物理作用，除了物質之外不需要其他的原料就能製造出心靈。在這裡，所謂的物理作用有廣泛的意思，包括有腦神經細胞的作用，原子分子等作用。凡是物質的作用都是。這樣的想法其實就是當今科學界的主流想法。而傑克森企圖駁斥這樣的想法。其論證如下：

假設物理論是正確的，那麼，心靈完全由物質所製造，所以，物理現象應當可以用來完全解釋心靈現象。也就是說，如果我們具備所有關於物理現象的知識，則我們對心靈就必然有完全的認識。如果我們可以發現某些心靈性質無法完全被物理知識所解釋，那麼，物理論就是錯的。

由這基礎，傑克森提出一個想像實驗：假設有個名叫瑪麗的人從出生開始就一直生活在一個黑白屋裡面，而且從不外出。黑白屋裡面只能看見黑色、白色或黑白之間的灰色，沒有其他的顏色（尤其沒有紅色）。瑪麗的教育是透過一台黑白電視所傳授。假設我們對物理世界已經有完全的掌握，然後透過這台電視把所有關於心靈現象（例如，紅色的感官經驗）的物理知識都傳授給她，那麼，假如物理論是對的，則瑪麗就應該對所有心靈現象有完全的了解。所以，她所具

---

⑨ 物理論和唯物論其實沒什麼差別，唯一差別或許在對於一些物理概念的看法有爭議，例如，重力似乎不是一種物質，唯物論或許不認為重力具有直接的本體地位，但是，在物理論中，所有物理單位包括各種力都被接受有本體地位，然而，這個差別在討論心靈問題時並沒有任何重大意義，所以，在此兩者都可使用，但在心靈哲學中，我們一般常用物理論，但當討論某一種否認心靈存在的物理論時，我們卻使用「取消唯物論」。這可能是哲學家在命名時產生的不統一性，並沒有任何特別的意思。

有的物理知識可以完全解釋當人看見紅色物體時的心靈狀態
（感覺經驗）是什麼。有一天，我們讓學成的瑪麗走出黑白
屋，當她第一眼看見紅色的東西時，她的反應會是什麼？

　　無論她的物理知識有多豐富，如果紅色的感官感覺在她
的主觀世界產生了，那麼，紅色的色感對她來說必然是一種
全新的體驗。那麼，我們可以預期，瑪麗走出黑白屋後將會
獲得一個全新的經驗，這個經驗使她知道，原來紅色看起來
是這個樣子。她所學的物理知識並沒有辦法讓她學會這樣的
知識。所以，即使瑪麗具備了所有關於心靈現象的物理知
識，她還是不可能了解所有心靈性質。那麼，物理知識不能
完全解釋心靈現象。所以，物理論是錯的。

　　上面的論證或許沒有完全說服你，因為我們目前根本不
具有對大腦的完全了解，我們怎能如此斷定當我們具備所有
關於心靈的物理知識之後還是有些知識是我們不具備的呢
（Churchland 1985）？但是，我們的確可以合理的猜測瑪麗
的物理知識不會讓她知道紅色看起來是什麼，因為我們無法
想像什麼樣的物理知識可以讓我們了解紅色的感官感覺。一
個天生瞎眼的人無論具備多少物理知識都不可能知道一般人
看見花花綠綠的世界時所真正經驗到的感官經驗。如果這樣
的說明還不能說服你，下一個由耐格（Thomas Nagel）提出
的蝙蝠論證或許將會在這一點上更有說服力。

2.耐格的蝙蝠論證：

　　耐格也主張，客觀的科學知識無法完全解釋主觀的心靈
現象。他以蝙蝠為例來說明這個看法。他之所以用蝙蝠當例
子是因為蝙蝠使用聲納系統作為觀測外界事物的工具。蝙蝠
具有人類沒有的聲納系統，這個系統能夠發射一種人類耳朵

聽不到的超音波，當這超音波撞到物體反射回來時，蝙蝠可以藉由反射回來的超音波來判定物體的遠近及大小等性質。由於人類沒有這樣的感官功能，所以我們合理推測人類也沒有這樣的感官經驗。一個從來沒經驗過這樣感官感覺的人不可能真的了解使用聲納系統的感覺是什麼（Nagel 1974）。

當然，雖然蝙蝠有聲納系統，這並不表示蝙蝠一定有一種相對於這種感官的主觀感覺，換句話說，蝙蝠不一定有意識，或許他們只是一種更像自動機器的生物罷了。但是這樣的可能性並不影響這個論證，我們可以說，假如蝙蝠真的有一種感官感覺是針對其聲納系統的使用的話，那麼，除非人類也演化出這種能力，否則我們永遠不可能具備這樣的知識。

藉由我們對蝙蝠大腦的認識，我們或許能夠完全分析其聲納系統的運作過程，也可以猜測當聲納系統運作時，蝙蝠如何偵測傳回來的訊號，但是，蝙蝠內在的感官經驗卻只有蝙蝠才可能知道。這個例子再一次的指出，客觀的科學知識無法取代主觀的心靈知識。

這個例子的優點是因為我們都沒有聲納系統的感官經驗，所以，這樣的例子在想像上比較有說服力，但其缺點在於，我們無法確定蝙蝠確實有這種特別的感官經驗，而且即使有，我們也無法確定這樣的感官經驗和我們的所有感官經驗都不一樣。然而，雖然論證有些缺點，這兩個論證還是能成功地指出物理知識無法徹底分析心靈知識或心靈性質。

3. 瑟爾的不可化約性論證：

瑟爾以「痛」為例來說明這種心之不可化約性。假設某科學理論主張，所有感覺經驗只不過是神經系統的某種作

用。那麼我們便可以說：「痛就是某某神經系統作用罷了」。我們可以發現，這樣的說法把關於痛的最重要性質給忽略了。當我們說「痛」時，最重要的是內心一種痛的感覺，如果沒有這種感覺，我們所說的痛根本就不能叫做痛，無論有什麼神經作用都沒用，只要沒有這種感覺就沒有所謂的痛。所以，客觀物理知識對心靈感覺的解釋忽略最重要的性質。而且，無論什麼樣的客觀科學似乎都無法徹底解釋這種主觀感覺（Searle 1992）。所以，瑟爾主張，這樣的心之不可化約性是存在的。心靈無法被客觀科學完全解釋。

除了這幾個論證之外，前面提到過的「無心人論證」也可以指出這種心之不可化約性。因為，我們完全可以想像兩個有著完全相同物理結構的人，但其中一個有心靈而另一個卻沒有。這樣的想像空間也指出我們藉以想像所用的心靈概念與物理概念可以完全分離而不互相在解釋中具有同一性。

四、心靈主觀現象的不可化約性問題的討論

1.為什麼心之不可化約性是一個問題？

我想，前面這些論證已經很充分的指出心靈的不可化約性，但問題是，即使我們相信心靈概念無法被物理概念所化約，我們也不見得就要把它當作是一個需要解決的問題。例如，長度與重量之間也存在有不可化約性，但是，我們根本不覺得那是一個問題。我們無法回答三公尺的樹等於幾公斤的麵粉。我們不僅回答不出，我們也不會想嘗試去回答，因為那根本就是問了一個不該問的問題，這種錯誤的問題當然沒有解答。若真要解答的話，解答是：長度和重量不能拿來比較，因為它們是屬於完全不同範疇（category）的東西[10]。

那麼，心之不可化約性是否也是如此呢？從某個面向來

看，好像也是這麼一回事，因為主觀與客觀概念好像是完全不同的東西。所以，當你在酒館告訴別人心之不可化約性問題時，別人也會覺得那是一個無須解決的問題或根本不是問題，如果你告訴別人你在嘗試解決此一問題，別人可能會認為你在做一件無聊沒意義的事。這是研究意識相關問題的人們可能會遭遇的情況。當我企圖回答別人我在研究什麼哲學問題時，我的說明經常出現一種反應，就是，你幹嘛要去解決它？剛開始遇到這種反應時，我常常感到不知所措，我認為我很清楚的知道這是一個問題，那是因為，在心靈哲學的討論中，我們或許已經認定或預設了心靈的不可化約性是不該存在的，因為我們相信心靈就是大腦的作用，而且企圖尋求一種能完全解釋心靈現象的客觀科學，如果心靈完全由大腦作用所造成，我們怎麼可能無法依據對大腦的了解來掌握心靈現象呢？這麼一來，心靈的不可化約性顯示我們的客觀科學是不足的，甚至其方向根本就錯了，或者，如果客觀科學沒問題，我們對心靈的了解則是有問題的。但是，大多數人卻仍然同時相信現今的科學以及我們目前對心靈的了解。酒館裡的人們不覺得心之不可化約性是一個需要被解決的問題，因為他們看不見這個心之不可化約性背後所隱藏的危機。

　　當我們企圖尋找一個能夠統一物質與心靈的理論時，心之不可化約性就變成一個棘手的問題了。當代唯物論者主張，心靈最終還是能夠被客觀的物理知識所把握，所以，心之不可化約性並非真的不可化約，只是我們目前還不知道怎

---

⑩ 範疇的意義簡單的說就是最基本的類別，既然是最基本的，那麼，不同範疇的東西自然就無法互相比較了。

麼化約。而一個極端的唯物論像是取消唯物論（eliminative materialism）則主張，我們之所以無法化約心靈現象是因為那些無法化約的心靈性質根本就不存在，我們使用了幾千年的錯誤概念框架（conceptual framework）深深的融入在我們的語言與思想中，而這個錯誤的概念結構則讓我們誤以為這些無法被客觀科學所化約的心靈性質是存在的。例如，如同休謨所懷疑的，雖然我們強烈的以為因果關係的存在，但我們根本沒有證據證明它的存在，我們只不過使用因果關係的思考習慣來理解事物，這種思考習慣深深融入我們的語言與思想系統中讓我們難以想像因果關係不存在，說不定它真的不存在。因此，對取消唯物論者來說，解決心之不可化約性的方法就是把這些心靈性質從存在事物的名單中劃掉（取消），讓客觀科學從新建立起完全掌握本體世界的任務。

　　但反對取消唯物論者如「性質二元論」（property dualism）則主張，我們無法否認心靈性質的存在，因為那是最直接的知識。所以，心靈性質的不可化約性使得統一所有自然現象⑪（natural phenomenon）在客觀科學的系統中是不可能的。

　　我們可以由下面的「四個堅持」來清楚呈現這個爭議：
A. 存在一種能夠解釋一切自然現象的理論，而這樣的理論能夠由客觀的科學系統所建構。
B. 主觀心靈現象是自然現象。
C. 主觀的心靈現象性質是一個現象之所以可以被稱之為心靈現象的必要性質。

---

⑪ 在此所說的自然現象指的其實就是本體上存在的東西，或用更簡單的方式來說，自然現象就是存在於世界上的所有現象。

D. 客觀的物理概念無法徹底分析主觀的心靈現象性質。

在這四個主張裡面，A 主張是科學發展的基本目標，藉由這樣的目標，我們已經發展出許多令人讚賞的科學理論，這些理論不僅可以用來解釋許多過去不了解的自然現象，甚至能夠用來預測尚未發生的事件。例如，氣象預測，星球運動等等。所以，我們相信，堅持這條路線我們終究能夠以科學系統把握所有自然現象，而達到科學的完美理論的地步。這也是為什麼這種物理論或唯物論的想法還是科學界甚至哲學界的主流想法。我們堅持以客觀科學來把握一切自然現象。

而 B 主張認為，主觀的心靈現象是自然現象，其實，如果你相信心靈的存在，則心靈現象就是自然現象。除非我們否認心靈的存在，否則我們似乎就必須認同第二個主張了。但是，我們如何可能否認心靈的存在呢？如果我說心靈不存在，這等於是我自言自語的說：「我沒有心靈」。當我自己這樣說時，我如何可能不覺得我在說謊而產生罪惡感呢？然而，如果我沒有心靈又如何有罪惡感呢？因此我們堅持心靈的存在。這種堅信來自於一種很直接的直覺。

關於第三點的 C 主張，如果沒有感官感覺的存在，則那些用來描述心靈現象的詞彙就變得沒什麼意義了。例如，沒有痛感的痛不能再叫做「痛」了。而如果沒有了這些主觀的心靈現象，這種心靈也不能再稱呼為「心靈」了。所以，我們堅持心靈現象的主觀性質（phenomenal property）是心靈不可或缺的成分。

而之前所討論到的傑克森的、耐格的和瑟爾的論證都支持了第四點的主張。客觀的物理概念無法徹底分析主觀的心靈概念，也就是心之不可化約性的存在。由於我們相信那些

論證是有效的，所以，我們堅持這些心靈現象的主觀性質無法被客觀的物理概念所把握。

這「四個堅持」都有其成立的理由。它們似乎都是對的。但是，它們不可能全部都是對的。因為它們會導致矛盾。在這樣的情況下，我們就發覺到，心之不可化約性之所以變成一個棘手的問題是因為這個心靈的特性與我們其他的知識或信念產生衝突，這些我們習以為常而且相信為真的四個堅持放在一起後產生了不協調的狀態，而這不協調的狀態事實上也就是心之不可化約性問題的另一種表現方法。那麼，我們發現，在這四個主張中，至少有一個是錯的。但是，到底哪一個是錯的？哲學家們發展出不同的理論企圖解決這個問題。這也就是當代心靈哲學戰火的開端。

2. 各學派的立場

在面對這個新的心物問題時，不同學派有著不同的立場，本節只是略為討論他們的立場，下面幾章還會針對幾個尚未討論的主要理論深入分析。

首先，由於實體二元論者認為心靈或所謂的靈魂是不同於物質的另一種實體，那麼，物理概念自然也就無法完全解析心靈現象，因為他們根本就是不同的東西，所以對實體二元論來說，心之不可化約性就像是公斤無法化約為公分一樣根本不是一個問題[12]，所以，A 是錯的，客觀的物理概念無法解釋所有自然現象。

性質二元論者如邱瑪斯（David Chalmers）則主張雖然物

---

[12] 但是實體二元論卻遭遇到甚至比心之不可化約性更困難的問題，也就是心靈和物質的交互作用如何可能的問題以及如何證明非物質實體存在的問題。

質世界就是實體世界的全部，但在物質世界中存在有不可化約的心靈性質，這種主觀的心靈性質必須由主觀的理論探討⑬。所以，性質二元論也認為 A 主張是錯的（Chalmers 1996）。

取消唯物論者如丘琦南（Paul Churchland）則主張物質性質是僅有的自然現象（性質），不可化約的心靈性質實際上並不真實存在，我們的認知習慣誤導我們以為那些東西存在⑭。所以，丘琦南認為 A 是對的，而 B 或 C 才是錯的（Churchland 1981）。另一個取消唯物論者單耐（Daniel Dennett）則認為我們根本就沒有意識，他否認意識是一種自然現象，如果我們所謂的心靈指的就是意識，那麼，單耐認為心靈根本不存在。所以，B 是錯的（Dennett 1991）。

這四項堅持的爭議點其實可以用另一種說法更清楚的展現出來，也就是我們認識世界的兩個觀點。我們用一種客觀的觀點來認識世界而產生客觀科學，這種觀點也稱為第三人稱的觀點（the third-person point of view），也就是說，我們

---

⑬ 性質二元論相信心靈是由物質所造成，但卻主張造成心靈的物質無法用來完全解釋心靈，這似乎是一個很牽強的主張。或許，如同不可知論者馬格印所說，那是因為我們人類的認知能力有限，說不定有外星人能夠解決這種認知的困境。如果性質二元論認同這個說法，那麼，A 只錯在認知功能上，並不是客觀科學本質上不足以化約心靈現象，而是我們的認知功能無法發展出這樣的科學出來，但是，在本體世界中，或許還是存在有一個完全的客觀科學可以用來化約心靈現象，也就是說，在本體論的立場上，A 還是正確的。

⑭ 取消唯物論者丘琦南認為，人類數千年來發展出一套解釋心靈現象的理論稱為常民心理學（folk psychology），這個常民心理學形成一種概念架構（conceptual framework），而這個概念架構深深的和我們的日常語言融為一體，當我們學會語言，我們的認知習慣也就被這套常民心理學牽著走，這讓我們誤以為這些東西都是真實存在的，這樣的說明也同時用來反駁二元論者認為心靈現象不可被否認的主張，因為丘琦南解釋說，我們對心靈現象存在的強烈直覺來自於這種誤導。

不是從自己的觀點出發，而是從（想像中的）別人的觀點出發來看世界。另一個觀點自然就是第一人稱的主觀觀點（the first-person point of view）了，藉由這樣的一個觀點，我們認識內在的心靈世界以及作為知識基礎的感覺經驗。

從這個區別來看，物理論者相信第三人稱的觀點才能真正帶領我們認識本體世界，而第一人稱的觀點只能在認識本體世界中扮演著不重要的角色，因為物理論的目標是建立一絕對客觀的（完全揚棄主觀內容的）科學理論。取消唯物論者甚至認為必要時我們可以放棄第一人稱觀點中的所有主觀心靈現象性質。

顯然，二元論者主張兩個觀點都顯示了事實真相，實體二元論認為兩個觀點各自揭發了兩種不同的實體，而性質二元論則主張第三人稱觀點顯示出實體，而第一人稱觀點則顯示出存在的心靈現象性質。而這種性質的存在是無法否認的。

而唯心論以及海德格（Martin Heidegger）的現象學則完全放棄第三人稱觀點下的物理概念，純粹由主觀路線出發來重新詮釋所有的現象。所以，唯心論認為只有主觀的心是實體。若由海德格的主張來看那四個堅持，如果把 A 的客觀改成主觀，即使其它不變的情況下也比較符合海德格的世界觀，在這樣的世界觀下，知識與所有現象可以獲得統一，而且也可以解決心之不可化約性的問題（Heidegger 1926）。但是，卻可能放棄了目前有著卓越發展而且可信度最高的客觀科學。這個現象學思考方式在這個心物問題上較為接近唯心論，其也會面臨與唯心論類似的問題。而唯識論在這個觀點上，則會認為兩個觀點都無法發現實體，真正的實體阿賴耶識必須透過禪定的觀點才能發現。而禪定的觀點較為偏向主

觀一邊，所以從這角度來看也可以視其為某一種唯心論的主張。

不可知論者如馬格印（Colin McGinn）則主張心之不可化約性問題是不可能解決的，因為人類的認知功能無法解答這樣的問題。無論從第一人稱的觀點或第三人稱的觀點都無法發現物理概念和心靈概念的連結，因為沒有一種觀點可以同時窺見主觀與客觀性質。那麼，假設有個性質 P 可以連結主觀與客觀，我們根本沒有任何一種觀點可以真正掌握 P，所以，這個問題超出了人類的認知極限，而馬格印認為，這樣的結局沒什麼好驚訝的，演化出來的人腦有其極限，就像小猴子永遠無法了解量子力學一樣（McGinn 1991）。

他們的一個主要爭論點在於：心靈與物理現象的性質是不是自然現象性質？邱瑪斯認為我們不能否認心靈性質的存在，因為沒有比心靈性質更直接的知識了，這個說法類似笛卡兒的我思故我在，我們有著最強烈的直覺來肯定心靈性質的存在。但是，取消唯物論者卻可以解釋這樣的強烈直覺可能來自於人類語言發展上的誤導所產生的幻覺。但瑟爾卻指出，就算真的是幻覺，只要幻覺存在則心靈現象也還是存在⑮。然而，這種存在當然是存在我們的心裡而不見得是存在於客觀世界。我們是否要將這種存在方式當作本體事物呢？如果不行，我們又憑什麼主張只有第三人稱觀點下的東西才真正存在於本體世界？所以，真正的衝突點在於我們是否接受這兩個觀點所觀察到的事物與性質為本體存在物。而這個

---

⑮ 瑟爾（John Searle）雖然不認為自己是個二元論者，但他也呼應這個說法，他認為，心靈現象就算是如同取消唯物論者所說的一種幻覺，那麼它們便是不可否認的幻覺，而這已經足夠證實它們的存在地位了。請參閱 Searle, J. R.（1997）。

問題在某個層面上或許只是一個定義的問題。

我們由第一人稱的世界觀了解心靈概念，由第三人稱的世界觀了解物理概念，這兩種世界觀造成了心靈的不可化約性。如馬格印所言，這兩個世界觀都無法結合主觀與客觀，一旦我們同時使用這兩種世界觀來理解這個世界，則心之不可化約性就不能解除，則我們可能就要接受二元論或是不可知論的的主張。若要解除心之不可化約性問題，我們至少要修改或放棄一個觀點，甚至兩個觀點。

瑟爾和耐格主張，這兩個觀點之所以無法結合是因為他們都預設了主觀與客觀的絕對區隔。然而，這種主客的絕對區隔卻是錯的，我們首先必須打破這種區隔，然後用一種新的世界觀來重新理解心靈與物理現象。這就是我在本書所要特別強調的「概念革命」路線。

依照耐格的建議，打破這種區隔的方法是找出心靈與物質的必然關聯，如果心靈由物質所造成，那麼，這樣的必然關聯一定存在，雖然我們無法由現有的兩個觀點找到這個必然關聯，但是，只要我們「擴展」我們對心靈與產生心靈的物質的了解，我們至少會在理論上（而可能不是在概念上）發現它們的必然關聯，當這樣的必然關聯發現後，我們就可能發展出一個新的觀點來重新理解心靈和物質，那麼，在這樣的新觀點下，心之不可化約性將可能消失無蹤。耐格稱這樣的想法為擴展論（expansionism）（Nagel 1998; Searle 1992）。

針對這些學派的不同看法，我們可以將這爭論整理如下：

主要學派	立場
實體二元論	主張兩個觀點所觀察到的現象皆顯露出實體，因此世界存在有心與物兩種實體。
性質二元論	接受兩個觀點所觀察到的現象的性質皆有本體地位，以及接受心靈的不可化約性而主張，完全的科學應當分別建立於物理與心靈兩個方面。
物理論（尤其針對同一論與功能論）	主張藉由第三人稱觀點所掌握的物理概念或客觀科學來把握所有的自然現象，而我們應該將心靈現象化約為物理現象。
取消唯物論	堅持只由第三人稱的世界觀來理解本體世界，必要時可放棄第一人稱的觀點所看見的東西，包括心靈現象性質。也就是說，我們不需要將心靈現象化約為物理現象，因為心靈的主觀現象性質根本就不存在。
唯心論與現象學	主張放棄第三人稱的世界觀來理解這個世界，完全由第一人稱的觀點所看見的現象來重建本體論。
唯識論	主張兩個觀點看到的都不是實體，實體必須透過禪定的觀點才能觀察。
不可知論	接受兩種世界觀，但相信心靈與物質是同一種東西，這個不可化約性的存在顯示出人類認知能力的不足。

主要學派	立場
擴展論 （概念革命路線）	這兩種世界觀都有問題，或說都不足。他們實際上同意邱瑪斯的二元論認為心靈與物理現象性質都具有本體地位，也認為不可知論者的主張認為目前的兩種世界觀都無法解決心之不可化約性的問題，但是，他們卻不認為這兩種世界觀是人類僅有可能具備的世界觀，於是，耐格與瑟爾都認為，我們需要另一種能夠融合主客的世界觀來重新理解心靈與物質。整個問題來自於我們使用主觀客觀的絕對區隔的概念框架來理解整個問題，一旦我們可以破除這個區隔重建一個新的概念架構，讓主觀與客觀、心靈與物質彼此跨越過這層鴻溝互相聯繫，那麼，在這樣的概念架構下，心之不可化約性就會自動消失了。

　　在後面的章節中，我將詳細討論性質二元論、不可知論、取消唯物論等各種理論的優缺點，並且指出擴展論在理論上的各種優勢，以及論述為什麼思維的合理性是走向擴展論的概念革命路線的。以及在最後一章，我將嘗試提出概念革命的各種可能性。

第八章

性質二元論與不可知主義

　　在討論了唯物論所遇到的新心物問題之後，我們接下來要看看唯物論者如何面對這個新挑戰。在這之前，讓我們先回頭看看，在整個思考體系中我們是如何到達這裡的。

　　心靈哲學從笛卡兒的實體二元論所面臨的傳統心物問題開始分為三個主要的思考路線，第一是繼續相信實體二元論以及心物交互作用的笛卡兒支持者；第二個路線是相信實體二元論但反對心物交互作用的平行主義路線；第三則是放棄心物皆為實體的一元論觀點。而在這第三個路線中，又因支持的實體的不同而可分為唯心論與唯物論兩個思考方向。在這個思考路線上，雖然我們還不能斷定哪一個理論是正確的，而哪一個理論是錯誤的，但它們在理論的合理性與說服力上卻有所不同。基本上，唯物論較占優勢而成為當代思潮的主流。

　　在唯物論中首先有心物同一論的主張，認為心靈狀態就是大腦狀態。然而，由於我們認為心靈應該具有多重可實現性，這樣的想法讓功能論勝過同一論而成為最受歡迎的理論。然而，無論是同一論或是功能論都面臨了意識問題的挑戰。無論是用大腦狀態還是使用功能狀態都無法將心靈的主觀性質解釋完全，從另一個角度來看，心靈概念無法化約於物理概念。這個問題指出，無論心靈對應到的是大腦狀態或是功能狀態，它們都屬於客觀物質，而當我們企圖用某個客

觀物質針對心靈做一個化約性的解釋而想要對其有完全的說明時，這樣的企圖是必然要失敗的。

然而，許多科學家們其實只對心物在因果上的對應感興趣，而針對這種企圖對心靈做出完全的解釋這方面是沒有什麼興趣的，而且甚至覺得這是個庸人自擾的問題，這麼一來，這種針對主觀心靈的不可化約性問題就不會對這些科學家造成困擾。但其實這樣的科學研究會偏向只是實用性質的科學研究，但在探究事實真相方面則較為薄弱。如果我們希望能對心靈有一個完全的說明，我們就必須正視這個屬於意識的問題。

在心之不可化約性問題出現之後，唯物論者開始思考如何能夠解決這個問題，而面對此問題的主要路線則可以分為四個部份。第一是反對此心之不可化約性論證，主張心靈實際上是可以化約的，或是至少未來的客觀科學將可以化約。由於此路線在想像上都很難看到有任何希望，因為，只要科學繼續保持客觀路線，主觀事物將永遠無法被完全解釋。因此，本書將不針對此路線的各種論證再深入討論。當然，說不定未來的科學不會再完全依據客觀路線，如果是這樣，那這就會是一場概念革命，我把這個思考路線歸為另一個不同的路線。

第二個路線則是性質二元論，主張實體只有物，但性質卻有心與物兩個無法互相解釋的兩大部分。本章後面將深入討論這個路線。

第三則是取消唯物論，此路線主張那個無法化約的東西（也就是一般所稱呼的心靈或是意識）根本就是一種錯誤的認知所產生的事物，而這些事物實際上是不存在的。不存在的事物當然無法化約為存在的事物，所以，這個問題並不是

一個需要被解決的問題，或說這個問題根本只是一個假問題。這個理論將在下一章討論。

當前面這幾種路線遇到無法解決的困難之後，我們則需要第四個路線，這個路線在本書稱之為概念革命路線，此路線主張此心物問題需要一個新的概念甚至新的概念框架來重新理解心物，此路線以瑟爾的理論與耐格的擴展論為主要根源，但本書並不停留在他們的理論中而企圖從這個根源踏出去，後面將針對此路線做較多的討論與分析，以及提出可能的新概念作為一種嘗試。本章只針對性質二元論進行更深入的分析。

一、一種實體、兩種性質

在第二章所討論到的實體二元論將心與物當作是完全不同的實體。但性質二元論雖然也是二元論，但在評斷實體的觀點上卻是一種唯物論，認為物是唯一實體，但這樣實體卻產生出兩種彼此無法互相化約的性質——心與物。所以，性質二元論也稱之為兩面論（dual-aspects theory），認為心和物是一體的兩面，而這兩面是互相不可化約的。也就是說，性質二元論有兩個基本主張，第一個主張是心靈與其各種性質都是由物質的作用所產生。第二，這些心靈主觀性質卻無法由物質的性質所解釋（Chalmers 1996）。

性質二元論的這兩個主張都有很強的支持度，第一就是當代主流思想唯物論的主張，如前所述，當今腦神經科學的諸多證據可以支持心靈現象是由大腦的作用產生的，因為我們可以發現許多腦病變或是腦傷的病患在心靈的層次產生了變化，而且，不同部位的傷害造成不同的認知障礙與心靈現象的改變。我們甚至可以定位出一些特別的大腦區域相對於

某些心靈現象，而且除了感官知覺之外，我們也發現大腦的某些區域和某些化學物質（神經傳導物質）對情緒有很直接的關聯，例如，憂鬱症病患可以在補充像是血清素（Serotonin）等藥物後，讓情緒好轉。所以，主張心靈由大腦（物質）所產生的說法獲得科學上的強力支持。

　　第二個主張是關於心靈性質無法由物質（或物理）性質所解釋，這也就是所謂的心之不可化約性，而上一章已經討論過，這心之不可化約性獲得許多哲學論證的支持，例如，傑克森論證說，一個具有完全物理知識的人在親眼看見紅色之前仍舊無法知道當一個人看見紅色所產生的感官知覺是什麼。以不同的例子，耐格說，無論我們對蝙蝠的大腦有多了解，我們仍舊無法知道當一個蝙蝠感覺起來像是什麼樣子。另外，瑟爾的論證說，當我們主張，「痛」其實就是某某神經作用時，關於「痛」的最重要的意義（也就是感官感覺）被遺漏了。其他還有許多哲學論證像是，逆反感質與無心人論證也都支持這樣的主張。

　　所以，性質二元論的兩大基本主張可以說是匯集了目前最多的共識所產生的一個理論，而且，這樣的主張符合我們對心物二元的直覺，而且也解釋了為什麼心物可以有交互作用（因為其是同一個實體）。但是，如同實體二元論一般，只要是二元論都會遇到很大的麻煩，二元論的麻煩不會因為這個在唯物論上的妥協就遠離了，類似的問題會再次召來二元論的厄運。因為，我們仍舊可以問，心靈性質和物質性質有沒有任何危險關係？只要我們認同心物的交互作用，它們的關係是必然存在而且危險的，這種關係會再次讓我們難以站穩在二元論的山坡上。

二、共識大會師的性質二元論也有難處

　　性質二元論主張心物互動的關係不是在性質的層面而是在實體的層面，但是，因為心靈性質和物質性質都來自同一個實體，我們便可以藉由這層關係追問，為什麼同一個實體的東西產生了兩種完全不同的性質？而且，既然心靈性質由物理作用所產生，為什麼我們無法藉由對物理作用的了解來解釋心靈性質或心靈現象？如果心靈現象完全由物理作用所造成，或更精確的說，如果心靈現象在本體上根本就是物質的作用，那麼，我們只要能夠完全把握該物理作用，我們就應該可以在本體上完全把握心靈現象，然而，我們卻無法做到這點。為什麼會這樣呢？

　　由於性質二元論難以回答這些問題，那麼，讓我們思考一下還有什麼其他可能的解答來回答心之不可化約性的問題。當我們無法用物理概念化約心靈概念時，可能的解答有四個，第一就是否認心靈性質的存在，主張那些心靈不可化約的性質都沒有本體地位。這條路是把心靈現象當作是一種幻覺（Dennett 1991, p.406）或當作是一種因錯誤思考所導致的認知錯誤（Churchland 1981），如此一來，由於心靈性質根本不是真實的存在物，所以，我們無法用物質性質來解釋心靈性質就很合理了。這條路線稱為取消唯物論，意思是說，把（無法化約的）心靈現象或心靈性質從存在物的名單中取消劃掉，也就是主張（不可化約的）心靈不存在。這麼一來，二元論也就被瓦解而形成了物質一元論。此理論將在下一章討論。

　　第二個可能性是心靈現象在本體上不完全或根本不由物理作用所產生，而這條路卻帶領我們走回實體二元論，但卻

仍無法幫我們解決實體二元論的困難。

第三條路線主張將具有不可化約性的心靈現象當作一種物質的伴隨現象（epiphenomenon）或是將心靈性質當作一種浮現性質（emergent property），這個理論稱為伴隨現象論（epiphenomenalism），其主張心靈現象只是物質運作中產生的副產品，而這些副產品是不會反過來影響物質的。也就是說，在身心是否互相影響的問題中，伴隨現象論只接受物質影響心靈而不接受心靈影響物質。這樣的主張看起來似乎能夠解釋心靈的不可化約性又不須完全接受一元論（Jackson 1982; Kim 2000,p.18），但是，這種說法並不能說明心物之間的這種伴隨關係究竟是什麼以及如何形成的，只要我們進一步追問其關連並進而提出其從物質到心靈現象的過程，那麼，我們仍舊能夠找出其關連的地方，並藉此以物質重新理解心靈而轉化成一元論。而且，這理論和身心平行論一樣接受心物二元的直覺但卻拒絕了心靈對身體影響的更為明顯的直覺。這樣的做法也是難以令人心服的。因此，本書並不打算深入討論這個主張。

第四條路線則是主張，因為我們的認知能力有限，所以，我們才無法用物質性質來解釋心靈性質。這樣的觀點主張，我們的認知能力個別產生出關於心靈與物質的兩種概念，我們用概念來把握事物與累積知識，而這兩種概念彼此無法解釋，但是，這只是因為我們的認知能力有限，如果我們的認知能力可以擴大，那麼，我們就有可能用關於物質性質的概念來解釋關於心靈性質的概念了，這個說法似乎比較有說服力。也就是說，我們之所以認為心與物是一體的兩面，而且這兩面無法互相解釋，那是因為目前我們的認知能力不足，或是使用的概念有問題才導致這個心之不可化約

性。那麼，對一個未來人類，或是一個認知能力更強的外星人來說，心與物可以是完全相同的東西，而且不會有不可化約性的存在。

這樣的解釋很合理，可以幫性質二元論解釋剛剛遇到的那些問題，但是，當我們這麼主張的時候，這樣的理論就不再是性質二元論而形成了概念二元論（conceptual dualism）了。因為，性質二元論必須主張心與物的性質本質上就是互相無法化約的，並不是我們知識、認知、或概念方面的問題。但性質二元論難以解釋為什麼同一個事物會產生兩種完全不同的性質，為什麼更基礎的概念無法解釋較高階的概念。所以，從這角度來看，我們傾向於認為，概念二元論實際上比性質二元論更合理、更具說服力。而這樣的一個轉變也把意識的問題從一個本體問題轉換成一個知識上的問題。

三、概念二元論

當代哲學家拉賓（Joseph Levine）也接受關於心靈的不可化約性，他認為我們無法使用物理概念來取代或化約心靈概念，但問題是，這樣的不可化約性象徵什麼呢？性質二元論者邱瑪斯主張心之不可化約性顯示心靈與物理性質的不可化約性，換句話說，這個世界存在有兩種無法互相化約的性質，這是一個本體論上（ontological）的說法，意思是說，我們具有兩種無法互相解釋的對事物的認識，一是關於物質性質的，另一是關於心靈性質的，而這兩種認識都是針對本體事物的認識，所以在本體上有兩種彼此不能化約的性質同時存在。

然而，拉賓反對這樣的說法，他主張，心之不可化約性只能顯示我們有兩種彼此無法化約的概念或是知識，而這些

知識或概念不必然都能完全顯示本體上的事實，這句話的意思是說，這些知識或概念不見得是在談論真實的存在物或存在性質，即使它們真能（在某種程度上）指涉到真實存在物或性質，也不見得表示這些概念或知識完全掌握了心靈與物質現象，所以，拉賓使用「解釋的鴻溝」（explanatory gap）來描述心靈的不可化約性，也就是說，他主張心之不可化約性僅僅在我們的知識方面（epistemological）而不見得是在本體方面，我們無法用物理概念來化約心靈概念是因為我們目前對心靈與物質的理解間有著解釋的鴻溝，以致於我們無法用其中一個去解釋另一個①。

　　性質二元論難以回答為什麼相同的實體會產生兩種完全不同而且在本質上無法互相解釋的性質，但是，概念二元論卻很容易解釋這樣的現象，答案是：「我們的認知能力有問題，心靈性質與物理性質並非沒有關連，只不過依據我們目前對它們的認識來說，我們無法掌握它們之間的關聯。」也就是說，兩者的不可化約性並不存在於心物的自然本性上，而只存在於我們對它們的認識上。這樣的認識或者是不足，或者是錯誤的，總之，問題是在知識層面而非本體層面。

---

① 拉賓的說法請參考 Levine（1983）。而邱瑪斯（Chalmers 1996）在這個問題上反駁說，知識上的可能性必然導致本體上的可能性（epistemological possibility is sufficient for metaphysical possibility），這意思是說，如果不可化約的心靈知識或概念是可能的，那麼，實際上存在這樣的東西就是可能的。他用這樣的爭議把拉賓所謂的解釋的鴻溝推廣變成性質二元論的主張，關於這個說法引發了相當大的爭議，有興趣請參考 Loar（1999），他主張概念的可能性不必然對應於本體的可能性（Conceptual possibility does not necessarily correspond to ontological possibility），而 Yablo（1999）主張，雖然我們可以用概念的可想像性（conceptual conceivability）來了解這個世界，但本體的可能性不是關於我們如何了解這個世界，而是關於世界是什麼。而邱瑪斯的再反駁請參考（Chalmers & Jackson 2001），以及其他相關討論在（Levine 2001）。

舉一個例子來說，「能量」和「質量」過去是兩種完全不同的概念，如果有人企圖想要化約這兩者，我們會發現，這根本就是辦不到的事情。然而，藉由愛因斯坦的 $E=MC^2$（能量=質量乘以光速的平方）這個公式的發現，我們發現原來能量和質量是可以互換的，這樣的一個新的認識讓我們了解「質」與「能」原來是同一事物的不同展現。當我們補足了這樣的認識之後，它們之間的不可化約性就不再存在了。也就是說，當我們認為能量和質量彼此無法化約時，問題並不在於質量與能量的本性，而是在於我們對其認識的不足。只要認識夠了或是概念轉變了，原本的不可化約性問題就會自動消失了。

　　因此，概念二元論的這個解釋就不需面對性質二元論的困難，不需要回答為什麼製造心靈性質的物質無法用來解釋被製造出來的心靈，因為，它們本質上應該是可以解釋的、可以化約的，但由於我們的概念有問題才導致這個現象。這樣的解釋就合理的多了，而且會遇到的困難較少，尤其針對人類在心靈方面的知識與概念的形成過程中，並沒有一個很好的根據，所以，若會發生錯誤也是理所當然的，這個部份在下一章討論取消唯物論以及第十章討論心靈在因果上的不可化約性問題時會再深入分析。而且，不僅對心靈的認識是如此，對物質的認識也很可能是這樣，這個部份已經在第四章討論唯物論與科學時討論過。

　　所以，從這樣的思考角度來看，若要解決這個心之不可化約性問題，我們要努力的是改造我們的概念，只要我們能夠找到適當的概念（甚至整個概念框架），我們就可以重新理解心靈與物質，而在新概念的理解下，心之不可化約性問題將會消失，這也就是第十章將討論的擴展論的主張。而由

於這樣的概念改造不可能在局部改造下就能夠成功，因為如果這麼簡單的話，我們很容易就可以想像該如何做到這點，但實際上，目前根本很難思考要如何做這樣的概念改造。所以，我們需要的是一場概念革命。而這就是本書的主張，也是從擴展論為基礎而來的觀點，也是本書想做的嘗試。

然而，在從概念二元論到概念革命的思考路線上，我們首先會遇到的一個難題是，這樣的概念革命是否可能呢？當代美國哲學家馬格印（Colin McGinn）提出論證來主張，這個企圖實際上超過人類認知的基本能力，是不可能達成的目標。如果馬格印是對的，那麼，這個心之不可化約性問題將在這裡被終結，因為我們已經走到了理智的盡頭，前方已無法突破。然而，如果他不一定對，我們就還有機會嘗試看看能否找出突破的契機。下一節，我們來討論馬格印的論證。

四、不可知主義

馬格印主張人類的認知能力有限而無法解決心物化約的問題[2]。雖然馬格印相信客觀的物理概念和主觀的心靈概念都指設到真實的存在現象，而且他也同時主張，物質才是世界的基本存在物，而心靈是由物質所構成的。既然心靈現象來自物質作用，那麼，為什麼我們無法用物質性質徹底解釋心靈現象呢？他認為，那是因為我們的認知功能並不完美而且有其極限，我們的大腦無法發展出能夠橫跨「解釋的鴻溝」的理論，我們永遠無法知道物質是如何造就心靈的，人類大腦的認知功能無法得出該問題的解答，甚至，馬格印認為，即使當解答攤在我們面前時，我們也無法理解它。

② McGinn（1991, p.21）。

這似乎是很奇特的一種說法，但是，馬格印解釋說，這樣的看法其實是很合理的，我們經常都只看到我們的大腦有多麼了不起，但是，卻很少人注意到其實大腦也是有其極限的。依據演化論，人的大腦和猴子的大腦都是演化的產物，猴子的大腦功能無法用來了解量子力學，既然猴子的大腦有其極限，為什麼人類的大腦沒有極限呢？既然我們的認知功能有其極限，那麼，當我們發現有個無法解決的問題存在時，我們並不需要覺得那有什麼好奇怪的。

　　接著，馬格印論證為什麼我們無法解決這個心之不可化約性的問題。他說，假設有一個性質 P 是用來解釋大腦如何產生心靈的關鍵特性。那麼，性質 P 就是大腦運作和心靈現象的連接點，也就是說，性質 P 同時包括有大腦功能和心靈的現象，如果我們可以完全了解這個性質 P，那麼，我們就可以解決這個解釋的鴻溝，否則，這個心物問題就會成為永遠的謎。

　　那麼，我們是否可能完全了解這個性質 P 呢？馬格印認為，要完全認識這個性質 P 超過了人類的認知能力。因為，如果我們用客觀觀點看這個性質 P 則我們看不到性質 P 的全部，因為客觀觀點見不到主觀心靈性質，反之，如果我們用主觀觀點看性質 P，我們也看不到性質 P 的全部，因為在內心世界的反思能力（或所謂的直覺）不可能觀察大腦現象，所以我們的主觀觀點也無法觀察客觀的大腦運作。那麼，我們根本無法掌握性質 P 這個了解心與腦交接的關鍵性質，這麼一來，我們根本不可能了解心靈是如何被大腦產生的。所以，馬格印說，這個問題是永遠的謎，它超越了人類的認知極限。

　　然而，馬格印的論證有個隱藏前提，他預設主觀與客觀

觀點是我們僅有的觀點，我們不可能用其他的觀點重新理解心靈與物質。基於這樣的假設他的論證才能成立。但從瑟爾與耐格對心之不可化約性問題的分析來說，這兩個觀點都預設了主客的絕對區隔，而這個區隔卻是錯誤的區隔③。尤其耐格所提出的擴展論就是企圖找出破除這種絕對區隔的新觀點，然後再用這樣的新觀點發展出新的概念來解決這種心靈概念的不可化約性問題④。這也是本書所討論到的概念革命路線的起點。雖然，耐格無法證實這樣的新觀點的確是可以被人類發展出來的，但是馬格印也無法證實人類無法發展出這樣的新觀點。然而，無論耐格的說法是否辦得到，馬格印與拉賓的論證的確可以指出當今心靈與物理概念的不可化約性。也就是說，雖然這不見得是人類的認知極限，但依據目前的心靈與物理概念，它們是互相不可化約的。

　　這個概念上的不可化約性由拉賓的用詞來說就是在我們對心靈與物質的解釋與理解中存在有一個無法跨越的鴻溝，而概念又堆積成知識，如此一來，人類知識與概念就被區分成心靈與物質兩大部份彼此無法互相解釋。這個說法主張我們對心靈與物質的知識是分別建立起來的，其否定了心靈知識與物理知識具有可互相交流性。當然，這個無法跨越的鴻溝只是針對心靈的不可化約性質來說的，所以在這裡所說的心靈知識也只是針對像是感質、情緒等的主觀心靈現象來說。我們有些心靈知識或心靈概念的內容是建立在客觀的觀點上，只要不涉及主觀的心靈感質或情緒就幾乎不會有解釋的鴻溝的問題。

---

③ Nagel (1998); Searle (1992, 1998)。
④ 請參考冀劍制（2006, p.161）。

但即使是如此，我們仍然會遇見兩個問題需要重新思考，第一是我們憑什麼主張這些不可化約的心靈性質由物質所構成呢？我們藉由心靈與物理知識和概念的運用主張心靈由大腦生產出來，如果這兩種用來推理的知識來自完全不同的地方又無法交流，我們如何肯定它們來自於相同的實體？雖然我們或許可以藉由腦神經科學上的研究發現大腦變化可以對應於心靈的變化，也就是說，當我們觀察到大腦產生某種變化 X 時，心靈始終有著 Y 的變化，那麼，我們或許會說，X 產生 Y。然而，由於概念的不可化約性，我們卻永遠無法解釋為什麼 X 會產生 Y 以及 X 如何產生 Y。如果我們無法將這兩種變化結合起來，那麼，我們所觀察的只能算是一種經常性的同時出現的對應關係而不能使用因果關聯來說明大腦和心靈的運作，若要加諸因果關連到心靈與大腦上，我們至少也要有一個為什麼 X 會產生 Y 以及如何產生 Y 的因果說明，但概念的不可化約性否決了這個可能性，而這樣的否決也同時讓我們難以賦予它們因果關連。

　　這麼一來，我們也沒有充分的理由主張心靈由大腦運作所產生。當我們認同了我們對心靈的理解和對物質的理解有個不可跨越的鴻溝之後，連帶關於心靈與物質屬於相同實體的說法也有成立的困難了。所以，從這樣的問題反思，或許我們也可以嘗試尋找如何讓實體二元論在合理性上有所突破而能重新站上思考主流的路線，但在這之前，我們仍須依據目前最具說服力的唯物論來探索。

　　第二個問題是如果我們的心靈知識和物理知識都來自於同一個本體事實，那麼，為什麼它們會無法互相解釋？這似乎只能解釋說，我們對心物的認識是錯誤的或至少是不充分的，這麼一來，這樣的二元論來自於錯誤或不充分的知識，

那麼我們便可以稱呼這樣的二元論為「錯誤概念二元論」或「不充分概念二元論」，由這名稱來看，我們就很容易的可以推斷，這種二元論在對本體真相的顯示方面是沒有什麼幫助的。

　　除了以上所說的與心靈哲學相關的二元論之外，另有一種著名的心物二元論可稱為述詞二元論（predicate dualism）或稱為原則二元論，這種二元論是藉由我們在第五章討論到的心物在充分與必要條件結構上的不同來說的。其主張物理概念（或只針對述詞概念）基本上可用充分及必要條件來把握，而心靈概念（或述詞）像是相信、痛和喜歡等卻無法用充分及必要條件來把握，這樣的情況也造成它們彼此化約的困難。這種二元論主要由戴維森（Donald Davidson）⑤所提出，他稱其理論為不規則一元論（anomalous monism），也就是說，這個二元論的主張只是在述詞規則方面，而在實體層面屬於一元論，這樣的理論和性質二元論以及概念二元論有著類似的困難，既然在本體上物質和心靈是相同的東西，為什麼會有不同的運作方式？唯一的解釋仍舊是因為我們用不同的認知方式去把握它們，所以，這種二元論也可以視同為一種概念二元論，雖然概念二元論本身沒有回答任何關於本體事物的問題，但其發現了心物概念的問題，而概念二元論的成立也引導我們思考一個概念革命的可能性。

　　下面兩章將會更近一步的提出心物概念的問題，而由此導向支持主張心物概念都有問題而我們需要新概念的擴展論。最後一章則是概念革命的說明與嘗試。

---

⑤ Davidson (1971; 1974)。

第九章

取消唯物論、概念框架與革命前夕

　　在上一個章節所討論的性質二元論看起來是一個很怪異的理論，而且從其理論的合理性來說，我們的「直覺」會認為其不太合理。因為，如同上一章我們嘗試問的一個問題：「既然心靈性質由物質所造成，為何物質無法用來解釋心靈性質呢？」從這問題來看，我們可能會覺得性質二元論有很嚴重的問題。而且如果我們說，心物的本質就是如此，那不合理的感覺就更嚴重了，所以，我們傾向於認為其並非本質如此，而是我們對心靈與物質的認知上出了問題才導致這種心物無法互相解釋的情況。所以，我們從性質二元論轉向了概念二元論。

　　然而，如果我們感興趣的問題是關於事物的本質，而不是我們對這些事物的認識，那麼，概念二元論還是無法取代性質二元論的。當我們要重新評估性質二元論時，我們可以深入問一個問題，「為何事物的本質不應該如此呢？」假設某物 A 是由某物 B 所造成，而 B 卻無法用來說明 A，這有何不可？我們可以說直覺上不太合理，但是，這直覺從哪來的？不合理的理由是什麼？如果事物本性就是如此，那這對我們現有的關於事物本質的知識會產生什麼樣的挑戰嗎？似乎也沒有什麼大不了的問題。我們或許只能很不甘願的說，

這樣的解答無法滿足我們對事物的好奇心，我們總是希望事情可以有所解決的。而性質二元論無法讓我們滿足對事物認識的期待。因為，我們總是希望所有事物可以從最根源的基本存在物的性質來獲得解釋。所以，性質二元論在這個問題上也不能說是遇到了什麼樣理論的困難，這比較像是我們傾向於不太喜歡這樣的理論結果。當然，性質二元論也難以更進一步的證明心物的本質的確如此，否則，我們也只好接受這個不完美的結局了。

在哲學上，一個奇怪的理論背後通常會有一個特別的難題，哲學家們為了解決那個難題而發展出一些奇特的理論。①當我們面對唯物論的強大合理性以及心之不可化約性問題時，我們自然會覺得性質二元論才是最合理的理論。這是理智思考超越情緒思考的作用所產生的結論。所以，當我們回到純粹理智的思考來評估，我們會發現，性質二元論這個奇怪的理論其實還蠻合理的，而且其說服力至少高過之前討論到的各種理論。

所以，當哲學上出現了某些理論乍聽之下很離譜、難以接受、一看就覺得是錯的、可笑的等等這樣的感覺時，它通常背後有個重要的難題，而這重要的難題可能已經把所有乍看之下很可以接受的理論全部推翻了，或者至少讓那些理論

---

① 例如，古希臘哲學家柏拉圖認為真實的世界不是在這個我們活著的世界，而是在我們出生之前所生活的世界。這是一個很奇怪的理論，但這理論背後也有個很特別的問題，當時人們認為學習抽象概念是不可能的，以「圓形」來說，我們都沒見過完美的圓形，但是我們卻知道什麼是完美的圓形，所以，由於當時認為沒見過的就不可能學的會，因此，我們自然推理出，我們所學會的「圓形」的概念是與生俱來的。那麼，我們一定是在生前的世界看過完美的圓形所以學會了這個概念。這麼一來，生前的世界也就比現在活著的世界更加完美了，而且也就會更加真實，所以，真實世界是在我們生前所居住的世界。

都已經難以招架了，當這種情況出現時，哲學家們放棄現有的習慣性思維，開始進入未開發的思維世界探險，當找到一個或許看起來在理智上更加合理的解答時，對我們這些還處在舊有習慣性思考的人們來說，這個理論乍看之下會讓我們產生荒唐、可笑、甚至莫名奇妙的感覺。但請先放下手上的思維包袱，順著新思路走下去，它或許會引導你走進另一個思維世界，在那邊，你或許會發現一些很不一樣的觀點。

性質二元論已經算是有點奇怪的理論，但現在要端上菜的，更是一個這樣的理論，它更奇怪、匪夷所思、乍看之下更加離譜，它就是「取消唯物論」。它主張，心靈（或甚至意識）根本就不存在。

一、取消唯物論：一個大膽的創見

取消唯物論是一種唯物論，因此，也主張世界上真實的存在物就只有物質，所有的東西都是由物質所構成，而對物質的了解就是對世界的了解，世上所有的東西都可以由物質性質來解釋，因此，物理概念可以用來解釋一切存在事物。然而，由於心之不可化約性論證指出，心靈無法由物理概念來解釋清楚，因此，所有的唯物論都必須面對心之不可化約性的問題。取消唯物論也不例外。

在面對心之不可化約性問題時，取消唯物論最能顯示出其與其他唯物論不同的地方，因為，這個理論也和性質二元論一樣，可以說是被這個心之不可化約性問題逼出來的。

一般稱之為物理論（尤其是同一論）的唯物論基本上接受心靈的存在（但非實體）而且主張心靈是可以化約的，也就是說，物理論認為心靈是可以化約的，或精確的說，物理論認為最終物理概念將可以完全解釋心靈概念。但這樣的主

張必須能夠駁斥或克服從當代哲學家傑克森、耐格、和瑟爾所提出的心之不可化約性論證，而這條路線真的連想像都很困難達成。即使寄望未來物理學，我們甚至也很難想像未來物理學在怎樣的轉變下，可以解決這個問題。因為，只要物理學堅守客觀路線，它基本上就無法解決這個問題。

取消唯物論在這個關鍵點上走不同的路，它不像同一論與功能論必須去反對心靈具有不可化約性，反過來，它接受心靈的不可化約性，同意心靈無法化約為物質，但取消唯物論者認為心之不可化約性問題並不在於我們的物理概念與物理知識有任何問題或不足的地方，真正的問題是在於我們對心靈的認識是有問題的。取消唯物論主張不可化約的心靈現象根本只是幻覺或說是錯誤的知識所造成的假象。也因化約的對象是不存在的事物，所以，心靈的不可化約性問題根本就是一個不需被解決而只需要被解消移除的問題。也就是說，在這樣的主張下，取消唯物論便不需要面對心之不可化約性論證的挑戰，但卻必須提出合理的解釋為什麼這麼清楚明白的心靈現象竟然不具有任何本體地位。[2]

所以，取消唯物論的「取消」（eliminate）兩個字不是要把唯物論取消，而是要把無法化約的心靈性質取消，所以，取消唯物論的真正意思是說，把某些心靈性質取消的唯物論。簡單的說，取消唯物論主張心靈不存在。所以，我們之所以無法化約心靈現象是因為那些無法化約的心靈性質根本就不存在，取消唯物論主要代表人物之一的丘琦南（Paul

---

② 不具有本體地位（ontological status）的意思簡單的是說就是不存在。但不存在的說法比較含糊，例如，幻覺存在嗎？這或許會有所爭議。而精確的來說，本體世界指的是真實存在於世界上的實體世界，而在這樣的本體世界具有一席之地者可稱之為具有本體地位。

Churchland）認為我們使用了幾千年的錯誤概念框架（conceptual framework）深深的融入在我們的語言與思想中，而這個錯誤的概念框架則讓我們誤以為這些無法被客觀科學所化約的心靈性質是存在的。

這種說法類似休莫（David Hume, 1711-1776）對因果關係的懷疑。雖然我們強烈的以為因果關係的存在，但我們根本沒有證據證明它的存在，我們只不過使用因果關係的思考習慣來理解事物，這種思考習慣深深融入我們的語言與思想系統中讓我們難以想像因果關係不存在，說不定它真的不存在。

對取消唯物論者來說，解決心之不可化約性的方法就是把這些心靈性質從存在事物的名單中劃掉，讓客觀科學從新建立起完全掌握本體世界的任務。然而，事實上，說心靈不存在是容易引起誤解的。取消唯物論所反對的是不可化約的心靈性質的存在，並不是所有的心靈性質都無法被客觀科學所解釋。例如，心靈有認識事物的功能，可以記憶，可以推理等等，這樣的功能基本上是可以被客觀科學解釋的，取消唯物論並不必然要否認這些東西的存在。相反的，對於之前提到的心之不可化約性的一些心靈性質像是痛的痛感、紅的紅感以及像是「信念」（belief）和「慾望」（desire）等等心靈現象，我們無法用客觀科學徹底的分析這些心靈性質，於是產生了許多問題，而取消唯物論企圖藉由否認這些東西的存在來解決這個心之不可化約性的問題。所以，與其說取消唯物論主張心靈不存在倒不如說其主張的是意識不存在。或更精確的說，其主張，我們用以描述那些具有不可化約性質的意識現象的概念實際上無法指涉到真實存在的事物。既然他們不是真實存在的事物，也就沒什麼好化約的了。

二、語言的開始就立下了錯誤的心靈理論

取消唯物論聽起來是個很荒唐的理論，這是因為它很不符合我們的直覺，心靈或是意識怎麼可能會是不存在的呢？我們如何能夠否認這種清楚明白的呈現在我們眼前的這些主觀的心靈性質的存在呢？就像邱瑪斯（Chalmers）所說，這似乎是完全違反我們的直覺的③。但是，直覺真的這麼重要嗎？其實，有許多清楚明白的直覺還是可能是錯的，例如，直覺告訴我們這個世界是三次元空間世界，但是，相對論卻證明這實際上是四次元等等。直覺其實不是完全可以依賴的，只要有理論可以合理的解釋我們為什麼有這個「錯誤的」直覺的話，那麼，直覺的說法還是可以被推翻的。

取消唯物論者丹尼特（Dennett, D.）主張，這些無法被客觀科學化約的心靈性質（或也稱為「心靈感質」④）只是一種幻覺，他們實際上並不存在於世界上，所以，當我們企圖建構一個完全的科學時，我們可以將之忽略（Dennett 1991）。但是，這樣的說法受到瑟爾的駁斥，瑟爾說，「如果這些心靈感質只是幻覺，那麼這樣的幻覺存在於心靈裡面，而客觀科學無法解釋這些幻覺的存在，那麼，心之不可化約性還是存在」⑤。

表面上來看，瑟爾這個說法或許可以駁斥丹尼特的幻覺主張，但是，對另一個取消唯物論者丘琦南來說，「幻覺」

---

③ Chalmers (1996)。

④ 「心靈感質」有時也簡單的譯為「感質」，相對於英文的 qualia，專指那些感官知覺的內心感受，以痛為例，讓你知道你正在經驗痛的那個感覺就是痛的感質。

⑤ Searle, J. (1998, p.56)。

兩個字很明顯的不適用，因為幻覺一詞並不一定要解釋成一種真實的感官知覺，「幻覺」這個詞可以解釋成一種錯誤的知識。其實，幻覺這樣的說法很容易引起誤解，以取消唯物論者丘琦南的說法為例，更好的解讀應該是說，我們對心靈與意識的諸多了解是建立在錯誤的理論之上，而依據這些理論所了解的心靈與意識，卻無法在本體世界找到對應的存在物，因此，我們可以說這些心靈與意識的許多相關概念所描述的事物是不存在的。這樣的說法就比較不會讓我們在直覺上感到很難接受。

丘琦南主張，人類數千年來發展出一套解釋心靈現象的理論稱為「常民心理學」（folk psychology），這個常民心理學形成一種概念框架，而這個概念框架深深的和我們的日常語言融為一體，當我們學會語言，我們的認知習慣也就被這套常民心理學牽著走，這讓我們誤以為這些東西都是真實存在的，這樣的說明也同時用來反駁二元論者認為心靈現象不可被否認的主張，因為丘琦南解釋說，我們對心靈現象存在的強烈直覺來自於這種誤導。

我們的語言系統誤導我們相信這些心靈的不可化約性質的存在，在人類歷史上，人們長期認同這些心靈現象的存在，而且使用這樣的想法解讀人類行為，這樣的理解方式形成一套常民心理學，我們都習以為常的陷在這種常民心理學裡面而不自知，例如，我們用怕痛來解釋某些人類避免受傷的行為，用怕死來解釋某些人不敢從高空跳下，但是，卻又用不同的理由解釋為什麼有些人不怕玩高空彈跳，又為什麼有些人喜歡做一些危險的舉動，又為什麼有人自殺等等。這整個解釋系統雜亂無章，並且經常預測錯誤，但大家卻習以為常。這個現象說明了這種常民心理學不僅大有問題，而且

還深深的影響人們的思考，我們不僅用這套方法解釋別人的行為，我們也同時使用這樣的方法解讀自己的行為，久而久之，我們視其為理所當然，當我們有一天看到有人宣稱這套常民心理學大有問題時，我們或許會一時無法接受，進而當我們看到有人宣稱心靈感質不存在時，我們馬上覺得這荒謬可笑，但是，如果問你為什麼這樣的主張荒謬可笑，你可能答不出來，或者，你最多回答這樣的說法違反基本直覺，但是，問你為什麼這個基本直覺應該是對的，你可能找不出理由來，若再問你你真能肯定這些心靈感質確實不是一種錯誤認知造成的直覺嗎？或許你無法再堅持了。當然，一定有些跟心靈有關的東西存在著，否認心靈與意識的存在並不是全盤否認原本認為有心靈與意識存在的地方空無一物，而是說，我們用來理解這些心靈與意識各種現象的概念是錯誤的，因而使得這些概念無法指涉到真實存在的事物。那麼，我們先來看看取消唯物論的論證。

　　丘琦南的論證可以算是取消唯物論的中心論證，而本文也是針對他的論證來討論，首先，我們可以將丘琦南的論證簡化如下：⑥

1. 常民心理學是個理論。

2. 常民心理學是個錯誤的理論。

3. 常民心理學的整個系統誤導我們對內心世界的把握。藉由常民心理學所形成的關於心靈現象的概念都是一種誤導。所以，我們必須將之全盤放棄，而用其他的學科來取代對心靈的了解和解釋。

4. 腦神經科學適合於用來作為解釋心靈的科學，所以，

⑥ (Churchland 1981)。

我們應以腦神經科學取代常民心理學。

在這個論證中首先主張常民心理學實際上是一個像其他理論一般的東西，[7]在與其它在歷史上被取消的理論做類比而主張其也應被取消。那麼，我們先來看看一個在科學史上被取消的理論。

過去科學家們主張「燃素」（phlogiston）的存在。燃素可以用來解釋燃燒現象。這個理論假設燃燒現象和一種物質有關，這種物質就叫做「燃素」。燃素的假設可以用來合理的說明許多現象，例如，為什麼有些東西不會完全燃燒完畢。當木材燒起來後，總是會有餘下的殘渣沒有被燒掉，如果木材是可以燃燒的，為什麼只燒了部分而另外有些部分沒有燒掉呢？許多的東西都有這樣的燃燒不全的現象，而燃素的假設可以用來解釋這樣的現象。我們假設這些物質是由一些燃素與非燃素組成，當燃燒時，只有燃素會被燒掉（燃燒使某物體釋放出燃素），而非燃素的物質會餘留下來。[8]這樣的理論對我們所觀察到的現象有很強的解釋力，但是有一個很大的缺點是，我們沒有證據證明燃素這種「物質」的存在。後來，當我們更能夠分析一個物質的化學組成成分之後，我們發現根本沒有燃素這種東西，或者，也可以說，有很多各式各樣的燃素，也就是說，有許多物質是可燃的，但燃燒的過程產生氧化現象，經氧化之後的這些物質可能因為

---

⑦ 針對這個主張的更多討論起參考(Davies 1994); (Ravenscroft 2003)。

⑧ 燃素理論由史塔（G. Stahl, 1730）在十八世紀所建立起來的。這理論不僅用來解釋燃燒現象也用來解釋金屬的氧化現象，史塔認為，金屬礦石在被木柴燃燒加熱時，從木材離開的燃素和金屬礦石混合而形成金屬（所以燃素理論認為金屬是化合物而礦石才是純的物質），而金屬在空氣中會自然損耗燃素而產生生鏽的現象，後來被拉瓦錫（Lavoisier, 1789）的氧化理論所取代。

難以再氧化而無法再繼續。這也能夠解釋為什麼一個可燃的物體不會全部燒盡。因此，當代的燃燒理論就使用「可燃物」等概念來取代「燃素」。這樣的取代就把燃素這個詞給完全取消，而燃素也就從原本被認為存在的物質變成不具有任何本體地位的東西了。

取消唯物論基本上就是採取這樣的立場主張那些無法被客觀概念解釋的心靈詞彙像是「相信」、「痛」和「喜歡」等等就像燃素一樣不存在。我們不需要企圖去化約它們，而必須去取消這些錯誤的概念。那麼，心之不可化約性問題就不再困擾我們。

這是一個很聰明又有創意的嘗試，問題在於「燃素」和「相信」真的可以放在一起比較嗎？讓我們來嘗試反駁一下這個類比。首先，我們假設有燃素的存在來解釋燃燒現象，但是，我們是否是假設有相信這種心理現象的存在來解釋某些心靈現象？相信這個現象是一個假設嗎？或者，其實它根本就是一個需要被解釋的現象？那麼，痛這樣的心理現象又如何？痛是假設的理論概念或是真實存在的現象？難道如果我們生來就沒學過關於痛的語言我們就不會痛了嗎？我們或許會發展出錯誤的理論來解釋痛的發生，但是，這些心靈現象卻似乎是需要被解釋的，而不是為了解釋某些東西而發明的。也就是說，用燃素來類比心靈概念似乎是不恰當的。我們為了解釋燃燒現象而假設燃素的存在，當這個理論無法成立時，這種因為發展理論而假設的東西自然就不再被主張其存在性了。但是，心靈概念卻不是如此，他們本身似乎就是需要被解釋的現象，而不是假設的理論概念。

上面的這個反駁其實完全沒有打擊到取消唯物論，因為，取消唯物論對我們的直覺提出質疑。我們為什麼認為那

些心靈詞彙所指涉的東西是實際存在的現象呢？因為我們早已習慣常民心理學的思考方式，我們用常民心理學理解自己與別人的心靈活動，然後當我們自省時，我們便發現了這些東西，所以我們認為那些被心靈詞彙指設的現象是存在的。這種反駁方式是去否認常民心理學是一個理論，而論證主張常民心理學事實上是對現象的描述，這也就是質疑丘琦南論證的第一個前提。如果這個質疑是對的，那麼，那些不可化約的心靈現象就不能被取消了。另外，也有人接受常民心理學是一個理論但否認其為錯誤的理論，如果，常民心理學是正確的，那麼，那些不可化約的心靈詞彙也不能被取消了。

　　然而，這些反駁事實上都有一個謬誤的危險，因為只要我們訴諸（含有常民心理學的）語言的直覺或語言來論證這些心靈詞彙所指設的現象存在時，對取消唯物論來說，我們就可能犯了一個循環支持的謬誤，因為我們在論證心靈現象的本體地位前已經預設了它們的存在。如此一來，取消唯物論可以有如下的附加論證來駁斥所有這些反駁：

　　　　因常民心理學已經根深蒂固的附著在我們的語言中，當我們使用語言去論證常民心理學所使用的心靈詞彙的指涉是真實存在的時候，我們便犯了一個循環支持的謬誤，因為我們所要論證的已經預設在我們的前提之中。

　　因為取消唯物論主張常民心理學根深蒂固的附著在我們的語言中，所以我們使用心靈詞彙（或常民心理學）時，無可避免的將那些假設存在的東西當作真實存在的現象。所以，依賴於這種語言的直覺與論證是不能用在駁斥丘琦南的論證的。那麼，我們如何可能論證它的對錯呢？若想反駁丘

琦南的論證似乎是很困難的。由下面的例子我們可以看到其困難度。

　　想像一個情景，如果我們發現一個叫做約翰的人，他沒有學過語言而且孤獨的生活在海島上，依據丘琦南的論證，由於心靈詞彙像是「相信」或「想要」等所指涉的心靈現象實際上並不存在，我們相信這些心靈活動的存在是因為我們被語言及概念框架所誤導，那麼，約翰既然孤獨的生長在海島並且沒學過語言，那麼，他就沒有被誤導，所以他不會有「相信」以及「想要」等心靈活動。然而，如果他沒有「相信」這樣的心理現象，則他就不會相信「如果不吃會死」，如果他沒有「想要」這樣的心理現象，則他不會「想」吃東西，那麼，這個人很快就會餓死了。如果約翰能夠存活下來，那麼，這樣的證據是否就能夠否證丘琦南的取消唯物論論證呢？

　　事實上，這樣的證據對丘琦南的論證是無用的，因為，我們還是使用常民心理學來解釋約翰的行為，我們使用「相信」和「想要」等常民心理學詞彙來解讀約翰的存活，我們用這方法來論證那些心靈現象的存在還是一種循環支持的謬誤。我們還是無法確知約翰是否有那些如常民心理學詞彙所描訴的心靈現象，約翰或許知道，但是因為他不會語言，所以無法告訴我們。

　　那麼，如果我們讓約翰生存二十年後，我們教他語言，然後要求他想想過去他不會語言的時候是不是有那些心靈現象。我猜想，如果我們真的這麼做，約翰會告訴我們，「是的，我過去的確有『相信』和『想要』等心靈現象」。其實，就算約翰真的這麼說，我們也無法就這麼論證出這些心靈現象的存在。因為，如果丘琦南是對的，常民心理學根深

蒂固的附著在語言中，當一個人學會語言後，自然而然的就學會了這種常民心理學的思考框架，然後他再用這套思考框架來解讀自己記憶中的心理現象，那麼，他當然就以為那些被常民心理學詞彙所描訴的東西是真實的存在現象了，這麼一來，他還是先經由學習常民心理學來假設這些現象的存在之後論證其存在，這樣的論證還是循環支持的謬誤。

由此可以看出，取消唯物論雖然在某些方面不符合我們的直覺，但其在理論上卻是很合理的，而且難以駁斥。那麼，我們在看看取消唯物論還有什麼優勢。

三、取消唯物論的優勢與反思

前面討論過，唯物論是當今所有世界觀中最具有說服力的觀點，目前的科學發展基本上是沿著唯物論的預設在進行，而這進行的過程到目前為止雖不能說很完美但卻還算順利，而且人們也目睹了科學發展的強大力量，因此，唯物論基本上還是最有說服力的世界觀，取消唯物論在這個方面可以說是堅持了目前最具有說服力的世界觀。

而且，當唯物論面臨心之不可化約性問題的挑戰時，取消唯物論由於否認具有不可化約性質的心靈與意識的存在，所以其可以應付不可化約性問題，並提出一個合理的解釋來說明為何這些具有不可化約性質的東西是不存在的。也就是說，在理論上，如果取消唯物論對常民心理學的駁斥是正確的，那麼，我們幾乎可以說，它就是我們要尋找的關於心靈與意識的最佳理論了。然而，如同上一節的討論與分析，這個駁斥還存在著瑕疵，而且，既然取消唯物論也並不企圖要完全否定那個讓我們稱呼為痛的來源還是有東西存在的，雖然取消唯物論不願意使用「主觀的」或是「心靈的」這種常

民心理學是的用詞,而改用像是「內在的」之類的用詞,那麼,我們還是可以追問,這個內在的到底是什麼東西?它可以完全被客觀概念所化約嗎?這是取消唯物論在這麼部分尚有不足之處。

然而,取消唯物論的另一個好處可以說是不用回頭去尋找二元論的幫助。雖然唯物論的世界觀是最具說服力的,但其討論到心靈時卻顯得很不夠力,尤其針對心之不可化約性問題更是難以招架。為了理論上的完整,許多哲學家們走向了唯物論式的二元論,意即性質二元論或所謂的兩面論(主張心物為一體兩面的理論)。但是,如上一章所討論到的,性質二元論也有著根本上難以解決的問題。因此,取消唯物論在理論上的一個很大的優勢在於能夠堅持唯物論、又能面對心之不可化約性問題、而且還可以不落入二元論的麻煩。但是,其所要面對的困難就是必須解釋清楚我們強大的心靈存在直覺為什麼是錯的。

取消唯物論的主要問題除了難以符合我們的一些基本直覺之外,還在於一旦我們接受取消唯物論的主張,就等於放棄所有從主觀角度所觀察的一切現象。人類早期藉由主觀觀點(或是耐格所謂的第一人稱的觀點)觀察事物所發展的常民心理學或許真的如同丘琦南所說是徹底錯誤的,但是,是否存在有正確的主觀觀點下的概念框架呢?無論主觀現象目前處在多麼嚴重誤解的情況下,如果主觀事物仍有其存在的地位,那麼,客觀科學仍舊無法化約這些主觀事物。而由於主觀事物在人類生活中扮演著極為重要的角色,這很難讓我們就此將之廢棄,雖然,我們沒有什麼非要讓主觀事物存在的好理由,也難以宣稱主觀的世界觀一定是對的,因為,取消唯物論的確有不錯的理由可以宣稱所有我們所認識的主觀

事物完全都是對本體世界的錯誤認識，但是，缺乏了常民心理學對主觀現象的解釋，取消唯物論也呈現出一種難以讓我們感到滿意的理論瑕疵，因為，從唯物的神經科學出發，我們也很難找到一個對心靈內在各種現象的替代理論，因此，除非取消唯物論能夠更進一步的從客觀角度發展出一個比常民心理學對人內在活動更有說服力的說明，否則，我們仍舊不會停下來，而想追逐更好的理論。

四、取消唯物論與概念革命

取消唯物論的提出事實上已經在心靈哲學概念革命的路線上踏出了一大步，但其所要革命的部份只有心靈概念，認為當今心靈概念是建構在錯誤的概念框架之上，當我們拋棄整個概念框架時，心靈概念也隨之丟棄。

在我們深入探討這個概念革命路線之前，我們可以用下列圖形來更深入的分析取消唯物論的主張：

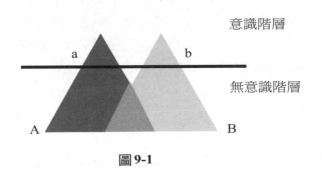

圖 9-1

圖9-1有兩個大三角形，分別為 A：藍色（或深色）和 B：黃色（或淺色），而它們的重疊處形成一個綠色（或介於深淺之間）的小三角形。假設這兩個大三角形A與B各代

表兩種心靈狀態，而重疊的部份代表著它們之間的關連，尤其是因果上互相影響的關聯。然而，從意識的階層來看，在我們內省的主觀世界中卻只能看到在意識上層的小三角形 a 與 b，而它們沒有任何交接，代表著兩個毫無瓜葛的事物。但事實上，從意識與無意識的整體來看，A 與 B 卻有著因果關聯，因為，在無意識階層的綠色（或介於深淺之間）小三角形象徵著它們的因果關係。而這個部份卻是內省所觀察不到的。

由於人類在發展語言的初期，對各種心靈狀態的掌握完全透過內心的直觀，因此，在這樣的情況下，我們會把意識階層的兩個小三角形 a 與 b 錯誤的當作是 A 與 B。這時，我們對心靈狀態的整體把握可以說是錯的，而人類發展語言的時候就自然把這樣的錯誤當作是正確的概念來思考，如果整個心靈概念都有類似的現象，那麼，我們藉此所建構出來的概念框架就會錯的一蹋糊塗。

至少，從整個因果運作的角度來說，我們藉由直觀所把握的 a 與 b 並不能算是一個完整的個體，某種程度上來說，它們是不存在的，如果我們硬把它們當作存在個體來看，當我們發展可以解釋真正 A 與 B 的科學時就會發生問題。這個圖形可以說明為什麼我們對各種心靈現象的理論與預測常常都是失敗的，原因就在於我們從主觀心靈概念所把握到的各種現象，從整個因果關聯的角度來看，其並非是真實完整的事物。那麼，在這樣的情況下，藉由這樣的概念框架所產生出來的各種心靈理論自然就無法正確解釋與預測各種心靈現象。

然而，這個例子對於意識層面的 a 與 b 的存在與否或許還會有爭議，因為，我們可能可以堅持意識層面的 a 與 b 也

有其本體地位。既然如此，我們仍舊不能取消它，這對取消
唯物論來說也是一個麻煩。那麼，我們可以找一個更糟的情
況來解釋這個問題：

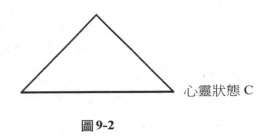

圖 9-2

　　假設圖9-2是我們藉由直觀所看見的某心靈狀態 C，然
而，它在大腦的運作中並不是這個樣子，而是如圖9-3所示由
三種心靈狀態 P, Q, R 的某些碰巧的組合所產生的幻覺[9]：

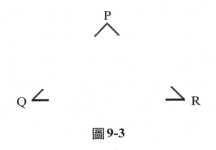

圖 9-3

由於我們主觀意識的某些作用把實際上的三樣東西看做一個
三角形般的存在物，那麼，該心靈狀態顯然並不對應到任何
客觀存在的東西，那麼，我們該如何對心靈狀態 C 作一個因

---

[9] 此幻覺在這裡要說明的與視覺無關，此處使用這種視覺上的例子來說明只
是針對意識可能產生的類似這種視覺幻覺來說明而已。

果上的解釋呢？

　　如果取消唯物論是對的，那麼，我們勢必要面對這樣的問題。如果我們仍然希望接受這個心靈狀態 C 的存在，我們就必須解釋這是何種存在狀態？然而，如果我們無法在這種情況下接受 C 的存在，那麼，為了我們能順利發展出具有一致的科學理論，我們就必須要放棄這種類型心靈現象的存在。而這也就是取消唯物論的主張。然而，即使如此，這卻不表示我們必須放棄主觀性質的存在，而這即是概念革命思考路線的想法。

五、討論

　　取消唯物論已走向了心靈哲學的概念革命，但其主張需要革命的只有心靈概念，而物理概念是沒有問題的。雖然，取消唯物論在針對心靈概念的問題方面已經在理論上提出了頗具說服力的論證與說明，心靈概念需要一場概念的革命。但是，客觀科學真的足以完全取代現有的主觀心靈概念嗎？另外，取消唯物論所信賴的物理概念與客觀思考路線真的沒有問題嗎？真的可以完全把握一切存在事物嗎？在人類物理概念發展的同時是否也有著類似的問題呢？或者，是否仍然有著物理概念根本上所無法克服的困難？如果有的話，或許需要革命的不僅僅是心靈概念，而且也包含了物理概念。而這樣的想法就導引出下一章要討論的擴展論了。

第十章

從因果上的不可化約性到擴展論

　　上一章談到的取消唯物論主張，心靈的整個概念框架（conceptual framework）①是錯的，需要完全放棄。從這個思考角度來看，在第五章已略為談到的、以及在本章要更深入分析的心靈在因果上的不可化約性可以用來支持這個主張。因為，心靈在因果上的不可化約性顯示心靈與物理的概念框架即使在因果結構上都是不一致的，意即，即使不看心靈的主觀性質，光是其在整個因果網絡中所扮演的角色，物質和心靈都無法是相同的，簡單的說，在心與物的因果角色上（causal role）都是不同的。在這種情況下，我們如果還是認為心與物是源自於同一件存在物（也就是還是要主張本體上的一元論），而且希望能夠找到真相來統一它們，那麼，我們便可以推理說，心靈與物理的概念框架的因果結構至少有一個是錯誤的。

　　如果我們認為由當今科學所支持的物理的概念框架是正

---

① 本書所討論的「概念框架」可理解為一組有意義的陳述，這些陳述之間有不同的關係與意義，這些有意義的陳述和其語意構成一個概念框架，我們則依賴各種不同的概念框架思考問題，這使的這些概念框架成為思考的工具，但同時我們的思路也容易受限於這樣的框架中。這個概念框架的定義來自於美國當代哲學家肯斯（Kearns 1996）。

確的，那麼，我們自然而然就可以主張心靈（至少）在因果上的概念框架是錯的，而由於因果上的概念框架可以算是當今心靈概念框架中很重要的成分，因此，這樣的一個宣告也幾乎同時就是宣告心靈的概念框架是錯的。而這樣的解讀就是傾向於取消唯物論的主張。

然而，心靈在因果上的不可化約性所顯示的只是「心靈和物理的概念框架至少有一個是錯的」，這樣的主張卻不僅僅可以用來支持取消唯物論，因為，另外還有兩種可能性，第一種可能性是：「心靈概念框架沒錯而物理概念框架是錯的。」但是，除非我們朝向唯心論，否則，這樣的一個主張很難具有說服力，因為，目前物理概念框架下的各種理論比心靈概念框架下的各種理論有著更高的解釋力與預測力。因此，除非有特別的理由，否則我們的理智較不願意走向這個方向。而另一種可能性則是：「心靈與物理兩個概念框架都錯了。」這樣的一個主張會比較傾向於本章後面要討論的擴展論。首先，先讓我們看看心靈在因果上的不可化約性。

一、心靈在因果上的不可化約性

心靈的不可化約性有兩個面向，心靈在「主觀現象」方面和「因果關係」方面都有著不可化約性。心靈的主觀現象像是紅色的色感和痛的感官知覺等等都無法完全被物理概念所解釋，這個部份已經在第七章詳細討論。本章則主要討論心靈在因果上的不可化約性。

所謂「心靈的因果關係」通常指的是心靈現象之間的因果關聯。例如，痛的感覺常常讓我覺得不高興，那麼，「痛」和「不高興」有某種因果上的關聯。而針對我個人的經驗來說，綠色常常引發我的美感經驗，每當我看到綠色的

東西，我都會覺得那個東西很好看，那麼，對我個人來說，綠色的感官經驗和美感的心靈現象有某種因果關聯。心靈的各種性質在這些因果關聯中交織出一個屬於心靈的因果網路，藉由這些因果的網路我們可以預測或解讀別人和自己的心靈狀態。

我們在此可以借用美國當代哲學家丘琦南（Churchland, Paul 1981）的說明更明確的來釐清何謂心靈的與物理的因果關聯，首先，一個著名的牛頓力學公式 F ＝ ma 可以作為一個解釋物理因果關聯的好例子，這個公式表達了 F（力），m（物體質量），以及 a（加速度）之間的因果關聯。我們也可以用邏輯用語來清楚表達這個因果關聯：

$(x)(f)(m)\{[$（x 具有的質量為 m）$\&$（x 被施予一個力量為 f）$]\supset$（x 的加速度為 f/m）$\}$

以一個相似的方式，我們也可以把某些心靈現象之間的因果關聯表達如下：

$(x)(p)[$（x 害怕 p）$\supset$（x 期望 $\sim p$）$]$
$(x)(p)[$（x 希望 p）$\&$（x 發現 p）$\supset$（x 對 p 感到高興）$]$

這兩個例子象徵著某些心靈現象（害怕、想要、希望、發現、以及高興）的某些因果關聯。當我們要在因果方面化約心靈現象時，也就是要用物理因果關聯的結構來重新建構心靈現象之間的因果關聯。若要做到這點，我們必須將心靈的因果現象用上面公式化的陳述方式表達出來，但是，我們發現，這是很難辦到的，後面我們將會談到幾個問題，包括心靈主觀經驗難以被客觀語言表達的問題、還有第五章已經討論過的戴維森（Davidson）的充要條件論證、以及自由意

志的問題來說明這個困難。

　　在第五章已經討論過何謂「因果的化約」。瑟爾（Searle）解釋說，假設有兩組個別具有因果關聯的現象 A 與 B，如果我們可以用一組現象 A 的因果關聯來取代或完全解釋另一組現象 B 的因果關聯，那麼，我們可以說，這兩組事物之間具有因果的可化約性，或說，B 在因果上可以化約於 A（Searle 1992, p.114）。依據這個說明，我們可以簡單的說，如果心靈現象的因果關係可以被物理現象的因果關聯所完全解釋，那麼，我們可以說，心靈在因果上可以化約於物理現象。簡單的說，當今針對心靈研究的神經科學界的主要目的之一是找出各種心靈狀態所對應的大腦狀態，如果這樣的研究可以成功並且真的尋找到一一對應，那麼，我們就可以說，我們已經成功在因果上化約心靈了，這個路線屬於同一論的努力方向之一。或者，以功能論來說，如果人工智能學的發展可以用電腦程式模擬出各種心靈狀態，產生一一對應，那麼，我們也可以說，我們成功的用功能狀態在因果上化約心靈狀態。雖然，這種因果的化約是許多科學家研究的目標，但是，有些論證卻指出，這樣的化約是不可能辦到的。現在，讓我們看看這幾個論證。

二、心靈在因果上的不可化約性論證

1.經驗難以被語言表達

　　美國當代科學與哲學家波郎尼（Michael Polanyi）指出，「我們能夠知道的比我們能夠說出來的還要更多」（Polanyi 1966, p.4）。換句話說，有些知識是很難表達的。尤其是關於主觀內心的知識，我們常常會不知道如何清楚的表達我們內心的感覺。相對於客觀知識很容易用語言表達的特性，我

們往往在表達內心經驗時遭受困難，這似乎是說，心靈概念（mental concept）的內容比我們的語言所能表達的內容更為豐富且更為複雜。由於客觀物理知識與概念大都可以由語言來表達，所以，這個狀況也顯示出了心靈現象難以被物理概念所表達；而且，心靈概念內容（或甚至無法被概念把握的心靈內容）也比物理概念內容更為豐富與複雜。例如，在我們的經驗中，我們有許多不同類型的痛，但是，我們沒有相對這麼多的詞彙來表達。美國當代哲學家泰伊（Michael Tye）也指出，

> 人們的感覺經驗是非常豐富的，以色彩為例，有許多的細節無法被概念所把握，人們可能經驗到的不同色彩的數量極大，根據粗略的統計，大約一千萬左右。但是，我們能夠給他們名稱的不過只是其中的極少數，而且，我們能記憶的色彩也不多。……例如，我們對19號紅色的感覺經驗與我們對 21 號紅色經驗是不同的，但是，我們無法記憶它們，這也是為什麼我們無法憑著對自己房間牆壁色彩的記憶到油漆店去買完全一樣顏色的油漆，雖然我們大略知道那是什麼顏色也能用語詞描述該顏色，但是，對其色度卻無法確定，我們的感覺經驗對不同色彩的分辨能力大於我們的概念與記憶對色彩的分辨力

（Tye 2000, p.11）。

即使我們可以用「紅色19號」和「紅色21號」這樣的語詞來稱呼它們，但是，說它們是不同的概念卻是不妥的，因為在我們大腦對這兩個語詞的認知表徵（representation）中，它們沒有什麼不同。然而，由於在主觀心靈中這些不同

的色度產生不同的經驗，這些不同的經驗也會產生不同的因果角色，也就是說，無法順利掌握這些不同經驗的語言與物理概念也將會在企圖把握它們之間的因果角色中遇到困難。而這樣的困難不僅是針對屬於感質的心靈狀態，也同時發生在信念、慾望等各種具有意向性的心靈狀態上。簡單的說，我們可以從語言的可說與不可說性發現心靈概念在因果上難以被物理概念所化約。

簡單的說，由於物理概念的因果關係是可以用語言表達的，其因果結構則屬於可以用語言表達的結構，而心靈現象的某些因果結構無法用語言表達，因此，我們無法用屬於語言可表達範圍的物理概念的因果關係來表達心靈現象的因果關聯。那麼，從這裡就可以推理出，心靈的因果結構是無法被物理的因果結構所解釋，也就是說，心靈在因果上是不能被物理所化約的。我們可以將這個論證重述如下：

(1)物質的因果結構可以完全被語言所表達。

(2)心靈的因果結構無法完全被語言所表達。

(3)可以完全被語言表達的東西無法用來化約無法完全被語言表達的東西。

(4)所以，物質的因果結構無法用來化約心靈的因果結構。

從這個論證來看，由於其是個有效論證，如果我們同意前面三個前提，那麼，我們就可以正確的得出結論：心靈在因果上是不能被物質所化約的。

2. 充要條件論證

在第五章討論過的戴維森的充要條件論證指出，心靈與物質之間不存在有可聯繫互換的法則，因為，物理法則大都以充分或必要條件來決定物質之間的關聯，但是，心靈狀態

之間的關聯的法則卻很少能夠使用充分與必要條件來規範（Davidson 1974, pp.229-244）。

　　當我們使用心靈的一些規則來理解或預測自己或是別人的心靈狀態時，我們發現很容易會有例外，也就是說心靈的因果結構不是屬於充分與必要條件式的，然而，我們對物質的認識卻大都使用充分且必要條件式的結構。也就是說，從充要條件的結構來看，心靈與物質的因果結構是不同的，而且由於充要條件的結構是不可能用來完全解釋非充要條件的結構的，因為充要條件的結構無論如何組織與變化，它必然還是充要條件式的結構，因此，除非我們主張心靈的非充要條件結構是錯的，或者物質的充要條件結構是錯的，否則，物理在因果上的充要條件結構是不可能用來化約心靈的因果結構的。因此，我們可以得出結論，心靈在因果上是無法化約為物質的。我們可以把這個論證重述如下：

　　(1)物質的因果結構屬於充要條件式的。

　　(2)心靈的因果結構屬於非充要條件式的。

　　(3)充要條件式的因果結構無法用來化約非充要條件式的因果結構。

　　(4)所以，物質在因果上無法化約心靈。

　　很明顯的，這是一個有效論證，也就是說，除非前提(1)-(3)中至少有一個是錯的，否則，結論就是正確的了。

3. 自由意志的問題

　　另一個因果化約的困難在於自由意志（free will）的問題，美國當代哲學家瑪菲（Nancey Murphy）指出，要發現心靈在因果上無法化約於物理概念的最簡單方式就是想想自由意志如何可能化約於物理法則（Murphy 1998, p.138）。因為

當今物理法則本質上是建立在決定論（determinism）的概念框架上，也就是說，當起始條件被確定後，自然界是依照不變的物理法則來運作，未來的一切都早已被決定了。在這種概念框架為基礎的觀點中，自由意志是不可能的，因為，如果自由意志存在，則未來是開放的、不確定的。因此，當今物理學和自由意志是互相衝突的。我們無法使用當今物理法則來說明自由意志。

而且，如同當代物理學家萊比特（Benjamin Libet）所說，在我們直覺中所觀察的自由意志的現象形成我們對人性了解的基礎（Libet 1999, p.56）。在我們對心靈了解的概念框架中，自由意志是人類心靈的一個不可或缺的特色，如果我們要以物理法則在因果層面上化約心靈現象，我們必須能夠化約自由意志的法則，自由意志在心靈的運作中扮演著重要的因果角色，但是，如同萊比特所指出的，我們沒有任何相對的物理理論可以用來說明這種自由的意志如何可能（Libet 1999, p.56）。有人以量子力學中粒子的隨機現象來作為自由意志的理論基礎，即使如此，這種化約仍舊是難以想像的，因為，客觀世界中的「隨機」和主觀世界中的「自由」還是不同的概念，萊比特解釋說，

> 量子力學迫使我們不再以確然性而改用或然率的方式來解釋自然的某些現象，而且，在渾沌理論中，某些隨機因素可能改變整個系統的結果，它們看來似乎都是不可預測的，然而，即使在實際操作上它們真的都無法預測，但本質上，它們的運作還是依據自然法則，也就是說，它們的運作仍舊是被決定的
>
> （Libet 1999, p.55）②。

即使是現代物理學也無法容許自由意志的存在，如果我們根據我們的直觀相信自由意志的存在，那麼，目前尚無任何自然科學可以用來解釋自由意志的法則是怎樣的一種法則。也就是說，除非我們否定自由意志的存在，將自由意志當作是一種心靈的幻覺，否則，我們就必須同意，我們需要一種完全不同於現在物理法則的新概念框架來統合心靈現象的因果角色，而假如我們否定自由意志的存在，由於自由意志在心靈概念的框架中扮演重要的角色，那麼，我們便需要一個與現在心靈法則不同的新概念框架來重新理解心靈現象的因果角色，那麼，無論結果是那一個，我們都必須有一個新的概念框架。

而另一種可能性是，我們需要一個全新的，既不同於現在的物理概念框架也不同於現在的心靈概念框架來重新統合心靈與物理的因果法則，本文主張後者的可能性是最大的。換句話說，在概念框架的結構上，心靈與物理概念至少有一個是有問題的，而可能兩個都是有問題的。

本書則是站在認為兩個都有問題，主要理由除了兩個概念框架都錯誤的預設了主客的絕對區隔之外，還有一個重要的理由就在於，我們很難真正去否定自由意志的存在。雖然，目前的確有一些實驗證據顯示人在做自以為是的自由決定時，其自由的程度比我們想像的還要少很多，也就是說，我們的抉擇實際上受到許多我們可能自己都不太清楚的下意

② 原文"Quantum mechanics forces us to deal with probabilities rather than with certainties of events. And, in chaos theory, a random event may shift the behaviour of a whole system, in a way that was not predictable. However, even if events are not predictable in practice, they might nevertheless be in accord with natural laws and therefore determined" (Libet 1999, p.55)。

識的干擾，然而，雖然這是一個合理而且可以接受的實驗結果，但距離要否定自由意志的存在還有相當大的距離要走。而且，用以否定自由意志的科學決定論實際上只是一個科學的預設，我們假設宇宙中的一切都隨著一定的定律在運作，雖然在這樣的假設中，科學獲得了進展，我們也發展出許多用以描述自然規律的公式，但從這樣的基礎要論斷宇宙中的一切真的都只是這樣，這還真的言之過早，這和第四章討論到的科學對唯物論的支持有關，我們還沒有到達非要反對自由意志存在的地步。

而且，由於反對自由意志的存在極端違反我們的直覺，而且，更重要的是，一旦自由意志不存在，我們至今所做的一切都是早已被註定好的，所有努力都不是源自於意志的抉擇，那麼，這會是讓人很難滿意的答案，因為，一旦放棄對自由意志的堅持，未來的一切就不再是由我們的努力所能改變的，那麼，我們就等於放棄對未來的一切努力，然而，如果這不是我們期待的思維終點，那麼，除非我們有不可抗拒的理性因素必須放棄自由意志，否則，我們應該繼續尋找容許自由意志存在的理論基礎，在這樣的一個立場上，我們將要走出當今物理學基礎下的物質概念框架，朝向一個未知的思維世界前進。

三、思維的交叉路口

上一節的討論指出心靈在其因果的結構上有著無法化約的問題。因此，即使我們不理會心靈在主觀現象上不可化約性問題，我們仍舊無法化約心靈。也就是說，我們（尤其是科學界）目前想要藉由找出心靈在客觀方面的運作方式來掌握心靈與意識的企圖必然會遭遇到重大的困難。客觀物理與

腦神經科學的研究不僅僅無法完全解釋主觀意識現象，就連因果上關係的對應也無法找到，換句話說，依據目前我們在主客觀方面的概念框架的理解來說，主觀現象與客觀事物之間並不存在有一對一的對應，因此，我們也不可能從客觀的了解來掌握與化約主觀現象，即使僅針對其因果結構也很困難，除非我們放棄或至少改變現有的某一個概念框架。然而，如果我們不願意接受實體二元論所遭遇的難題而返回實體二元論，並且希望持續保持走一元論的方向，也就是相信心與物實際上是同一事物，那麼，我們無法接受其在因果上都不可化約的情況，因為，其既然是同一事物怎麼可能會有不同的因果角色呢？因此，在這樣的不可化約的困局中，我們可以像是取消唯物論的主張，把這整個罪責歸屬在概念框架之上，那麼，我們就可以說，主觀與客觀（或者心靈與物理）的概念框架至少有一個是錯的，我們勢必至少要放棄一個概念框架。

在這個思維的交叉路口上，我們有三條路可以走，第一條路就是取消唯物論的道路，放棄心靈概念框架而獨尊物理概念框架。這條路需要放棄主觀現象、放棄自由意志，雖然我們難以論斷其對錯，但這顯然不是一個可以令人滿意的選擇。因為，如同邱瑪斯（Chalmers）所說，意識是人們最直接的知識，如果意識的存在都能否定，還有什麼不能否定的呢（Chalmers 1996）？另外，如果我們否定的自由意志，我們實際上也就沒有在做選擇了，因為我們根本沒有選擇的能力，那麼，如果我們不選擇取消唯物論，這也是註定好我們不會選擇取消唯物論，所以也無所謂的對錯。因此，如果我們還有其他的路可以走，我們應該先試著走走看，看能否找到更有說服力的思維終點。

第二條路是放棄物理概念框架而獨尊心靈概念框架。這條路實際上很難有說服力。因為，當今物理概念框架比心靈概念框架有著更高的解釋力與預測力，而這兩個優勢是很難被理智所忽視的。至少在物理概念框架上所造成的預測力的準確度比心靈概念框架下的各種常民心理學理論的預測力高很多，在這種情況下，我們要選擇心靈概念框架而捨棄物理概念框架是很奇怪的一件事。

第三條路則是兩者都放棄並且重新尋找一個新的概念框架。這條路線主張，心靈與物質的概念框架無論在現象的解釋上或是因果的解釋上都不是正確的對應真實存在的事物，也就是說，我們數千年來人類認知所產生的心靈概念框架和物理概念框架都是錯的，而且兩者都已經不是做簡單的修正就可以變成正確的了，在這種情況下，我們需要放棄原本的概念框架而重建一個新概念框架來統合一切心靈與物質的存在事物，這條路線可以稱之為「概念革命路線」，而這個路線由擴展論打頭陣。

四、擴展論出場

擴展論（expansionism）這個名詞是由耐格（Thomas Nagel）於1998年的一篇論文中提出，目的在於解決心之不可化約性問題。從一個主張捨棄現有概念框架的立場來看，這個觀點的源頭可以直接呼應1992年瑟爾所提出的觀點，主張整個用以思考心物的概念框架是錯的（Searle 1992），而在1998年，瑟爾更明確的指出這個觀點，他說：

> 無論是二元論或是唯物論都立基於一連串的錯誤預設，而主要的錯誤預設則是主張意識是主觀、感質性的

存在現象，而且這種存在現象無法被客觀的、物質性的世界所容納。而且，只要我們依據這種從十七世紀開始就廣被使用的主客定義來理解心物，這個預設就是正確的。當笛卡兒這麼定義心物，心靈與物質就是互相排斥的，因為，如果有個東西使屬於主觀心靈的，那麼，它就不會是客觀物質的，反之，如果一個東西屬於客觀物質的，那麼，它就不會是主觀心靈的。我認為，我們必須揚棄這種傳統上對於心物與主客的定義，而且，所有建立在這種定義為基礎下的一切理解與概念都必須放棄③（Searle 1998, pp.50-51）。

瑟爾認為，主觀與客觀在字詞的定義下就是互相排斥的，如果有個東西是主觀的則它就不是客觀的，如果一個東西是客觀的，則它就不是主觀的，瑟爾認為，這樣的字詞的定義導致了心之不可化約性問題。

瑟爾的這個說法是很合理的，因為，如果我們相信心靈由物質的作用所造成，那麼，它們至少在因果上可視為同一件事物，但主觀與客觀在概念上的區隔使心靈與物質看起來成為完全不同的東西，這顯示套用主客區隔的概念架構至少在某些方面是有問題的，那麼，如瑟爾所說，除非我們停止

---

③ "Both dualism and materialism rest on a series of false assumptions. The main false assumption is that if consciousness is really a subjective, qualitative phenomenon, then it cannot be part of the material, physical world. And indeed, given the way the terms have been defined since the seventeenth century, that assumption is true by definition. The way Descartes defined *mind* and *matter*, they are mutually exclusive. If something is mental, it cannot be physical; if it is physical, it cannot be mental. I am suggesting that we must abandon not only these definitions but also the traditional categories of *mind*, *consciousness*, *matter*, *mental*, *physical*, and all the rest as they are traditionally construed in our philosophical debates" (Searle 1998, pp.50-51)。

採用這種有問題的概念架構來理解這個世界，否則，我們不可能解決心之不可化約性問題。而解決這個問題的關鍵就在於主客的界定上。瑟爾說，

> 我認為，心物問題有個簡單的解決方法，……，要完全掌握心物的關連的最大障礙在於我們有一個哲學上的偏見：我們認為心靈與物質分屬於兩個完全不同的領域，以及我們對大腦缺乏了解。如果我們有個很好的大腦科學，如果我們能在因果方面完全藉由大腦來掌握意識的運作，而且如果我們還能夠克服概念上的錯誤，那麼，心物問題將會消失④

（Searle 1992, p.100）。

這個觀點的主要主張在於宣稱當今我們理解心物的整個概念框架（包含了心靈與物理）都是有問題的、不完全的，而這樣的問題導引出心之不可化約性問題，因此，我們需要一個新的概念框架來重新理解心物，在這新的概念框架中將可避免心之不可化約性問題，在這個新心物問題來源的核心觀點上，瑟爾耐格的擴展論是一致的，但在追求解決方式上，瑟爾則較少討論。下面我們來分耐格擴展論的主張。

---

④ "I think the mind-body problem has a rather simple solution, … the only obstacles to our having a full understanding of mind-body relations are our philosophical prejudice in supposing that the mental and the physical are two distinct realms, and our ignorance of the workings of the brain. If we had an adequate science of the brain, an account of the brain that would give causal explanations of consciousness in all its forms and varieties, and if we overcame our conceptual mistakes, no mind-body problem would remain" (Searle 1992, p.100)。

1. 心之不可化約性問題起源於兩個觀點的對立

從認知的角度來看，我們實際上使用兩種不同的觀點在看世界。首先，我們用一種客觀的觀點來認識世界而產生客觀科學，這種觀點也稱為第三人稱的觀點（the third-person point of view），意思是說，我們不是從自己的觀點、角度、或立場出發，而是從（想像中的）別人的觀點、角度、或立場出發來看世界，所看到的世界將適用於所有人。

另一個觀點自然就是主觀的觀點，有時也稱為第一人稱的觀點（the first-person point of view），這樣的觀點也就是俗稱的「內省」或是「直觀」，藉由這樣的一個觀點，我們認識內在的心靈世界以及作為多種知識基礎的感覺經驗。

當我們企圖使用由客觀觀點獲得的物理概念來解釋或取代由主觀觀點獲得的心靈概念時，我們遭遇化約的困難，如瑟爾所說，我們無法用物理概念來完全解釋心靈現象。但為什麼會這樣呢？在這個意識問題的起源上，瑟爾和耐格有著類似的看法，首先，他們認為，在科學的發展上，我們獲得客觀物理概念的方法是藉由移除主觀性質而來，一個概念的內容愈少依賴主觀觀點則此概念就愈客觀。例如，我們認為「光波波長」比「顏色」更為客觀，我們或許在色彩或其飽和度、明亮度上有所爭議，每個人所見或許有些許差別，也就是說，這些東西在主觀觀點上並非完全一致的，但是，我們可以用儀器去測量，每個人都會測得一樣的光波波長等數據，也就是說，如果我們忽略主觀層面而只用光波波長等物理概念去衡量這些色彩的話，它們會比較有公信力，這也就是客觀科學的主要價值，藉由移除像是顏色一般的由主觀觀點獲得的內容，我們可以獲得更為客觀的概念。也就是說，客觀概念本身就是來自對主觀觀點所觀察的性質的移除，移

除的愈多就愈客觀，當一個概念的所有內容可以完全不依賴任何主觀觀點時（當然，或許不存在有這種東西，但假如其存在的話），這樣的概念就是絕對客觀的概念。

　　上面的說明指出了很重要的一點，也就是主觀和客觀本身在發展上就是對立的，這樣的認知發展其實預設了主客的絕對區隔，然而，導致意識的問題或是心之不可化約性問題的核心在於，主觀觀點是心靈概念中不可或缺的要素。換句話說，主觀觀點是意識的命脈，當主觀觀點在被移除時，意識的內容就開始被剝除，所以，如果我們可以發展出絕對客觀的概念時，那麼，意識的內容就完全消失了。所以，基本上，這種預設主客絕對區隔的客觀科學無法用於探討意識的問題，我們必須揚棄這種主客對立的思考方式而尋找另一種不同的科學方法來探討意識的問題⑤。

2. 兩個觀點的爭議

　　耐格和瑟爾主張兩個觀點所觀察到的現象都有其本體地位，只不過我們對其理解仍然是不足的。他們基本上都反對取消唯物論的主張認為我們必須否定第一人稱觀點下的心靈性質。在這個觀點上，擴展論較接近於性質二元論。耐格早期的確也以二元論者或是所謂的兩面論者自居，而瑟爾雖然不認為自己是個二元論者，但他也呼應這個說法，他認為，心靈現象就算是如同取消唯物論者所說的一種幻覺，那麼它們便是以幻覺的方式存在著，而這已經足夠證實它們的存在地位了。基本上擴展論同意性質二元論主張兩個觀點都顯示了事實真相，而且心靈性質的存在是無法否認的。

⑤　請參考 Searle (1992)以及 Nagel (1986)。

但是，如同瑟爾所說，二元論的理論也落在主客絕對區隔的概念框架上在思考不可化約性問題，因為瑟爾與提出擴展論之後的耐格都不同意這種用來思考心靈與物質的概念框架，所以他們兩人並非披上了二元論的戰袍。

　　這裡的一個主要爭論點在於：心靈現象性質是不是自然現象性質？然而，這種心靈現象的存在當然是存在我們的心裡而不見得是存在於客觀世界。我們是否要將這種存在方式當作本體事物呢？如果不行，我們又憑什麼主張只有客觀觀點下的東西才真正存在於本體世界？所以，真正的衝突點在於我們是否接受這兩個觀點所觀察到的事物與性質為本體存在物。而這個問題在某個層面上或許只是一個定義的問題。然而，我們或許可以說，這兩種觀點所觀察到的存在並不相同，瑟爾也用「第一人稱的本體存在」（the first-person ontology）來區別它們，但是，除非取消唯物論是正確的，否則，如果我們宣稱心靈不存在似乎就很難符合「存在」一詞的一般用法了。

　　我們由主觀的世界觀了解心靈概念，由客觀的世界觀了解物理概念，這兩種世界觀造成了心靈的不可化約性。不可知論者馬格印（Colin McGinn）主張，這兩個世界觀都無法結合主觀與客觀，一旦我們同時使用這兩種世界觀來理解這個世界，則心之不可化約性就不能解除。因為人類的認知功能無法解答這樣的問題。無論從主觀觀點或客觀觀點都無法發現物理概念和心靈概念的連結，因為沒有一種觀點可以同時窺見主觀與客觀性質。馬格印的這個論述是很有說服力的，我們很難想像從這兩個觀點出發如何可能解決心之不可化約性的問題。然而，除這兩個觀點之外，還有第三種觀點的存在嗎？馬格印認為沒有，他實際上也沒有什麼理由來主

張不存在有第三種觀點，只不過我們的確也想不出還有什麼
樣的觀點可以來觀察心靈與物質。如果馬格印是對的，我們
可能就要接受概念二元論或是不可知論的主張。或者，如果
我們仍然希望解除心之不可化約性問題，我們必須在這兩個
觀點之外尋求另一個觀點。一個新的觀點也就會形成一個新
的概念框架，也就是一場概念革命。目前擴展論也無法提出
這樣的一個概念框架是有可能存在的，但是，這卻是一個可
以嘗試的思路。

3. 統一兩個觀點的擴展論

瑟爾和耐格都主張，這兩種世界觀都有問題，或說都不
足。他們實際上同意邱瑪斯（Chalmers）的二元論認為心靈
與物理現象性質都具有本體地位，也認同不可知論者馬格印
的主張，認為目前的兩種世界觀都無法解決心之不可化約性
的問題，但是，他們卻不認為這兩種世界觀是人類僅有可能
具備的世界觀，於是，耐格與瑟爾都認為，我們需要另一種
能夠融合主客的世界觀來重新理解心靈與物質。整個問題來
自於我們使用主觀與客觀的絕對區隔的概念框架來理解整個
問題，而這樣的概念框架形成一種思考的習慣，讓我們誤以
為心物問題是無法解決的，以瑟爾和耐格的理論來說，為解
決這種心物問題，我們真正要做的，並不是在現有的概念框
架中尋找解答，而是超越現有的框架而尋找適合的新概念框
架來重新理解心靈與物質。一旦我們可以破除這個主客的絕
對區隔重建一個新的概念框架，讓主觀與客觀、心靈與物質
彼此跨越過這層鴻溝互相聯繫，那麼，在這樣的概念框架
下，心之不可化約性就會自動消失了。

耐格與瑟爾之所以認為這兩個觀點所產生的心物概念無

法結合是因為它們都預設了主觀與客觀的絕對區隔，如前所述，客觀科學的發展過程就是以移除主觀內容的方式得來的，一個理論愈是客觀就包含有更少的主觀內容，反之亦然，所以，根本不可能存在有完全主觀又完全客觀的理論，主客是互相排斥的，它們是絕對區隔的，當我們使用這一種具有主客絕對區隔的概念框架來理解心靈與物質，我們就無可避免的落入不可化約性的障礙中，這麼一來，心之不可化約性問題是不可能獲得解決的。我們可以簡單的以一個論證來說明這樣的情況：

1. 一個概念不可能存在有互相矛盾的內容。
2. 對一個統合心與物的概念來說，其內容同時具備有心與物。
3. 如果心物是絕對區隔的，那麼，物就「不是心」。
4. 由此，如果心物是絕對區隔的，針對一個統合心與物的概念來說，其內容包含有心與物（不是心），而這樣的概念內容就會產生矛盾（此物是心且不是心）。
5. 所以，如果心與物是絕對區隔的，我們就不可能具有統合心與物的概念存在。

從上面這個論證來看，只要心物的絕對區隔繼續存在於整個概念框架之中，此概念框架一定無法發展出能夠統合心與物的新概念出來，因此，若要在概念上統合心與物，我們至少必須把心物絕對區隔的觀點去除。然而，由於我們相信心靈主要是大腦作用所造成的，心物之間不應有不可化約性的存在，所以，這種造成不可化約性的主客的絕對區隔是錯的，如果要解決心物的不可化約問題，我們首先必須打破這種區隔，然後用一種新的世界觀或概念框架來重新理解心靈與物理現象。

依照耐格的建議，打破這種區隔的第一個方法是找出心靈與物質的必然關聯，如果心靈由物質所造成，那麼，這樣的必然關聯一定存在，雖然我們無法由現有的兩個觀點找到這個必然關聯，但是，只要我們「擴展」（expand）我們對心靈與產生心靈的物質的了解，我們至少會在理論上（而可能不是在自然概念上）發現它們的必然關聯，當這樣的必然關聯發現後，我們至少在理論上可以融合心靈與物質，也就是克服心靈在因果上的不可化約性而在因果上先統合它們，這時，概念框架必然已經有了相當大的改變，再藉由這樣的理論重建心靈與物質概念而發展出一個新的概念框架。當我們藉由這新的概念框架重新理解心靈與物質，我們等於發展出一個新的觀點來重新理解心靈和物質，那麼，在這樣的新觀點下，我們可以樂觀的期待，心之不可化約性將可能消失無蹤。

五、擴展論的優勢

　　在目前討論過的這麼多理論中，認為擴展論比較有說服力的主要理由有兩個，一是依據概念框架對心之不可化約性的解讀較為合理，另一則是心物在理論上的必然關聯能夠做為建立新概念框架的依據。分述如下：

1. 概念框架解讀的合理性

　　如果我們相信心靈主要起源於大腦的作用[6]，至少只針

---

[6] 當代有些被稱為新功能主義的哲學家們認為光靠大腦是不能產生心靈的，身體、環境等因素必須一同列入考量（Alva Noë 2004; Clark 2008; Coleman 2011）。目前也有一些經驗證據支持這個看法，本書不打算討論這個爭議，但無論如何，本文此處僅主張大腦是「主要」心靈的來源，這是比較沒有爭議的說法。

對人類心靈來說，這說法似乎是沒有什麼疑問的，那麼，我們可以把產生心靈的大腦作用和被產生的心靈看做是相同的東西，既然是相同的本體事物，它們之間不應有不可化約性，任何事物都不應無法化約於自己，如果我們對其了解真的存在有不可化約性，這表示我們的了解在某個地方出錯了，而前文已經提到，造成這個不可化約性的主要因素在於主客絕對區隔的概念框架，我們用這樣的概念框架理解心靈與物質而造成了心之不可化約性，所以，我們可以說，造成這個不可化約性的主客絕對區隔的概念框架是有問題的。

這個概念框架可能來自於我們用「絕對客觀」的概念來定位本體事物，這樣的理解方式對應於十八世紀德國哲學家康德（Kant, Immanuel）所謂的「物自身」（things-in-themselves）的概念，我們以為從神的觀點（God's-eye view）來看世界可以看見絕對客觀的物自身，但是，我們卻也完全無法指出這是一種什麼樣的觀點，我們也無法肯定這種觀點真有可能存在。例如，在哲學上，我們如果無法接受用神的觀點來談論人生的意義，所以把這樣的做法歸類為宗教信仰，那麼，我們為何要接受用神的觀點來定位本體事物呢？而且這種對本體事物的解釋導致很多其他的問題（例如，瑟爾舉例說，絕對客觀的神的觀點無法看到螺絲起子、汽車、或民主政治等需要某種主觀觀點的人類產物）。如果我們揚棄這樣的神的觀點來定位本體事物，那麼，連帶的「絕對客觀」的概念和主客的絕對分隔會像骨牌一樣跟著倒下⑦。

因為第一人稱與第三人稱的觀點都預設了這個區隔，當

---

⑦ 請參考（Searle 1995; 1998; 2010）。

我們用第一人稱的觀點理解心靈概念和用第三人稱的觀點理解物理概念，我們把這個主客的絕對區隔放入概念中因而產生了心之不可化約性，也就是說，心之不可化約性源自於有問題的主客區隔。如果我們能夠找到一個不具有這種主客絕對區隔的觀點重新理解心靈與物理世界，那麼，心之不可化約性將會自動消失。

　　無論是物理論、唯心論或是二元論都預設了這樣的主客區隔，這些理論所使用的概念都立基於主客絕對區隔的概念框架下，而這樣的概念框架也讓馬格印導出我們無法統合心靈與物質的結論，然而，以擴展論來說，我們需要一種新的而且不預設主客絕對區隔的概念框架重新塑造心靈概念與物理概念，再藉由這些新的概念來重新理解心靈與物質，在這新的理解中，不可化約性將會自動消失。

　　只要我們同意瑟爾與耐格所主張的，導致不可化約性的主客絕對區隔是有問題的，那麼，我們很自然的可以推出擴展論的主張，問題在於，我們是否真能創造出不包括主客絕對區隔的概念框架呢？這樣的概念結構連想像都很困難，而事實上，耐格也不認為我們可以「努力的想出來」，但是，他相信我們或許可以在「無意間」發現這樣的概念結構，這所需要的是創造性的思考，這不是努力可以獲得的。但是，如此一來，在發現這樣的新概念框架之前，我們又如何肯定它的存在呢？下一個主張擴展論的理由可以回答這個問題。

2.心物在理論上的必然關聯做為建立新概念框架的依據

　　只要我們接受「心靈（主要）由大腦所產生」，那麼，心靈與大腦有著必然的關聯，既然心靈與產生心靈的大腦作用之間有必然的聯繫，那麼，我們至少可以在理論上找到這

個聯繫，依據耐格的說法，只要我們增加對心靈與大腦的認識，我們必然可以找到這個理論上的必然聯繫，依據這種理論上的必然聯繫，我們或許真的可以找出一個新的概念框架來重新理解心靈和物質。

　　事實上，當今物理學有許多對世界的解釋是難以具體的去想像的，而只能從理論上來了解。例如，「時間是另一度空間」、「粒子可能同時出現在不同的地方」、「依據超弦理論這個宇宙實際上是十度空間」、「質量與能量是一體兩面存在物」、「光沒有靜止質量」、以及「重力場使空間彎曲」等等。這些說法都被認為可能是正確的對宇宙的了解，但實際上，我們很難想像那是什麼樣子的東西，而物理學家與數學家卻能透過理論以及符號來推演與把握這些想法，這樣的理解方式可以稱為「理論上的理解」，所以，即使我們難以想像如何能有一個不包括主客絕對區隔的概念框架不表示我們無法發展出這樣的東西，至少，我們可以在理論上（就像上面的例子一般）找出心靈與物質的必然關係，就像愛因斯坦藉由 $E = MC^2$ 找出能量與質量的必然關係一樣，在藉由這樣的必然關係重新理解質量與能量，雖然我們還是很難想像質量和能量是相同的東西，但是，重新理解的概念不會具有不可化約性。

　　耐格—瑟爾擴展論以類似這樣的方法提出解決心之不可化約性的新方向，我們可以先在理論上找出心靈與物質的必然關聯，然後藉由這個關聯發展出新的概念與概念框架重新理解心靈與物質而達到統合心物的目的。只要我們相信心靈由物質所造成，那麼，我們就能夠找到他們在理論上的必然關聯，那麼，擴展論就是個可行的方法了。而且，相較於其他預設主客絕對區隔的各種理論來說，除非我們（如實體二元論者一般）

否認心靈由大腦作用所造成，或（像是取消唯物論者）主張心靈根本不存在，否則，我們有充分的理由相信主客的絕對區隔是對本體事物的誤解，那麼，擴展論自然就比其他理論就更為有說服力了。也就是說，除非主張實體二元論或是取消唯物論，否則我們就自然的推理出擴展論的較合理性。但此兩理論的困難在前面已經討論過，在此不再贅述。

六、探索意識問題的一盞燈

在意識問題的摸索中，我們陷入了主客絕對區隔的黑暗世界，在這個黑暗世界的比喻下，我們可以說，在這個黑暗世界裡我們逐漸被說服「所有東西都是黑色的」，也就是說，當我們的思想侷限在含有主客絕對區隔的概念框架下時，我們深信「心靈與物質是不可化約的」、「心物的關係是不可知的」等等，然而1992年瑟爾指出這一切的思考都是依據含有錯誤的主客絕對區隔的概念框架，而排除這個區隔、跳出這個思考的框架才是解決問題的正確方向。而耐格在1998年進一步提出擴展論，主張我們需要一個新的不包含主客絕對區隔的概念框架來解決心物問題，其方法就是擴展對心物的了解找出心物在理論上的必然關聯，再藉由這個必然關聯重新塑造概念框架與心物概念。這個耐格—瑟爾擴展論讓我們在黑暗的世界中重新發現了色彩，我們發現，我們必須脫離黑夜來重新觀察世界。主客的絕對區隔就像是黑夜一般讓我們無法看見物體真實的顏色，我們需要一個新的概念框架，就像是在正常光照的世界一般，重新觀察這個世界。所以，意識的真正問題在於我們使用錯誤的概念框架在理解心物，我們需要做的並不是在這個架構下化約心靈與物質，而是找出一個正確的概念框架重新理解心靈與物質，而

在這個能顯示真相的新概念框架下，心靈不再具有不可化約性。就像我們在自然光下能夠看見事物的真實色彩。

也就是說，從笛卡兒的實體二元論的提出，到擴展論的產生，這三百餘年來，人類發揮智慧與想像力，產生各式各樣的理論，我們的思考愈來愈深入，愈來愈細緻，雖然一路走過來驚濤駭浪，但我們目前針對心物關係的了解已大有進步，雖然仍舊有著許多根本上的迷惑，而且也不算是已經確定走在正確的道路上，但是，從整個合理性的基礎來看，我們大致上傾向於認為擴展論應該是一個最值得嘗試、而且最可能為真的路線。這也算是人類理智針對此問題努力下的一個很大的成果。然而，這樣的概念框架還沒有找到，以黑暗世界的比喻來說，擴展論還沒有帶給我們光明，但是，它似乎像是一盞明燈，照亮我們前方的道路，讓我們發現，解決意識問題的一個最值得期待的方向。

然而，雖然擴展論在針對心之不可化約性問題的分析中雖然具有很高的合理性，但其最大的問題可以說這個理論是處在一個畫餅充飢的狀態。怎麼說呢？因為這個理論完全仰賴一個目前無法想像的新概念框架來解決問題，讓我們可以在一個美麗的夢想中感受到這個問題將可以獲得解決，但事實上，我們根本無法藉由這個理論來想像這樣的問題將如何被解決。

除非，我們可以實際上找出一些新概念框架的可能性，而這些新概念框架即使尚無法真正解決問題，但只要能夠讓我們產生一個在理論上來說問題解決有望的感受，那麼，擴展論成功解決意識問題的希望將會大大提升。而這也是本書希望達成的目標。下一章我將會針對這個概念革命路線提出一些可能的想法。

第十一章

心物的概念革命

　　本書從一開始到目前為止，討論的是在心靈哲學中關於「心究竟是什麼」此一問題上的一個思考脈絡，而整個討論的方向是沿著一個我稱做「概念革命」的路線在進行。如果我們討論的方向作一些修正，例如，「心靈在客觀世界對應的東西究竟是什麼？」、「心靈究竟有沒有因果上的驅動力量？」或是「動物、植物、微生物、礦物、或是機器是否可能有心靈？」等問題，那麼，我們的討論會很不一樣。所以，這本書並不是對心靈哲學做一個整體的介紹，而是集中針對心靈哲學的其中一個問題（或許這是目前最受爭議的問題）在討論，而且討論的方向也以導向概念革命的思考為主。

　　現在我先把目前的思考地圖大致上做一個簡單的描繪。如下圖：

笛卡兒的實體二元論：
主張心物是不同實體而且有交互作用。
遭遇傳統心物問題：
為什麼不同的實體可以有交互作用？

解決方式分出
三個路線：

1. 笛卡兒學派：繼續支持笛卡兒的實體二元論並說明為何不同的實體可以有交互作用。
困難：難以回答這個傳統心物問題。

2. 心物平行論：主張心物是不同實體但沒有交互作用。
困難：為何要拋棄心物交互作用的較強直覺而接受心物不同實體的較弱直覺？

3. 心物一元論：主張心物是相同的實體。
問題：心如何產生物？或是物如何產生心？

針對第三個解決路線又區分成兩個路線：

4. 唯心論：主張一切（包括所有物質現象）都是心的作用。
困難：被心所創生的物質為何其穩定度比心還要高？

5. 唯物論：主張一切（包括所有心靈現象）都是物質所構成。
問題：心靈所對應的物質是什麼？

在解決這個傳統心物問題上，一元論裡的唯物論由於受到科學的支持而在合理性上勝出。這雖不能說已成定案，但基於理性思考的選擇，我們的思考暫時先站在唯物論的立場繼續往前走。為解答唯物論所遇到的問題，第一個理論路線是：

6. 心物同一論：主張心靈狀態就是大腦狀態。
問題：多重可實現性問題。

為解決多重可實現性問題，提出功能論。

7. 功能論：主張心靈狀態就是功能狀態。
困難：包括心物同一論在內都會遇到意識的問題，意即在性質方面的心之不可化約性問題。

為解決此意識問題提出：

8. 性質二元論：主張心物是同一實體但卻擁有彼此無法化約的性質。
困難：為何物質產生出心靈後卻無法解釋心靈？

9. 取消唯物論：主張不可化約的心靈性質的存在假設來自於錯誤的理論，應該從存在事物的名單中被刪除。
困難：那些無法化約的心靈現象即使有錯真的必須被否定其存在嗎？而且物理概念沒有問題嗎？

10. 擴展論：主張心靈與物質概念都是對存在事物的描述，但概念與其概念框架本身是錯誤的，或至少是不足的。我們需要新概念來重新理解心靈與物質。
困難：難以想像真有可能存在一個可以統合心物的新概念。

從上圖來說，本書的大方向是屬於擴展論的，但是，有些主張還是跟擴展論不太一樣。例如，既然擴展論主張我們需要新概念或說是新的概念框架，那怎麼還說現在的概念能指設到存在事物呢？我想，在這裡可以有兩種不同的解讀，這樣的解讀在於所需的新概念與舊概念之間的差異到什麼程度。如果我們大致上可以保留舊概念的許多內容而只增加少數新內容而形成新概念，那麼，這個變動並不劇烈，而且也至少可以宣稱舊概念的多數內容描述的是真相。在這樣的情況下，從舊概念到新概念或許就不能算是一種概念革命，或最多只能算是一個小規模變動的概念革命。然而，如果這樣的變動是非常劇烈的，大多數舊概念原本有的內容都變了，甚至根本上用新的方式來解讀，那麼，我們便毫無疑問的可以稱其為一場概念革命，而在這樣的解讀下，當擴展論認為舊概念仍然是正確對心物的描述的時候，應該只是主張現有的心物概念的某些描述仍是可用的，而且至少可以指設到一些源頭，這些源頭是真實存在的，而我們需要新概念來完全把握它們。

　　而實際上，取消唯物論也並不一定全盤否定有源頭的存在，它主張取消心靈概念並用物理概念來取代，而這物理概念也會是一個較為不同的物理概念，那麼，從某個角度來看，擴展論和取消唯物論在針對心靈概念的處理方面有很大的類似性。差別可能只在於對「主觀」性質的重視程度而已。而它們對物理概念的看法差異就比較大，擴展論基本上認為物理概念也是有問題的，也需要一個新的概念框架。簡單的說，取消唯物論開始走向以概念框架來看意識問題，但其基本上認為只有心靈概念框架有問題。但擴展論延續了以概念框架為問題核心的方向，但主張心物的概念框架都有問

題。但是，擴展論基本上也難以提出什麼樣的新概念與概念框架可以解決意識問題。

　　無論對擴展論的新概念的解讀只是一場小規模的概念改變，或是一場大規模的概念革命，其實這也沒有什麼好爭議的。因為，擴展論也沒有提出新概念，甚至也沒提出新概念的任何樣貌，所以，我們容許各種可能性，無論規模大小，我們統一以概念革命來稱呼它。本章企圖從此一路線繼續前進，看看是否能夠找出一些概念革命路線的希望，讓擴展論的理論不再只是處在畫餅充飢的地步。

　　首先我先進一步釐清概念與概念框架的意義，以及何謂概念革命，再來，我嘗試提出幾種在心物方面可能的概念革命，雖然，我並不預期在這樣的嘗試中真的可以解決這個問題，但希望在這樣的嘗試中可以讓我們窺見概念革命路線是個可以繼續努力的路線，而且感覺到一個成功或甚至只是更好的新概念是有可能創造出來的。

一、概念與概念框架

　　在開始討論心物的概念革命之前，我想，先對本文所使用的概念與概念框架做一個更深入的討論。首先，我們先來看看概念與思考的強烈關聯。

　　哲學問題的發生在於我們具有思考能力，如果我們不會思考就不會有哲學問題。而且，我們依據概念在思考，沒有概念就沒有思考①，也就是說，沒有概念就不會有哲學問題。當一個哲學問題發生之後，如果我們針對所有造成這個哲學

---

① 人類的思考大致可以區分成「直覺式」與「推理式」，上面談論的思考針對的是推理式的思考，而這種思考必須訴諸語言的協助，因此都會有相對應於這些語言的概念在運作。而直覺式的思考或許是不需要概念的協助的。

問題的概念作一個深入的探討，這通常有助於我們更加釐清這些問題。然而，如果這些哲學問題所使用的概念是錯誤的，那麼，我們也可能產生出一個錯誤的思考，以及一個錯誤的問題。當這種情況發生的時候，這樣的哲學問題是無法被解決的，我們必須指出問題的錯誤發生源，然後讓這個問題消失，這也就是所謂的「解消」一個問題。

在繼續深入討論「概念」相關問題之前，首先，我們要先弄清楚的是，什麼叫做「概念是錯誤的」？當然，我們最好還是先簡單談一下何謂「概念」。概念簡單的說就是，當我們使用一個語詞在思考時，該語詞對應於我們內心思考所呈現的東西。我們通常將這樣的東西稱之為「語詞的意義」。那麼，粗略的說，概念就是語詞所對應的意義。這個對應通常包含了當使用語詞的人正在使用該語詞時所用以指涉的東西，以及總是跟著這個語詞所伴隨的與其它語詞的關聯。前者可以簡單的稱之為「指涉」（reference），後者則稱之為「概念框架」。

那麼，當我們說一個概念是錯誤的，自然也至少包含了指涉與概念框架兩個部份，當概念的指涉部分發生錯誤的時候，我們可以說這個概念是錯誤的，而這種錯誤的發生在於這個概念指涉到不存在的事物，從這樣的角度來看，我們可以說，在第九章裡所討論到的「燃素」這個概念是錯誤的，因為其無法正確指涉到任何存在事物。而「麒麟」、「鬼」和「龍」大概也都屬於這類。當然，如果一個概念本來就不打算指涉到一個存在事物，本來就是以虛構的身份被使用，就像是「方形的圓」或是哈利波特中的「火盃」或是「鳳凰會」等概念，則無此問題。

另一個部份則牽涉到概念框架，概念框架簡單的說就是

概念間以某些關係連接起來所形成的一個框架，而當我們使用一個概念時，這個框架總是伴隨著這個概念，以致於在該概念被使用時，如果不特別澄清，那麼，概念的意義也相對受到該框架的影響。

舉例來說，當 A 用「小偷」一詞在稱呼另一個人 B 的時候，「小偷」這個概念或語詞本身並不包含有任何負面評價，但是，負面評價的概念總是和小偷這個概念相伴相隨，因此，除非特別聲明，否則聽的人都會覺得 A 在對 B 作一個負面評價。然而，如果 A 稱呼 B 為「神偷」則不同了，這個神偷的概念雖然本身意義並沒有任何讚美的成分，但是，該概念總是連著讚美的概念，因此，除非特別聲明，否則，聽的人都會覺得 A 在讚美 B。

那麼，當這樣的概念框架出錯的時候，我們也可以說該概念是錯誤的。也就是說，即使該概念有正確指涉到某存在事物，但我們對於該概念與其他概念的關連的理解是錯誤的時候，也就是當其概念框架是錯誤的時候，或說，其概念框架中部份的概念間的關聯並不正確指涉到其真正該有的關連，在這樣的情況下，我們也可以說該概念是錯誤的。例如，對於某個社群認為小偷是個神聖的工作，那麼，我們日常生活使用的小偷概念在此一社群中就是一個錯誤的概念，因其錯誤的連結到負面評價。

當我們依據這樣的角度來思考意識的問題時，我們有理由主張，意識相關的概念框架是很有問題的，或至少我們可以說，意識相關的概念框架與目前我們所知的物理世界的概念框架顯然是格格不入的。裡面包含了主客絕對區隔的概念框架，而這樣的概念框架導致意識在現象上的不可化約性問題。另外，心靈方面的概念框架包含了自由意志以及非充要

條件的結構，這樣的結構與物理概念框架中的決定論（或加上隨機性質）與充要條件的結構來比較，則也是格格不入的，這個問題導致心物在因果上的不可化約性。由於我們在前面的討論認為一元論中的唯物論是在理論上比較值得信賴的理論，因此，心物應該是同一回事，那麼這些問題的發生就在於概念與概念框架的錯誤所導致，而解決此一問題的方式則是我們需要新概念與其新的概念框架。而且，本書在上一章也已論證主張，由於物理概念及其概念框架也預設了心物的絕對區隔以及其無法包容自由意志的存在，所以，物理概念及其概念框架也必須跟著改變，新的概念當然還是可以稱之為唯物論，但其與現有的唯物論會在不同的概念與概念框架下被理解。所以，若挑剔一點，我們也可以不要稱其為唯物論。這個差別也只是語言使用上的問題而已。

簡單的說，本書主張，心靈（與意識）的不可化約性問題導源於錯誤的概念，而如果我們可以在概念上或其概念框架上作一些修正，或甚至是一個概念革命，則可能可以使問題解消。

二、概念框架與概念革命

概念與概念框架形成了我們對世界各種現象的理解，由於以「概念框架」這個概念來思考與解析問題是一個很新的思考方式，所以我先用最日常生活中的例子來說明。就以男女的朋友關係的概念框架來說，這個框架將異性的朋友關係區分成兩類：普通朋友和男女朋友。這兩者最大的差異在於兩者之間是否有彼此認同的談戀愛的狀態，如果沒有則稱之為普通朋友，有的話就是男女朋友。

當我們看到一個朋友 A 最近開始和一個異性 B 走的很近

時，我們內心可能自然會問一個問題，他們的關係是什麼？
而這個問題就自然落入到這個異性關係的概念框架來理解，
這個框架決定答案只有兩個，如果不是這兩者的話，那麼，
他們就是處在一種「曖昧」狀態，也就是一種不穩定隨時會
改變成上述兩種關係的任一種關係的狀態。雖然，事實上我
們沒有理由主張這種曖昧狀態不會成為一個穩定而長久的關
係，但是，經由這個異性分類的概念框架來理解就不會把這
種關係視為一種關係，因為我們甚至沒有一個確定的概念告
訴我們這種關係是什麼樣的東西。因為在日常生活的使用
上，「曖昧」並不是一種確定的關係描述，這個概念只是描
述了「並非明確處在普通朋友與男女朋友的關係上」。

　　而這個概念框架所包含的其實還有更多的內容，例如，如
果 A 告訴你說：「B 是我的女朋友。」這時，除非有特別的
信念作祟，否則，異性關係的概念框架會讓我們對這句話的理
解產生下列幾個自動推理（雖然這些推理未必都是正確的）：

1. B 和 A 正在談戀愛。基本上，剛開始交往的男女朋友
　 都是在談戀愛的。

2. B 是 A 唯一的女友。因為這個概念框架在男女朋友的
　 設定上是一人。

3. 如果 B 已經在適婚年齡則 B 可能很快會跟 A 結婚。因
　 為這個概念框架將談戀愛當作是結婚的前奏曲。

4. A 和 B 都可能有興趣和對方結婚。理由同上。

5. B 喜歡 A。除非有特殊狀況，否則如果 B 不喜歡 A 通
　 常就不會也無法和 A 談戀愛。

6. 如果 B 和 A 有約時我們去找他，B 會以 A 為優先。因
　 為情人比朋友重要。

上面只是列舉幾個自動推理，事實上還有很多，在沒有

更近一步的訊息時，我們通常會有這些自動的認知，這是伴隨著「男女朋友關係」的概念框架所導致的認知現象，而當我們聯想到「結婚」時，也會有相關於「結婚」的概念框架開始運作讓我們產生一些自動的思考與推理，而這些都會自然而然的成為我們對事物理解的一部分。

然而，當社會型態改變的時候，我們的概念框架也會隨之改變，例如，假設婚姻制度在社會上消失了，不再有人依據傳統的婚姻方式過生活，那麼，與結婚息息相關的「男女朋友關係」的概念框架也可能會隨之改變。例如，一夫一妻制的婚姻結構所導致的男女朋友的單一設定可能就會被取消，未來的男女朋友概念框架就不會有單一的連結而產生的自動推理等等。而如果變動更大了，這可能造成普通朋友與男女朋友的分類變得模糊而缺乏意義了，或當這樣的分類缺乏意義之後，整個分類的概念框架可能會產生很大的變化，而這就會導致一個概念革命。當一個概念框架產生系統上的改變之後，每一個概念框架上的概念的意義都會受到很大的影響，甚至到達完全不同的狀況。這時，我們就必須放棄原本的概念而用新的概念與概念框架重新理解這個概念框架相關的事物，而我們對這些相關事物的理解也會是一個完全不同的理解。

而當我們對某些事物的解讀產生問題時，其問題所在也可能是一個錯誤的概念框架所造成，如果整個概念框架必須被放棄而重新理解這些事物，那麼，就會導致一場概念革命[2]，進而產生對某些事物完全不同的理解。

---

[2] 這種概念革命的發生請參考（Thagard 1992）所著的「概念革命」（conceptual revolutions）一書。另外，其與庫恩（Kuhn, Thomas 1962）所談論的科學革命以及奎因（Quine 1970）的整體論的看法也很有關連。

第十一章 心物的概念革命

251

依據前幾章的討論，我們明顯可以發現在我們的所有認知中明顯可以區分成兩種不同的概念框架，一是關於客觀的概念框架，在這個概念框架中，我們認為所有人會看到相同的東西，這個概念框架對應的就是以第三人稱的觀點來看世界。另一是主觀的概念框架，而在這個概念框架中，所有東西都只對每一個個人呈現，與之相對的就是以第一人稱的觀點來看世界。當這兩個概念框架同時使用來理解心靈的主觀面以及被主張為其相對的客觀面的大腦時就會導致心靈在性質上的不可化約性問題。

前面已經談到過耐格的蝙蝠論證、傑克森的黑白屋論證、以及瑟爾的說明都顯示出心靈的不可化約性，一般也稱之為意識的問題。若從「大腦如何產生心靈」的問題來看則稱之為「難題」或單從「以物理概念解釋心靈概念」的角度來看則稱之為「解釋的間隙」。這個意識問題雖有不同的角度與不同的名稱，但其問題本質都是類似的。

而不僅針對意識的層面，前面幾章也討論到，從心物因果的角度來看，我們也發現其具有不可化約的問題。也就是說，心物的整個概念框架在探討意識的層面以及其因果關聯的層面都是格格不入的。這更顯示一個概念革命的需要。

三、心物在主客概念框架中的可能對應

錯誤的概念可能會導致對於事物的理解產生全盤系統上的錯誤。舉例來說，為了解釋燃燒的傳遞性（燃燒可以從一個事物傳遞到另一個事物），科學家史塔（Stahl）假設「燃素」的存在，然後用燃素的釋放去解釋一些與燃燒相關的現象。例如，在森林大火中，依據燃素理論，燃素大量釋放到空氣中，這時人不能呼吸，很自然的，我們就會將呼吸也作

為燃燒現象的一種，而主張呼吸也是以吐出燃素來運作，但當空氣中燃素到達飽和點時，燃素就無法被吐出而產生呼吸困難的狀況。

從現代科學知識的角度來看這樣的推理，我們會發現，為了一個系統的融貫性，一個錯誤的存在假設可能會產生像傳染病一般的蔓延整個系統，導致系統全盤錯誤。而在日常生活中，人們為了圓一個謊話就必須說上數十至數百個謊話來配合，因為，為了讓整個理論系統到達融貫解釋的狀況，一個錯誤的概念就可能導致整個理論系統全盤的錯誤。當一個問題到達這種程度時，其已經到達無法修改的地步了，我們就必須將之整個除去重新建構。這樣的狀況我們可以再從一個想像的例子來補充說明。

假設有一天我們發展山一個新的理論 A，這理論 A 主張有一種神祕的能量被發現，這個能量會呈現出一種肉眼難以辨識的很淡的綠光，而且以過去買樂透的錄影帶分析發現，大多數中樂透大獎的人身上大都散發著這樣的綠光，而且亮度較高，而一般人平時會有這樣亮度綠光的並不算常見。那麼，這個理論主張，「好運」並非隨機的，而是真的有一種能量會帶來好運氣。從這樣的一個解讀，我們可以發展一套關於「綠光就是好運能量」的概念框架來重新解讀相關現象。

然而，假設另外一批人研究有著不同的主張而發展出理論 B。理論 B 主張，綠光是由一種稱之為「黑暗物質」的東西在均勻分佈時所產生，而且綠光亮度是隨機產生的，運氣好壞與其亮度實際上沒有關聯，但當濃度越高的黑暗物質平均分佈時綠光亮度提升的機率就會變高，「好運」事實上跟黑暗物質的濃度才是息息相關的，當一個人被愈多的黑暗物質包圍則運氣愈好，而且跟黑暗物質的分佈是否均勻也是無

關的。

依據這兩個理論，我們會發現，理論 A 和理論 B 從不同的角度來解讀好運的來源，它們個自產生了不同的因果關係的結構，而且整個系統難以互相化約，至少一個存在著隨機解釋而另一個沒有，這就已經無法化約了。例如，從 B 理論要如何解讀 A 理論「好運」的概念呢？如果其中一個理論是正確的，那麼我們就必須完全放棄另一個理論，而且，如果理論中有不當的存在假設也就必須一起跟著消除。

上面的例子是針對同一個現象的兩種不同的解釋。對心物來說，由於我們認為心物描述的是同一件事物，那麼，從主觀角度來看以及從客觀角度來看心物就形成了對同一件事物的兩種不同的觀點和理論。當我們發現其互相格格不入時，就表示其概念框架無法融合。類似像這樣的難以融合與化約的情況有許多種類，當我們企圖從腦神經的角度解讀何謂從主觀角度所觀察的「意識」時，這樣的難以化約的情況可能有如下各種情況所造成：

1.心靈概念僅對應到物理概念的部份，而且有些部份的因果關連不一至

從主觀觀察以及從客觀觀察，因果關係可能會有不一致的情形發生。因為，每一個神經作用都會影響其他相連的神經細胞，但並不是每一部份的神經作用都會產生主觀的意識現象，所以，有可能實際上我們主觀上只能觀察到神經因果方面的一小部分，而忽略其他部分。例如：導致主觀的痛指涉到部份客觀的痛，且主觀的爽指涉到部份客觀的爽，在主觀概念中，痛和爽沒有任何因果關聯，但在客觀中可能會有。在這樣的情況下，從主觀角度出發所掌握的因果結構實

際上無法完全對應到客觀上的因果結構。

從這樣的思考角度出發來看，我們可以說，我們藉由主觀觀察所造成的主觀方面的因果結構應該是錯誤的，而至少在因果方面，我們應該回到腦神經科學方面重新理解心靈的各種因果結構。這樣的看法就很符合取消唯物論對心靈概念以及常民心理學的批評，至少針對因果結構上是很合理的觀點。如果，我們不認為客觀概念框架也有問題的話，那麼，至少在因果結構上，我們將會是傾向於取消唯物論的。但如果我們接受自由意志的存在，那麼，目前腦神經科學，甚至整個客觀科學的概念框架都無法解釋自由意志如何可能，因此，從這角度來看，如果我們不放棄自由意志，那就必須放棄當今的物理概念框架。這麼一來，我們就傾向於採取概念革命的思考路線了。

2. 好幾個不同的主觀概念都只是客觀概念的部分

這第二種情況會更複雜一些，請先看下圖：

A：客觀物質 　　B：心靈概念所對應的客觀物質

圖 11-1

我們先假設上面的圖形是客觀大腦在因果上的某個可被視為一個東西的結構，暫時先不管其為一張桌子的造型，這

個圖形在本書跟桌子無關，只是用來表達概念的對應的圖形而已。

　　那麼，從物理世界的概念框架來看，A 圖是一個客觀事物。但是無法將 B 當作是一個東西，因為如果這麼做會造成很多在概念框架中格格不入的情況，例如，在不需要碰觸到 B 物品的情況下可以自由操控 B 物品，例如：A 圖代表某類正面情緒，而 B 圖代表樂趣、得意、自信、舒適四種不同的情緒。如果實際上，由於我們對心靈現象在因果上的掌握不完全而導致分類與解讀被肢離的情況，那這四種情緒可能根本上在客觀大腦的因果結構中只是某一個事物的不同部分而已，在主觀觀察上它們就被賦予各式各樣的不同因果結構，這也會導致化約上的麻煩。

3. 一個主觀概念涉及到好幾的不同的客觀概念，但又不完全。

　　然而，一個主觀概念也可能涉及到好幾的不同的客觀概念，而且還都不是完全的掌握，這就會是更糟的情況：多個物件變成單一物件且又失去某些部分：

A：客觀物質

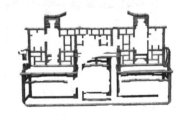
B：心靈概念所對應的客觀物質

圖 11-2

由於在主觀方面這些物件總是一起出現且有相同的因果關聯，於是在內省中將之當作同一件事物而形成一個概念。這兩者的因果解釋也會產生互相不一致的情況。

4. 其他可能的因果錯亂

　　其他混合的情況將導致更為複雜，例如同時結合不同事物又少了些部分而且還虛構了某些東西等等。例如：

圖 11-3

　　在這個例子中，假設 A 圖是真正存在的事物，有三個小精靈圖形和一個不完整的三角形，而 B 圖的藍色（或粗體）部份卻是由主觀心靈觀察之後所看到的部份，而此部分可能就形成了一個心靈概念，這個心靈概念可以說是某種巧合之下的幻覺，但是說其不存在也不是恰當的，因為，在客觀存在物層面卻有一個與其非常類似的東西存在（那個不太完全的三角形）。

　　從這些例子當中，我們可以比較明確的發現到，這些可能的錯誤會導致心靈概念與物理概念的格格不入，而且，我們還能夠想像的更複雜的狀況出來。然而，這些例子是針對

因果上的不可化約性來說的。而在性質上的不可化約性也可以用類似的方式來談，但這僅能想像而無法用圖形來說明了。

四、因果上的不可化約性與概念革命

針對上一節討論到的心物在因果結構上的不一致問題，此問題的解決方式是必須找出其因果上的真正對應與錯覺發生的問題所在，重新定位心靈以及其所對應的物質。以上面的圖 11-3 來說，藍色（粗線）部分只存在於主觀世界，我們仍舊可以賦予其一個本體上的地位，也就是承認其為存在事物，但這種存在則只限於主觀上的存在，就像是龍的存在一般。這種存在的化約應包含了整個圖 11-3 的 A 圖部分以及其造成 B 圖藍色（粗體）部分的作用，這樣的化約在其因果上才不會有任何問題，而其因果上的作用力則必須依據圖 A 的作用，因為在因果上藍色（粗體）部分是不會有作用力的。

這個因果上的化約所可能會遇到的最大的困難是我們的心靈現象常常都是混雜在一起的，很難從中擷取一個單純的心靈狀態來做大腦對應的觀察與研究。我認為，這個部份很可能需要藉由在心靈方面具有特殊能力的修行者的幫助，因為這些修行者能夠讓自己的心靈狀態進入的一個比較單純甚至更為接近心靈源頭以及各種心念起頭的那一瞬間，當腦神經科學家可以在大腦觀察到這些心靈現象所對應的大腦狀態時，我們對心靈與物質世界對應的掌握將會有所突破。以耐格的擴展論來說，這個突破也就是找到心物的必然關聯，當我們可以依據這個必然關聯來重新建構心物理論時，我們至少可以解決心靈在因果上的不可化約性問題。

然而，這個部份的化約預期會對心靈主觀概念產生很大

的衝擊，③這樣的衝擊或許會對我們在概念革命的思考上有很大的幫助。然而，只要主客概念框架在其絕對區隔的情況下沒有改變，則主觀現象上的心之不可化約性是不可能獲得解決的。但在後面的幾節中，我們仍舊需要針對這種如何打破主客區隔的問題中進行更深入的討論與嘗試。

整個問題的關鍵就在於我們必須先徹底放棄原本主客絕對區隔的概念框架，也就是說，我們不能再用原本的概念與概念框架來思考，否則，這個問題是不可能獲得解決的。另外，此兩種概念框架來源於兩種觀點，以耐格的分析來說，我們用第一人稱與第三人稱觀點在看世界而形成主觀與客觀的概念框架。那麼，我們的概念革命必須也要放棄這兩種觀點，否則問題也不可能獲得解決。也就是說，下面的各種嘗試將必須以不預設兩種觀點以及兩種概念框架的情況下來思考。這樣的思考或許可以觀察到這種概念革命路線的可行性。否則，無論提出什麼樣的新概念，只要我們返回有問題的概念框架或是觀點來解讀，那麼，這個意識的不可化約性問題就又會被帶進來，在這種情況下，我們一定不會認為這些新概念是有希望的。

五、一個概念的形成與其內容

1.基礎概念與非基礎概念

在進入討論如何建構新概念之前，我們可以先對概念的形成以及概念的結構做一個初步的省思，這樣的省思有助於我們思考哪些概念內容可能成為一個概念，而哪些或許不

---

③ 相同的，如果自由意志真的存在，此一存在會對客觀物質概念產生很大的衝擊。但本書並不針對自由意志的存在與否做討論。所以只是略微提及。

行，而當我們看到一個新概念時又該從什麼樣的角度來評估它。在這個討論中，最主要的問題是，究竟怎樣的概念內容可以成為一個概念，尤其是一個無法分解的基礎概念。

首先，我們可以先將概念區分成無法適當被其他概念分解的基礎概念以及可以繼續被其他概念分解的非基礎概念。當然，有時「可分解」與「不可分解」還是會有些模糊地帶，但基本上還是可以看的出程度上的差異。舉例來說，「桌子」、「愛」、「奮鬥」、「樹木」等概念是無法或是至少不太容易被其他概念分解的，我們可以稱之為基礎概念；雖然，這些概念都還可以用某些其他概念描繪出其相關屬性，例如，「桌子」具有「有腳」和「有平面」的性質，但是，這些概念卻無法組合成完整桌子的概念，也就是說，這些概念可能可以被分解成其他概念，但這樣的分解是不完全的，至少保留了一部份無法或難以被分解的內容存在，這時，我們也當其為基礎概念。

另外，像是「木屋」可以分解成「木頭」和「房屋」兩個概念；而「熱戀」可以分解成「強烈像是有熱度一般的」以及「戀愛」兩個概念，這些分解後的概念組合起來大致上可以完全取代原本的概念，那麼，我們就稱其為非基礎概念。

當我們對概念作這樣的區分之後，現在可以來問一個問題：我們企圖要尋找的那個能夠統合心物的新概念是哪一種？是基礎概念還是非基礎概念？我想兩者都是受歡迎的，當然，如果可以找到這樣的基礎概念是最好的，這應該是我們主要的目標。但是，如果目標僅僅是找到非基礎概念，這會比較容易一些，因為，只要我們真的能夠在因果上完全統合心物，那麼，我們只要把那個在心物因果結構中統合的東

西的所有性質包含起來當做一個概念來思考就可以完成這個目標了。只要心物一元是真的，理論上這應該是沒問題的。這樣的想法比較接近耐格在其擴展論中所主張的「理論概念」（theoretical concept），這就像在物理學上統合了「質量」與「能量」一般。目前把質量與能量當作物質的兩種表現形式，而此兩者原本的概念意義基本上還是互相無法化約的。只不過我們有一個質能互換公式（$E = MC^2$）來溝通它們，在理論上我們當其為因果上可以扮演相同角色的事物，那麼，雖然包含有質量與能量兩個不同概念的「物質」這個概念感覺上不是基礎概念，但只要我們對其因果交互作用夠了解，把這樣的知識也放在物質概念的內容之中，那麼，這個概念就會比較完整而傾向轉變成一個難以分割的基礎概念。而這一個過程就很類似於耐格所談的「擴展」，也就是當我們擴展了我們對心物之間各種因果關係的知識之後，當這些知識變成新概念的一部份而且用以連結原本的心物概念，這個新概念雖然還是接近於理論上把不同概念融合在一起的非基礎概念，但是，藉由心物間因果關係的內容加入，它們也可能會逐漸在認知中變成難以分割的基礎概念。所以，只要我們真能在因果上統合心物，而且目標僅放在這樣的理論型概念的話，我們一定可以做到解決心物問題的目標。只不過到時的新概念未必讓我們感到滿意，因為其「基礎程度」或許會不足，我們期待尋找到一個更像是基礎概念而且能夠統合心物主觀與客觀性質的新概念。

2. 概念的形成與習慣

一個概念的形成會受到習慣性的使用以及文化觀念等因素所影響。舉例來說，「姐妹」這個概念可以分解成「姐

姐」和「妹妹」兩個概念，所以，「姐姐」和「妹妹」是比「姐妹」更為基礎的概念。我們甚至可以說，「姐姐」是一個概念，而「姐妹」是兩個概念的組合。然而，在英文的"sister"（中文譯為姐妹）這個概念對用英文思考的人來說，它是一個概念，而英文的姐姐（elder sister：譯為較自己年長的姐妹）以及妹妹（younger sister：譯為較自己年幼的姐妹）才是兩個概念的組合。一個較不重視年長與年幼手足的文化，與一個很強調長幼有序的文化，就容易衍生出不同的概念。所以，一個概念是否是基礎概念，在成型時會跟文化習慣息息相關，也就是說，文化習慣如果改變了，一個概念的基礎程度也可能會跟著改變。

概念是思考的基本單位，當一個概念在心中出現時，它是以一個類似心靈內容（mental content）的狀態出現，至於出現的心靈內容是什麼樣的東西，這牽連的因素可能很多，包括整個概念框架的影響、文化、想像力、語言的構成與使用的習慣等等。當一個新概念出現時，有時我們必須花很多時間才能夠把握它，而這個學習過程就是找出適當的心靈內容與其跟其他概念之間的關係來對應這個概念，等到這個心靈內容較為具體的可以呈現在思考的過程中時，我們就學會了這個概念。

舉例來說，很多人很喜歡問哲學系的學生一個問題：「何謂哲學？」簡單的說，就是「哲學」這個概念應該對應到的心靈內容為何？會問這個問題是因為問的人還無法找到恰當的心靈內容與概念框架來對應這個辭彙，然而，當然，問的人說出「哲學」這個詞彙時，內心會有某個相對應的心靈內容，只不過其可能是很模糊的，或者其內容可能是很空洞的，也或者，雖有某些內容，但問者不太有把握這些內容

是否就真的是大家要談的東西。也就是說，問者內心的關於「哲學」的概念所對應的心靈內容與概念框架尚未適當成形。然而，「哲學」這個概念比較接近基礎概念，它並不是簡單可以由一些概念組合來掌握，因此，當哲學系學生要告訴別人何謂「哲學」時，這很難用其他概念來說明清楚，總是會有很多難以說明白的地方。因為，哲學這個概念是經由讀了許多哲學理論、做了很多的哲學思考，然後在這整個心智的實踐過程中逐漸形塑的一個心靈內容。若不經由此一過程則很難真的把握這個概念。

如果這個例子不夠清楚的話，那麼，我們可以試想我們是如何學會「數學」這個概念的？如果有人不知道「數學」是什麼，那麼，我們該如何跟他說呢？這很難傳達清楚，因為在長期的學習數學理論以及做數學思考與計算的心智活動中，我們逐漸形塑了這個概念的心靈內容，而此概念在心中較為具體之後，我們便可以用此概念來思考問題。

簡單的說，有些概念的學習需要長時間的心智活動來產生，也就是說，當本書提出的心物新概念的嘗試，在最初見面的時間無法打動你的時候，也不要馬上否定它。因為，尤其像是心物這種在我們的習慣思考中已經根深蒂固的概念，當我們要去打破其舊有的概念結構而用新的方式去理解它的時候，最初的開始一定是無法接受的。我們必須發揮想像力，思考如果我們長期這樣使用新的概念去思考以及放棄了舊的思考習慣與概念內容之後，我們是否真的可以產生更好的概念以及概念框架來面對心物的相關思考呢？我想這比較會是一個更好的閱讀本書的心態。

3.概念形成的基本限制

　　建構新概念的時候，我們首先要注意的是，並非任何內容的集合都可以在心智活動中被形塑成一個概念，有些內容可能無法融合成為一個概念。如同我們前面有談到的，互相矛盾的內容不可能被形塑成一個單一概念來思考，尤其是一個可以被當作基礎概念的東西。當然，如果我們用一個新語詞任意放入一些內容當做是一個集合名詞，我們自然可以像是擁有新概念一樣，只不過，我們很難把這個語詞當作單一概念來思考，也就是說，要建立這樣的語詞很容易，但要建立這樣的一個概念卻很困難。那麼，我們來看看，怎麼樣的內容難以被形塑成一個概念？

⑴內容互相衝突

　　這一點包含了前面談到的矛盾，但除了矛盾之外，某些內容的衝突也很難造成一個概念。例如，圓和方是想像上互相衝突的形狀，一個形狀若是方的，就不會是圓的，而一個形狀若是圓的則就不會是方的。在想像上這兩者是互相衝突的，但其或許並不算矛盾。我們可以建立一個語詞「圓的方形」，這個語詞表達某個形狀既是圓的又是方的。我們的確可以這樣製造語詞，甚至去使用它。但是，這樣的使用只能是一種理論上的使用，就像數學或是邏輯可以依據一定的公式做計算一樣，不管什麼樣的內容，不管有沒有內容，我們都可以使用它。然而，如果我們要做比較具體的思考，這時就會遇到很大的困難。在我們的思想中，我們無法把握一個「圓的方形」這樣的東西，這個語詞所包含的兩個內容互相衝突，無法融合成一個單一的心靈內容來把握，這麼一來，這樣的概念是不可能建立成一個基礎概念的。

　　所以，如果我們企圖要把握的新概念包含有這樣的互相

衝突的內容，我們一定不可能完成建立一個新概念的使命，因為這些內容會不斷的在思考中掙扎分離，難以被形塑成單一心靈內容來把握，也就無法成為一個較為基礎的概念。

所以，如果我們舊有概念中的「主客絕對區隔」的觀點不先排除掉，那麼，我們要建立心物的基礎概念是不可能辦得到的。由於在前面的討論中，我們已經主張在理智上應該否定主客絕對區隔，當其為一種錯誤思考，所以，這比較沒有問題。問題只在於心理上我們沒有這麼快可以做到這點。所以，當我們思考新概念時，這個主客絕對區隔的概念框架會不斷出現，這個困難比較不是任何哲學上的難題，而是一個根深蒂固的錯誤思考習慣所造成的困難。在習慣新概念之前，這個舊概念的思考習慣會一直不斷滋擾我們的嘗試，只要不去理會即可。當發現自己又運用這個主客絕對區隔的概念框架來思考新概念時，簡單的忽視它就行了。

(2)具有想像上完全無關的內容

即使概念內容並沒有明顯的衝突，但是，只要某些內容在想像上可以完全沒有關係的話，在融合成單一基礎概念的過程也是會有難以克服的困難。而意識問題的主要來源之一就是我們永遠可以想像意識和組成意識的物理事件（不管是大腦或是功能或是其他）是不同的兩件事。這樣的想像力如果繼續存在，那麼，意識問題是無法解決的，同時具有心物的新概念也不可能成功造出來。

然而，實際上這樣的困難並非完全無法克服，只要找出這些內容的共通點，概念還是可以融合的。舉例來說，用以描述主觀感覺的「感質」這個概念可以作為一個基礎概念，雖然其內容包含了各種主觀感覺性質，像是痛的感覺、紅色的色感、香味的味感等等統合起來稱之為感質。但是，這個

概念卻不會成為一個單純的集合名詞，因為，所有的感覺性質加起來並無法等於「感質」的概念，而且，這些感覺性質是互相無關的，但它們還是能夠被融合成單一的概念，因為，在所有這些感覺性質當中，它們具有共通的特色，這個共通點就是它們都屬於主觀的感覺，只要具有共通點，概念就比較容易成型。

也就是說，即使物理性質與心靈性質目前可以想像成完全不同的東西，但是，只要我們能夠找到其共通點，我們就可以解除這個「想像上可以是完全不同的東西」的魔咒，因為，在這個情況下，這樣的想像便是錯誤的，錯誤的想像當然是必須拋除的，我們的目標並不是在這個錯誤的想像上尋找解決的方案，這個思考路線是不可能有解答的，在這個部份，我們必須放棄這種想像，而在新的關於心物知識的基礎上尋找新概念。只要心物有必然的關連，能夠統合心物的新概念還是可以形成的。

其共通點在目前尚未發現，事實上我們目前也不能確定心物真的是同一回事，就連因果上是否真能統合也不確定，我們目前尚未真正能夠排除實體二元論的可能性，心物的一元論只能算是一個我們傾向於認為心物是同一回事的合理預設，但是，這樣的預設目前仍舊無法進入到我們的直覺，甚至進入到概念內容之中，成為維繫概念內容而讓不同的概念內容融合成單一的基礎概念的關鍵。所以，真正的新概念的建立至少必須訴諸心物在因果上的統一。當心物的必然關聯被發現後，即使心物在想像上仍然是不同的東西，但其連繫就能夠融合兩種內容而成為一個較接近基礎概念的新概念。

所以，既然我們想在理智上嘗試走這條路線，我們必須先讓自己暫時相信心物至少在因果上可以統一，而依據概念

革命思考路線的主張，在其統一之後，原本的心物概念都會有很大的改變，這樣的改變其實相當程度的會改變我們原本對心物的認知，至少會揚棄主客絕對區隔的概念框架，這使得心物的融合成為可能，而新概念也將會成為一個很不一樣的對心物的思考方式。

六、概念革命路線的確定

事實上，當我們確認意識在性質上的化約問題來源於概念框架的問題時，我們基本上已經相當程度上的解決了這個問題。最後的一個步驟只是指出一個沒有這種化約問題的概念框架是可能的，這樣就算完全解決這個問題了。至於這樣的概念實不實用、是否適合在日常生活中使用、以及會不會讓人感到怪異等等，這些其實都不是問題。因為我們企圖想要解決的是針對心靈這個本體事物究竟是什麼的問題，究竟為什麼會有不可化約性的問題，而不是一個實用性的問題。

一個真正能夠符合本體真相的概念或是概念框架不一定是能夠在日常生活中實用的、也未必在使用上不會有怪異感、甚至在日常生活中也不一定非用不可。舉例來說，依據相對論，重力來自於空間的彎曲而不是一個大地的吸力、而且物體的速度會減慢其所進行的時間，這導致我們每一個人實際上都在不同調的時間軸上，而不是生活在相同的時間脈動裡。這些都被認為是科學事實，但是如果我們真的用這樣的觀點過生活，這會讓我們的日常生活感到怪異、甚至不實用。然而，在日常生活中，我們繼續承襲舊有的觀點，即使是錯的，實際上並不會影響我們的生活。在這樣的情況下，舊的觀點仍然具有實用價值，也沒有必要更改。

也就是說，我們在討論意識的化約問題時，在追求真知

的同時，可以暫時忽略其日常生活的實用問題。一個正確的概念框架未必是實用的，也未必是非要在日常生活中採用不可。

取消唯物論表示，當我們取消心靈概念之後，未來的心靈語言則等同於神經科學語言，意即，當某人想說他會痛時，他可能會說，「我的第261條神經束以40Hz的頻率被激發」或是「我的大腦X區充滿Y類神經傳導物質」之類的神經科學語言。這樣的說法聽起來很可笑，而且根本就無法在日常生活中具有實用性。然而，這個可笑性卻無法用來反駁這樣的理論，因為，許多正確的理論在剛開始的時候會讓人感到可笑，因為當我們已經習慣錯誤的理論時就容易有這樣的情形發生。而「不實用」也不能用來反駁一個理論，因為，我們的目的並不是要建立一個在日常生活中實用的理論，而是一個正確的理論。

然而，當這樣有正確因果理論的語言被用在醫學上，作為治療或控制某些心腦疾病的時候，它會變得非常有效。就像當今依據大腦研究的精神醫學從大腦神經傳導物質的改變來把握心靈的改變，已經相當程度的可以控制甚至治療某些精神上的問題。例如，假設真有某一個神經傳導物質X在主導著人類愛情的感受，那麼，當我們說「我戀愛了」的時候，這就等於說「我大腦內的X物質大量分泌了」，而要控制戀愛的感覺，無論增進或是要消滅，就去控制X的分泌量就夠了。當這樣的必然關聯被發現後，當我們想到愛情就自然會想到X物質，久而久之，這兩者的心靈內容便會緊緊連繫在一起，而新概念「X戀愛」（同時指涉到主觀愛情感受與客觀X物質）就可能成為統合主觀與客觀的概念。當然，光是這樣的主客聯繫是很微弱的，其統合起來的力道也不緊

密，因為其只有一個不明確的內在運作機制對應而已，如果我們對客觀的了解還包含著整個運作的機制，戀愛的各種相關聯感覺在大腦運作中如何改變與產生等等，也就是這樣的因果對應若是包含了整個概念框架以及其整個因果運作網，甚至其內部的運作程式等等，那麼，新概念將會具備有更扎實的連結，而這樣的連結將真的能夠成功的形成一個統合心物的理論。至於這樣的理論在日常生活中是否實用就不在本書的考慮範圍了。

然而，如果我們回到舊概念（目前的心物概念）去思考，意識問題則會永遠待在那裡。它是不會被解決的，只要我們不脫離舊概念及其概念框架，這個問題永遠都在。我們的目標並不是在舊概念的基礎上尋找解決的方式，而是要把舊概念及其框架先放棄掉，然後尋找新概念來重新理解心物。這是在我們確定概念革命路線之後必須先確定的思考方式。

這個路線未必是正確的，但是依據前面幾章的討論，這個路線應該是目前最具有說服力以及最合理的思考走向。我們目前要做的就是先暫時假設這個概念革命路線是對的，先放棄主客的絕對區隔，放棄舊概念帶給我們的意識問題，讓我們站在一個新的出發點，到人類尚未開發的思維世界探險，尋找更好的理解心物的新概念。若沒有這樣的心理準備，當我們不斷回頭套用舊概念思考意識問題時，無論怎樣的嘗試都是沒用的。因為意識問題就是源自舊概念本身，而當我們以舊概念為基礎來思考時，它就一定會在那裡。而我們的目標並不是在舊概念的基礎尋找解決的方式。我想，這是一定要先確認的思考基礎。有了這個共識，其實我們會發現，找到一個比現在更好的新概念並沒有想像中這麼困難。

七、發展新概念的嘗試

那麼，我們現在來思考發展新概念的各種可能性。雖然，不可知論者馬格印認為我們不可能發展出新概念來解決心物問題，因為它超出了人類認知能力範圍之外；而擴展論者耐格雖然認為可以，但他並不認為這是可以刻意創造出來的，它認為這只有在某種不經意的情況下可能自然出現。而實際上，我們的確也很難想像如何可能創造出新概念來解決心物問題。可見要發展新概念即使是可能的，也絕不會是件容易的事情。這至少需要進入到思維尚未開發的領域，尋找一點蛛絲馬跡，或許在某些嘗試之後，我們可以看到這個問題有可能獲得解決的曙光。而這也就是本章的主要目的。實際上，本書並不期待目前真能造出理想的新概念出來。尤其當心物在因果結構上尚未統合的時候，談新概念的建立是有點言之過早了。那麼，我們先看看幾種嘗試，希望這些嘗試可以打破我們在心物方面的思考侷限，讓我們的想像力能夠深入尚未成形的思維世界，一瞥統合心物的新概念存在的可能性。

1.新概念的第一個嘗試：意義的擴展

現在，讓我們看看幾種可能導致新概念的方式。第一個方式是，原概念加上意義的擴展而成為新的概念。這個嘗試最接近擴展論，擴展論期待將原本心物概念的意義增加一些內容，而在擴展後的概念中包容了原本舊概念的主客意義，也就是說，新概念的內容大多還是由兩個舊的概念的意義和框架來把握。

這樣的想法其實有點一廂情願，想要保留舊概念的（至

少大部分的）原本意義而只增加某些新內容要形成能夠統合心物的新概念，這樣的一個嘗試大概是很難成功的。由我們前面的討論來看，心靈概念框架需要有很大的改變，尤其在因果結構方面，在這樣的改變中，心靈舊概念還能保留大部分的意義幾乎是不太可能的。

而且，不僅在心靈概念方面是如此，一旦物理概念放棄了主客絕對區隔的概念框架，甚至加上了可以容許自由意志的成分，舊的物理概念也會產生很大的改變。所以，在這個嘗試中，我們還是不要配合耐格擴展論的期待，來遷就到底該保留多少舊概念。當意義擴展時，心物舊概念的許多內容會被淘汰掉，究竟最後保留的有多少我們暫且不去討論，即使耐格也不會認為全部舊概念的內容都要保留，至少和主客絕對區隔的相關內容是一定要被去除的。那麼，我們來討論看看這樣的意義擴展的作法會如何。

意義擴展之後，舊概念的某些內容不見了，新的內容出現在新概念上，由於我們目前難以想像，一個既能包含某些心物的主客觀性質，又能去除主客絕對區隔的新概念究竟是怎樣的東西。所以，即使出現了這樣的東西，這將會是一個很不符合直覺的概念，但是，當我們揚棄舊概念之後，新的概念還是可以讓我們自然的思考。

以上面談到的例子來說，「姐妹」這個概念對中文母語的人來說，他是兩個概念的組合，即使我們學會了英文的sister這個概念（此概念把姐妹當作單一概念），我們還是會把它當作是兩個概念的組合。但是，假設「姐妹」是舊概念而 sister 是新概念，如果我們可以揚棄舊的概念而學習新的概念，那麼，我們就能夠用單一概念來把握與思考「姐妹」。反之，對英文母語的人來說，姐妹（sister）是單一概

念，而「姊姊」（elder sister）反而是兩個概念的組合，如果其揚棄舊有的英文概念來學中文概念，他也可以成功的改變舊概念的思考型態。

也就是說，這是一種習慣的問題，在學習語言之初的概念如何形成的問題，當今我們認為無法化約的主客概念放在一起成為單一的概念之後，只要我們能成功揚棄舊的概念，那麼，當新概念取代舊概念時，心之不可化約性問題將會被取消。

舉例來說，假設某心靈概念的內容「痛」可以將其內成更細分成幾個部份，用如下的符號來表示：$\{A1, A2, A3, A4, A5\}$，當我們說痛時其實就是包含了這些內容。而其相對的客觀物理狀態假設可以用如下的符號來表示：$\{B1, B2, B3, B4, B5\}$，而由於 B 的相關內容都是客觀的，所以，A 完全無法用 B 來描述。

那麼，假設我們發現了 A 和 B 在因果上的必然關聯，我們把這樣的必然關聯稱之為 C，而當我們建立了新概念「痛*」時，假設 A3, A4, A5, 以及 B3, B4, B5 都因為包含了主客絕對區隔的成分以及其他格格不入的成分被剔除了，而剩下的成分都不具備這樣的特性。那麼，新概念「痛*」的內容成分可以區分成：$\{A1, A2, B1, B2, C\}$，當我們把這些成分統合起來成為一個新概念時，由於其主客絕對區隔的部分以及其他衝突的內容已經沒有了，而且加上了一個使兩者能夠視為相同事物的必然連結 C，那麼，當我們可以習慣的操作這個概念時，這個「痛*」的概念將是一個較為基礎的概念，而且新概念將不會再有意識的問題。

亨佛萊（Nicholas Humphrey）在2000年提出的構想接近這樣的做法，他認為，當我們要把一個心靈狀態等同於一個

大腦狀態時，就等於要把這兩者連接起來，只要在思考上我們可以連接兩者，那麼，化約就可以成功了。而這樣的連接不一定只能一個步驟，一個步驟會讓我們的思考難以連結兩者，透過許多可以連結的步驟應該會比較容易成功。例如，從痛的主觀感質（the phantasm of pain）出發，連接到痛的感官感覺（the sensation of pain），再連到痛的經驗（the experience of actively paining），再連接到身體受到刺激所產生的痛（the body surface in a painy way），等等，以此類推直到連接到大腦產生出痛的作用，當我們在理智上可以完全連接這兩者時，也就是當我們真的能夠在因果上統合心靈與大腦時。而這整體作用的知識就會在概念內容中使得心物合一的新概念存在有不可化約的特質（Humphrey 2000）。

然而，這個方法會遇到一個麻煩是，如果心物概念框架在主客絕對區隔方面沒有徹底被清除的話，在某個心物交會的點上一定會產生無法連結的困難，這也就是會面臨不可知論者馬格印所提出的關於心物交會的性質 P 的問題，由於我們無法製造出一個同時包含有主觀與客觀內容的性質 P，所以，心物連結的點是不存在的。所以，這種意義的擴展方法必須完全拋棄掉原本的主客絕對區隔的概念框架與其相關內容，在意義的擴展中建立一個沒有主客絕對區隔的新概念作為其連接點，這個新概念將不會是從第一人稱或第三人稱的觀點來理解，也不是同時使用兩種觀點，而是一個概念革命後的新觀點。

這樣的新觀點實際上也只是一種習慣的使用，例如，我們思考到一個具有體積的物質時，這個物質在重力場的作用上一定是有重量的。物體的體積與重量兩者也可以是不可化約的概念，但是，當我們觀看物質時，其有體積就必然會有

重量（或說是「質量」會比較符合物理學的用詞），由於我們習慣性的把有體積的當作是有重量的，這兩者就會在概念框架中強力的連結在一起。一旦我們在因果上統合心靈與物質，了解某些物理作用必然會產生心靈狀態，那麼，當這樣的知識進入到概念框架中型成一個習慣，那麼，依據這個概念框架的思考就可以撇開主客絕對區隔的麻煩，而當這樣的概念框架所產生的新概念成為我們思考心物連結的關鍵點時，整個心物的聯結就可以宣告完成，而在新的概念框架的觀點上，意識的問題就可以宣告終結。

　　這樣的觀點就像是亨佛萊（Humphrey 2011, p.34）在提出前面嘗試的十一年過後所提出來的一個有趣的說明。首先，先來看下圖，這是由當代物理學家彭羅斯（Roger Penrose）所提出的一個實際上不可能存在的物體圖形：

圖 11-4　The Penrose Triangle

　　這個圖顯示出一個不可能真實存在的物體。亨佛萊以這樣的圖形來比喻，就像有些心靈狀態或是整個概念框架的奇特性質，或是意識問題顯示出不可能被解決的情況一樣，而

這可能只不過是從錯誤的角度來觀察所造成的幻覺而已。例如，假設上面的圖在某個點上實際上並沒有連結在一起（如圖11-5）：

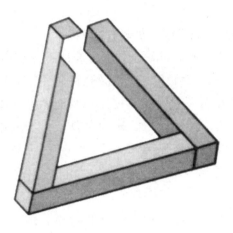

圖 11-5

　　如果圖11-5才是其在客觀世界真實的樣子，那麼，這就是可能存在的物體了，而只不過我們從錯誤的角度來看它，使其看起來似乎連結在一起而造成了問題。要解決這個問題很簡單，只要我們離開現有的角度（就像看圖11-4的角度），或是了解這是某個角度的觀察所造成的錯誤認知即可。從本文的說法來講，舊有的心物概念框架就是這樣的錯誤認知，而要在這個錯誤認知上找尋解答，就像是想在真實世界尋找圖11-4這樣的物體一般，這是辦不到的。但只要我們離開現有的主客絕對區隔的概念框架，換個角度或是換個觀點來看心物，從一個較為正確的或僅僅是較好的角度來看它（就像是看圖11-5的角度一樣），看到的東西雖然和原本的不太一樣，但卻是更為真實的，而問題也就自動消失了。

當然，當我們再次回到這個舊有的角度來看，問題自然又回來了，舊框架內的問題並沒有被解決，但是，又何必執著於這個錯誤的觀點呢？

2. 新概念的第二個嘗試：從外在看內在

　　除了擴展原概念的意義之外，如果心物在因果結構上終於能夠統合了，我們可以嘗試從外在（原客觀觀點）看內在（原主觀觀點）並將兩者結合成新概念的方式來建立新概念。例如，某大腦運作方式產生了某個主觀心靈現象。如果當我們看見或是思考這個運作方式的同時就能夠直接聯想到其所產生的心靈狀態，那麼，化約問題也會消除。簡單的說，就是從外在來思考內在。

　　這個方式需要依據對外在運作對應心靈現象的了解，之後再強化兩者的聯想，對於一般人來說這可能需要訓練，訓練一種聯想能力，那麼，只有接受這樣的聯想訓練的人在其思考中才能看到心靈化約的可能。或者，只要習慣這樣思考就可以了。這就像是一般人無法看到質量與能量是物質一體兩面的觀點，而只有在這方面具備相關知識以及能夠依據這些知識思考質量與能量，並且產生習慣性聯想的人才可能把握這種質能一體的物質概念。即使一般人類難以達成這樣的聯想訓練的話，我們可以先思考一個「改造人」的思想，讓這樣的聯想功能成為直覺的聯想，那麼，心靈不可化約性一樣能在這樣的人的思考中消除。

　　想像一種情況，假設一個人在任何一個時候都可以看見自己大腦所有運作的細節，也很清楚怎樣的運作對應什麼樣的心靈狀態，而且藉由大腦的因果作用來預測以及處理各種心理上的困擾。那麼，對這樣的人來說，如果他從小到大習

慣這樣的對心靈的認知，那麼，它所建構的心靈概念雖然仍有內在的主觀內容，但是卻以外在大腦的運作為基礎。在這樣的情況下，關於大腦運作的想像和其主觀內容會呈現出一種互相不可區別的心靈內容，而這樣的心靈內容成為一個單一的基礎概念之後，如果應用這樣的新概念在思考，那麼，這種新概念所組成的新概念框架會是較為接近事實的，而且將不會包含有意識的化約問題。

舉一個最簡單的例子，「心悸」這個概念的意義是「明顯感覺到心跳」這是含有主觀內容的概念，因為感覺到心跳是一種主觀感受，但是，我們也可以從外在觀察發現心跳的較為明顯，所以，這個概念也包含了客觀的內容，在這個概念中，主觀與客觀內容融合在一個概念之中，當我們看到這個概念時，主客觀的概念內容會同時產生，而且被當作是同一回事。在這樣的情況下，我們不會覺得其有化約的問題。如果有人嘗試將之分開而主張有化約問題，多數人也不會對此問題感到有興趣。然而，這裡真的沒有化約問題嗎？我們是否仍舊可以問，為什麼心跳會產生心悸的感覺呢？對於一個從沒有心悸感覺的人要如何從第三人稱觀點了解這種主觀感覺呢？我們發現，如果我們使用舊的概念框架來思考，問題仍舊存在。但是，我們如果不要這樣去問，問題就不見了。如果舊概念框架是對事物的正確的理解，那麼，我們必須說，「心悸」也有不可化約性問題。但是，如果我們認為舊概念框架是錯的，那麼，我們很簡單的不使用這樣的思考方式，而主張問題本身是錯誤的問法，那麼，我們只要使用新概念框架重新理解心物就不會有化約問題了。也就是說，當我們的心靈概念全部都成了像是「心悸」這樣的概念主客內容合一的話，心之不可化約性問題就會自動消失了。

然而，意識問題中的無心人論證在這裡也是行不通的，因為，在這樣的符合心物在因果化約的新概念也不容許有「無心人」的出現，理由在於，對其外在機制的想像中已理所當然的會包含某個心理狀態。例如，當我們對心靈現象在物理世界的運作把握夠徹底的話，我們可以把握如下的運作：X 的物理運作會導致一個關於自我的觀點，而在 X 的運作上加上 Y 的運作會導致 X 這個自我的觀點產生某個負面感覺的主觀作用，而且，當 Z 作用也同時出現時，這個同時具有 X 與 Y 運作的主體會將 Z 的運作辨識為「痛」的負面感覺。那麼，當某個主體的大腦運作同時具有 X、Y、與 Z 的時候，這個主體一定會有痛的感覺。

　　這時我們如果還說，我們可以想像某個認知主體的大腦同時具有 X、Y、Z，而且這個認知主體沒有任何主觀狀態，這時，如果我們習慣了新概念，我們就會覺得這是一個很莫名奇妙的想法。也就是說，如果我們真的了解了其物理運作的機制，那麼，無心人論證的想像是不能成立的。而且，如果我們對各種心靈狀態對應物理狀態的掌握愈徹底，這樣的聯想的結合度就愈高，可被拆解的可能性就愈低。那麼，新概念就更能成功達成避開意識問題的結果。

　　除非我們否定心物一元的觀點，否則，這樣的新概念基本上應該是可以接受的。那麼，另一個問題是，我們是否永遠無法排除心物二元的可能性呢？我想這可能是事實。即使我們找到了更好的新概念使得意識問題不再繼續困擾我們，這並不等同於真正解決了心物一元與二元的爭議。這個問題將會和他人心靈以及客觀世界是否真實存在的問題一樣，除非我們的知識終於到達了終點，否則這些問題都是不可能獲得完全解決的。我們還是只能尋求一個較合理的理論，而不

是正確的理論。也就是說，如果我們再次回到舊概念框架來理解心物，意識問題仍然會在那裡，如果我們回頭主張舊概念實際上才是正確的，那麼，我們勢必要放棄一元論的觀點走回頭路，而這卻是在目前的討論中較不具有合理性的主張。

3.新概念的第三個嘗試：建立中介概念

概念革命的第三個可能嘗試是先製造出可以連結心物的中介概念出來。讓我們做一個思想實驗來看看這個嘗試。首先我們做出一群人造人來，我們稱這樣的人造人為「新人類」。假設新人類的所有心靈變化都會表現在臉上，包含臉上的表情、動作、以及顏色等等。而且每個人都會很容易的知道在什麼樣的心情之下對應什麼樣的臉部狀態。而臉部狀態的名稱就是其心靈狀態的描述。例如，臉紅了等於是害羞、臉綠了就是生氣、而臉白了則表示驚駭的情緒。另外，假設新人類對大腦的知識也很豐富，大腦的什麼作用導致什麼樣的臉部狀態也很清楚。在這樣的假設下，新人類的心靈狀態透過臉部狀態變成可客觀觀察的，而且大腦的作用和臉部狀態的因果作用也很清楚。在這樣的情況下，新人類是否就沒有意識的問題了呢？簡單的說，藉由一組中介概念來連結兩者並且將這些連結混合成為單一概念，這種情況是否算是解決了意識化約的問題？

從概念化約的角度上來說，內心狀態和臉部狀態的概念是互相可化約的，而臉部狀態和大腦狀態也是相互可化約的，那麼，我們便透過中間概念化約用以描述心靈狀態與大腦狀態的概念了。

有個神經科學上的例子可以用來適當說明這個方法。為了解決有些人長期遭受無法解決的疼痛問題，史丹佛大學神

經影像和疼痛中心主任馬凱（Sean Mackey）以及神經生理學家狄羌（Christopher deCharms）共同設計了一個實驗，讓這些疼痛病人觀看大腦功能性核磁共振的回饋圖片來調整他們自己的疼痛經驗。首先，讓他們躺在可以顯示大腦狀態的核磁共振儀器裡，並且讓他們可以觀看自己在疼痛發生的大腦區域的活化程度，畫面以一個火焰來代替，當火焰愈大則活化程度愈大，主觀感受就愈痛。反之，當火焰變小則大腦該區的活化程度變小，主觀的疼痛感也隨之降低。病人在接受某些訓練來控制自己的疼痛經驗之後，多數人都相當程度的能夠控制自己的疼痛了，而且，火焰的大小和主觀感受真的可以有正確的因果對應（deCharms, et. al., 2005; Boleyn-Fitzgerald, 2010）。

　　針對這樣的病人來說，心靈性質的不可化約性問題可以透過火焰大小的中介概念獲得了解決。由痛感程度對應到螢幕火燄的大小，而螢幕火焰的大小對應到大腦疼痛區域的活化程度。當三者因為經常性的被聯想在一起而渾然合成單一概念時，至少對經過這樣訓練的人來說，其疼痛的概念將會改變，由本來完全的主觀感受加入了螢幕火焰的大小以及其所相對的大腦某區的活化程度。如此一來，具有這種概念框架的人來說，只要其不要再應用原來的舊心物概念框架思考，其新的概念框架中是不會有性質的化約問題的。

　　當然，如果我們再次把這些概念內容拆解，大腦跟火燄還是具有不可化約性、而火焰和痛也是。因此，在次強調，我們並不是要在舊概念及其概念內容中尋找化約，而是建立一個不具有化約問題的新概念。從這樣的一個目的來看，我們是可以達成目標的。只不過，「火焰」並不是一個好的中介概念，因為他並不自然，臉色再針對某些心靈現象時或許

好一點，但我們需要的是應該是一個更能夠指出大腦運作機制與心靈現象配合的東西，否則，即使像是臉色可以連結心靈現象，但對於連結大腦作用來說明顯不太夠。在本章的最後一個嘗試中，我們嘗試藉由心物的共同意向來尋找統合的新概念，以類似的方式用來當做中介概念或許會好一些。

4.新概念的第四個嘗試：科學發展出新概念

另外一種方法在於訴諸科學的新發現。如果未來我們的確依照我們所預期的，發現目前對心物的看法根本是錯的，因而藉由新的發現與重新建構的理論發展出一個新的心物觀，這樣的心物觀自然會導致一個新的概念框架，而這樣的新概念框架自然也不會有化約的問題。

舉一個例子來說，目前有些科學理論像是弦論主張這個宇宙事實上存在有許多空間，而科學實驗發現的確有超距作用④的存在而且不清楚其是怎麼作用的。那麼，讓我們做一個大膽的想像。假設目前已知的某種類型的粒子（或甚至是每一個粒子）都和某一個目前尚未發現的隱藏空間的某種物質有所聯繫。更精確的說，如果從全時空來看，我們目前所知的這些粒子實際上都不是完全的，我們只知道其部份，其另一個部份存在於另一個空間，而另一個空間的結構或許和目前我們所屬的空間有很大的不同，因此，其物質的性質也有很大的不同。我們可以用這樣的假設來解釋物質的超距作用，因為其某部份（在另一空間）還是聯繫在一起的，所以

---

④ 有些成對粒子在分裂之後以非常快的速度分離，當我們影響其中一個粒子時，另一個粒子也幾乎在同時會有所擾動，而且科學家們相信，無論它們距離有多遠，這樣的擾動都會產生，而且是瞬間就會造成的。由於目前無法知道這樣的擾動傳遞是依據什麼樣的方式，所以這是一個謎。

它們即使在我們的空間距離遙遠，它們仍舊可以有瞬間的交互影響力。假設這個隱藏空間的事物就是心靈現象的來源，那麼，心靈變成物質的另一個屬性。在這樣的一個新的概念框架之下，這等於統一了物理論和實體二元論所形成的新概念，這樣的新概念也將會終結意識的問題。因為，在新的物質的概念之下，心跟物本來就是統合在一起的，化約就變成沒有必要了。

當然，這個想像成為事實的機會大概是不高的，這個想像的目的在於指出，科學在對心物的研究中，未來發現有可能在心物方面徹底改變我們的心物觀，或許，光是目前所知的大腦是不足以形成心靈現象的，目前雖然已有一些新功能論者主張身體與環境是對心靈形成的重要成分，但這些都還難以說明心靈的自由意志屬性。如果我們傾向於不否定自由意志的存在，而又要主張一切都是「物質」的作用，那麼，我們必須去尋找自由的出處，一旦我們可以找到自由意志的來源，我想，關於物質的舊概念將會有很根本的改變，而心靈和物質的連結點將會由於這個新發現變得更加緊密，心物很多問題將會迎刃而解，而新概念也可能會在那樣的發現中自然出現。也就是說，當我們真能解決心物在因果上的不可化約性問題之後，概念革命將自然產生，而新概念也將會自然出現。

到時大概不會再有人對意識的不可化約性問題感興趣了，雖然沿著舊概念思考這個問題仍舊存在。但當我們確實了解舊概念是對自然界的錯誤描述之後，我們就不會再執著這個問題了。這個嘗試路線可以等到科學把能研究的研究完後，也就是科學終究完成了科學方法所能夠研究的因果的化約，意識問題也可能會自然被解決。

5. 新概念的第五個嘗試：以不含絕對區隔的概念為基礎

然而，如果我們不想等到科學研究在因果上統合心物之後再來思考意識問題，因為這說不定要過幾百年才會完成，那麼，我們還是可以先嘗試別種方式，看看是否有可能在心物因果統合之前就先看到其解開意識問題的一個較為可能的方式。那麼，我們可以從意識問題的根源處著手，也就是心物舊概念框架中所預設的心物絕對區隔的觀點。那麼，我們嘗試尋找一個沒有絕對區隔的概念框架來取代心物概念，看看這樣是否更為可行。

心物概念革命的第五個嘗試是可以用不含主客區隔的概念框架來取代原來的心物概念。舉例來說，以冷熱溫等概念組合取代主觀與客觀。以溫度當作目前主觀性質的強弱，溫度愈強表示包含的主觀內容愈多。冷概念取代客觀，熱概念取代主觀，以溫概念作為主客混雜的概念。或者可以純粹以數字等級作為衡量標準，並以此為基礎重建概念框架。

舉例來說，從大腦運作的角度來看，如果我們可以發現主導個人內在感受的機制 X，當 X 運作愈強時產生的內在感受愈強，反之則愈弱。那麼，我們可以把溫度的概念或是數字的概念摻進這些內在感受之中，每一個內在感受有溫度做為指標，而溫度所對應的就是大腦的運作。當 X 運作時，具有 X 的主體產生某個溫度等級的內在感受，等級三的憂鬱（對照於等級三的熱感）、等級五的疼痛、等級二的沮喪、或是等級三的疼痛加上等級八的不安感等等。

當我們把這些等級概念融入一個主觀感受之後，當我們產生一個主觀感受並去理解它的時候，我們的認知中自然會呈現出其該有的等級位階，因為每一個主觀感受都有其程度之別，當我們對其程度去度量的同時，X 的運作方式也自然

會呈現在我們的認知之中並與這些等級位階同時被理解，那麼，這樣的主觀感受就會一併和大腦作用混在一起成為一個較為基礎的單一概念。如果我們可以做到這個程度，那麼，意識問題也會在新建構的概念框架中解消掉。

然而，乍看之下，這個嘗試等於是認為所有的認知事物都是有「溫度」的，差別只在於冷熱的程度而已。也就是說，這有點像是現象學方法的改造，放棄第三人稱的觀點，主張所有事物都是相對主觀的。然而，這樣的說法等於是又回到主客絕對區隔的概念框架上在討論問題，這個嘗試的主要目的即在於擺脫這個主客的絕對區隔，所以，目的僅在於使用沒有主客絕對區隔的概念框架重新理解心物，而不是在舊有的心物概念框架上建立新概念。所以，這樣的解讀其實是不當的。而提出新概念的最大困難或許就是，我們很難拋棄掉原有的舊概念的思考。

而且，由於對溫度的想像和對主客觀現象的想像差異過大，這不容易讓我們有一個可取代的感覺，若換成意象比較接近類似中界概念又不包含主客絕對區隔的結構來扮演新概念的角色，或許可以提高接受度，但實際上，概念只要用習慣了，大致上都差不了多少的。那麼，我們看看下一個嘗試是否會提升我們的接受度。

6. 新概念的第六個嘗試：以相同意象為基礎

那麼，我們現在來看最後一個嘗試，這個嘗試也算是結合前面討論到的幾種嘗試一併使用。

建立新概念的最後一個嘗試是可以考慮以心物共同具有的意像重新建立新概念。假設，我們已經完成心物在因果上的化約，已經把握到從因果關係的角度來看，何種物理結構

及其運作方式可以對應何種心靈狀態。那麼，我們便可以得出，心物由某些類型的基本單元所構成，這些單元的名稱目前並不存在於我們的認知中，因為只要用到任何一個目前已有的名稱，其馬上落入到主客區別的概念框架之中，所以，我們暫時就稱其為「基本單元」或最多稱之為「心腦基本單元」。這個單元從舊概念的主觀角度來看，它包含有主觀層面，從客觀角度來看，它也包含了客觀層面，但是，當我們從新概念的觀點重新來看這個說法時，無論我們用主觀或是客觀層面去看它，我們都會覺得這樣的觀點很怪，而且不是正確觀察它的正確方式。正確的方法是什麼呢？當然就是用新觀點「直接」觀察而不要做奇怪的切割，主觀與客觀的觀點就是在作奇怪的切割。雖然這裡還是會用主觀客觀的切割方式去說明某些東西，因為目前不這麼做的話根本很難說清任何事物，但請記得這是不當的說明方式，而正當的方式是直接用新概念框架去觀察，那麼，「直接觀察」又是什麼意思呢？直接觀察就是使用能完全包容這個基本單元所有屬性的觀點去看它。問題是，這是怎樣的一種觀點呢？我們要如何形成這樣的觀點。讓我們使用符號來說明。

假設基本單元可以區分為 X 與 Y 類別，X 類別是我們所發現的基本的與心靈活動相對照的神經運作型態，而 Y 是這些 X 之間地可能連結方式。而假設我們找到 X 類別有六種（當然，實際上不太可能只有六種，這裡只是做一個較為簡單的假設），也就是說 X 有六個主要的區別 X1、X2、X3、X4、X5、X6，而依據它們在心物方面所具有的共同意象，其分別被稱之為，「上升」、「下降」、「急彎」、「平行」、「三角」、「雙向」。假設，這些名稱事實上就是從某個角度來看神經的運作型態的真實描述，而且這樣的神經

形態從當今主觀面來看就是六種基本的心靈狀態，我們目前的由主觀觀察到的心靈現象都是由這幾個基本心靈狀態所組合以及變化時所產生的。急彎就是心靈狀態的急速變化所產生的感覺，以傳統主觀概念框架的心靈詞彙來說，對應最多的是「打擊感」、「很 HIGH」、「失落感」與「希望感」等等。下降對應痛苦等負面情緒；上升則對應快樂等情緒；而平行則對應一種平靜的感覺；三角則是困惑；雙向則為矛盾情緒。由這些基本情感的組合構作出各式各樣的人類複雜情緒。

基本單元 Y 則提供了各種連結的可能，例如，任兩個或甚至多個 X 可以組合成新的高階單元（意即由其他單元所組成的），而且這些單元也可以產生某些其他連結，像是互斥關係、蘊含關係、因果關係等等。因此，X 與 Y 則形成了新的概念框架。

這個新概念框架的關鍵點在於使用神經運作方式找出基本情感的對應，然後用神經運作的特色及其共同意象給這些所對應的心靈狀態取新的名字。這新的名字符合因果上的化約，也同時指涉到神經與心靈的運作。由於這個新概念同時包含原本舊概念框架的心靈與大腦的某些特質，而且我們在新概念框架中將之當成是不可區分或是不應區分的東西，我們將這些基本單元稱之為心腦的基本單元，那麼，我們將其概念框架描述如下：

概念框架：

A.基本心腦單元之特質與運作機制：

　　(1) 上升：一種正面的感覺，從某個角度來看，神經運作正集體朝上運作。依據神經運作的特質，如果沒有持續的「上升」輸入，「上升」速率會開始緩和、停

止，甚至「下降」。

(2) 下降：一種負面的感覺，從某個角度來看，神經運作正集體朝下運作。依據神經運作的特質，如果沒有持續的「下降」輸入，「下降」速率會開始緩和、停止，甚至開始「上升」。

(3) 急彎：一種內心突然變化的感覺，當神經運作產生一股很大的反向輸入時會造成神經運作逆轉，但當輸入沒有持續時，就會自然緩和。例如，原本因為統一發票中了一千萬而心腦正在「上升」時踩到了一個鐵釘，這個強烈的輸入產生很強的心腦「下降」運作而使的心腦狀態產生「急彎」，由於踩到後訊息持續力道減弱，上升會漸漸又呈現。或者，如果「上升」強過踩到鐵釘的「下降」則不會產生「急彎」。

(4) 平行：這是一種最能持久的大腦狀態。運作處在電位較為平衡的時候，除非有較強的輸入訊號干擾，否則心腦狀態可以持續。如果生理與心理都沒有較強的輸入訊號或打擊則會持續。

(5) 三角：當大腦運作呈現出一種三角形的運作時，則會讓人產生困惑，無法判別哪一種路線是較好的選擇。直到某一個思路被強化而使得三角形的現象消失時，困惑就消失了。

(6) 雙向：當大腦運作呈現雙向對沖時，人們感覺到矛盾，直到某一條思路明顯衰弱而不再有雙向的狀態時，則矛盾感就消失了。

B.基本心腦運作的關係：

(1)同時作用的關係與效用：

 I.急彎下降：心情極速下降。例如，當有突發的不幸事

件發生時所造成的情緒現象。通常伴隨傳統心靈詞彙所描述的打擊感。

II.急彎上升：心情極速上升。例如，當有突然的高興事件發生時所造成的情緒現象。通常伴隨傳統主觀概念框架的心靈詞彙所描述的「很 HIGH」的感覺。

III.急彎平行：突然變化的情緒產生緩和並且持續的狀態。例如，當很強的反向輸入造成後沒有新的刺激輸入而處在較不變動的情況。以實際情況來說，就像是原本在相反的情緒後聽完一個好笑的笑話，或剛看完一場悲傷的電影後的緩合狀態。

IV.平行下降：通常伴隨傳統心靈詞彙所描述的負面與失落感，而且逐漸下沉。嚴重時會產生虛無的感受。

V.平行上升：通常伴隨傳統心靈詞彙所描述的正面與希望感，而且逐漸上升。強烈時會對人生充滿信心。

(2)**互斥的關係：**

I.上升下降：兩股神經流作用形成衝突所產生的情緒現象，這可能會導致「雙向」或是「三角」。以傳統主觀概念框架來說類似於矛盾、衝突、或是難以取捨而導致困惑等情緒現象。

II.急彎平行：急速變動與不變動的兩股神經流形成衝突所產生的情緒現象。例如，在混亂變動的情緒下企圖打坐平息內心所產生的內心狀態。

III.急彎雙向：突然產生出來的新想法或是突然產生的情緒跟原本的想法或情緒相衝突而產生矛盾與衝突的感覺與想法。

(3)**因果的關係：**

I.急彎下降導致上升：突然且強烈的負面情緒往往導致

正面心情的產生。

　　II.急彎上升導致下降：突然且強烈的正面情緒往往導致負面情緒的發生。

　　III.急彎導致平行：心情與神經細胞突然劇烈變動通常就自然會運作緩慢並感到平息。

　　以上這些只是先列出基本可能有的連結，目的只是在顯示新概念框架的可能性以及其可能解決的哲學問題，其可能的基本單元及連結自然還有許多，而且當然不會剛好就是這個虛構的情況。所以，在此不多舉例。

C.心腦概念框架的運其他說明：

　　(1) 感質：從傳統主觀概念框架來說，每一個基本單元都有感質，但這些感質的單位可能會和目前的不盡相同，在上面新概念框架的例子中，感質有上升、下降、急彎、平行等等，概念改變後也同時會影響到我們的感質單位。但感質這個詞彙較適用於傳統的概念框架而不適用於心腦概念框架，因為，「感質」這個詞彙本身就已經預設了可將主觀性質單獨區分出來談，但新概念框架不接受這樣的預設。而新的感質概念應該自然會伴隨相關的大腦運作。

　　(2) 把心理狀態以動態帶進來：這個新概念框架的一個好處是，當我們思考心靈的變動時同時就會想到大腦的變動，兩者不僅是在概念上是同一的，而且在整個概念框架上也是同一的，當我們對大腦的生化運作有更多的認識就會形成對心靈層面有更多的認識，反之亦然。

　　(3) 重新依據正確的因果對應給心靈新的名稱：在我們的假設中，這個概念框架是依據正確的因果對應而來，

這會和原來的主觀內省的心靈概念的對應不同，但我認為仍舊能在主觀內省中找到恰當對應的感質，如果真的可以，那麼，我們就能夠統一心靈與物質在因果方面，如果這點辦不到，那麼，物理論將會是錯誤的理論。我們可能必須轉向回到實體二元論去尋找解答。

(4) 新的心靈狀態的名稱依據神經運作的特點取名：當我們建構出大腦與新心靈概念的正確因果對應之後，我們依據大腦運作的特色來給新的心腦概念命名，這樣的名稱會同時指涉到傳統框架的大腦與心靈而可以避免不可化約性的問題。這就像前面提到的「心悸」的概念一樣同時具有調和的主客內容，讓人不覺得有不可化約性問題的存在。

在日常生活中，這樣的概念框架是可以被使用的，而且其較為正確的對應到真實的世界狀態與其因果關連上。例如，有一天我說我的心情正在「急彎下降」，這表示我本來心情還不錯，但開始有失落感產生並且心情愈來越差。而同時我們也會理解到大腦神經運作以「急彎」與「下降」的方式在運作，進而也從其大腦的特質了解心情將會有何變化。而且，更重要的是，這樣的語言所描述的心腦現象不會有化約的問題。下面我們可以仔細討論這樣的新概念框架如何面對當今各種心靈哲學問題的挑戰。首先，我們來看看這個新的概念框架如何回應瑟爾的問題。

瑟爾主張，當我們說「痛只不過就是 C-神經簇而已（Pain is nothing but C-fiber.）」，然而，當我們這樣說的時候，我們會發現，關於「痛」這個概念的最重要的性質被遺漏了。

那麼，將一樣的問題放在新的概念框架，我們就可以問，當我們說「急彎下降只不過就是急彎下降而已」，此處是否有什麼東西被遺漏呢？沒有，急彎下降是心腦的基本單元，只要我們不再重回傳統概念框架去分割它就不會有這個化約的問題。因此，這個問題並非獲得了解決，而是在新概念框架中被解消了。

　　第二，我們看看會不會有耐格的問題。耐格主張，當我們完全瞭解蝙蝠的大腦狀態時，我們也無法知道當一個蝙蝠感覺起來像是什麼。在新概念框架中，這是不可能發生的事情，因為，如果有任何一個屬於蝙蝠的心腦基本單元不被知道（例如其感覺來像什麼），我們就無法完全瞭解蝙蝠的心腦狀態。這個問題和傑克森的黑白瑪麗問題是類似的，這種屬於知識論證的形式也都必須在主客觀分割的概念框架才存在，只要以心腦為基本單元的概念框架都不會有這個問題。因此，這個問題也就被解消了。或許我們可以說，我們永遠無法真正了解蝙蝠的心腦狀態，因為我們缺乏某些對蝙蝠心腦的認識。這的確是一個在獲得某些知識上的可能問題，這個問題也不見得一定無法解決，但只要我們採用新概念，這可以和原本的意識問題脫鉤。

　　舊概念之所以會有這些問題是因為我們對心物的了解不夠清楚，尚未掌握到心物至少在因果角色中屬於同一事物的情況，只要我們能夠在因果上統合了心物，而且以這個必然的連結為基礎重新建立新概念，那麼這樣的新概念將不會再遭遇這些問題。

　　第三，我們來看看這個新概念框架如何面對無心人問題。這個問題是說，由於我們可以想像一個具備所有必要的物理特質但卻沒有感質等心理現象的存在，那麼，我們就可

以推出心靈概念是無法化約到物理概念的（Chalmers 1996）。這個問題事實上也必須將概念框架建立在心靈與物質絕對分割的主客概念框架下才會產生，當我們運用新的概念框架來思考是不會有這個問題的，而且實際上也會認為這是不可能的。我們當然還是可以去想像它們的不同，但這就必須要再拿出舊概念來思考，由於這樣的想像只是依據一個錯誤的概念框架在思考，這是沒什麼意義的。所以，這也是一個可以被解消的問題。

第四，我們所要面對的問題最困難的似乎還是邱瑪斯所提出的難題（the hard problem），這個問題在問，「心靈如何從大腦產生的？」依據新概念框架來說，問題就變成心腦的諸多性質中，它們之間是否有可以互相產生與互相解釋的性質。例如，水的其他性質是否可以用來解釋其透明性，如果可以，那麼，當我們更加瞭解水之後就會知道了，如果不行，那麼，我們可能要找出其他可以解釋水的所有性質的東西，例如，從氫和氧來解釋。依據這樣的類比，我們可能必須從基本的神經運作來解釋為什麼會產生「急彎」、「上升」等現象，如果「急彎」、「上升」等現象是我們已經發現的心腦在因果上的必然關連且建立為同一概念，那麼，我相信依據該必然連結，只要一方獲得解答（大腦面）另一方就會獲得解答（心靈面），因此，我認為在建立起新概念框架之後，這個難題會轉變成一個科學問題而不再是一個在概念上令我們困惑的問題。

從這些討論中可以看出，問題的主要根源皆是因為我們依據主客絕對區分的傳統概念框架所引起的，一旦我們拋棄了這樣的概念框架之後，心靈問題就變得清楚了，而且許多原本很難解的問題都可以被解消了。

八、「難題」的再商榷

　　從上一節的討論來看，原本的心之不可化約性問題在捨棄舊概念之後會被解消掉，而且，雖然上面並不算真的提出了一個可以取代舊概念、更實用、且更符合心物整體因果結構的新概念，主要還是因為我們目前尚未真的找到能夠統合心物的因果結構。我們至少必須等到終於解決了心靈在物理世界究竟對應到什麼的問題，才能真正期待一個正確且實用的新概念。上面討論的主要目的是希望透過這些不同角度的嘗試思考，讓我們感覺到一個能夠統合心物的新概念的出現是一件可能的事情，並非如此的遙不可及。

　　而在這整個概念革命路線的討論上，或許已經有人贊同我的主張，但或許仍有一些人認為這樣的解決方向只不過是迴避了問題，並沒有真正回答問題，而真正的「難題」其實並沒有被解決：究竟物理世界的事物如何造成心靈現象？

　　上一小節，我解釋了這個問題，我認為，那只是因為我們沿用了錯誤的概念所造成的問題而已，因為問題本身所使用的概念就已經預設了主客的絕對區隔，在此預設之下，我們當然無法解決這個問題，問題的關鍵點在於我們所使用的概念與概念框架，只要我們相信（或未來發現），心物真的是一體的，那麼，我們就有理由相信這個舊概念及其概念框架是錯的，那麼，問題就只是由錯誤預設所造成的假問題，假問題則需要被解消而不是被解決，因為假問題是不可能被解決的。當我們捨棄舊概念之後，就是解消了這個問題，只要我們重建的新概念中沒有這樣的問題，那就完成這個心物統合的任務了。而我們所建的新概念中，如果我們可以將其建成比較接近是基礎概念的狀態，那麼，問題也就根本不會

再出現了。而上面的討論中，我認為我已經指出了這個可能性，我們不僅可以建構一個合併心物內容的非基礎概念，甚至可以建構一個比較接近基礎概念的新心物概念。

那麼，在新概念真的出現之前，由於我們很難跳脫舊概念的思考，在這樣的情況下，我們還是會覺得「難題」並沒有被解決。而且，在更深入的思考下，或許以人會反駁說，就算新概念出現了，基本上我們還是可以把新概念的內容大略區分成兩個成分，一個屬於物理的，一個屬於心靈的，即使我們不要主張兩者是絕對區隔的，我們仍舊難以思考究竟物理的東西如何造成心靈的東西，也就是說，新概念似乎只是把難題包裹起來，而實際上，紙包不住火，問題仍舊在哪裡，只要想想裡面的內容，難題又會重新燃燒起來，把新概念的包裹徹底燒淨。

這樣的反駁其實沒錯，我也同意，但是，這個問題卻不是單單心物問題會遇到的，這是一個很根本的人類認知的問題。因為，幾乎所有跟因果作用有關的概念及其概念框架都會遇到這樣的問題。問題只不過在於我們是否覺得它是一個問題而已。

舉一個例子來說，大概沒有人會懷疑：我可以推動桌上的滑鼠。而且當我這樣說的時候，沒有人會認為這裡面有個「難題」需要被解決，因為在我們的「推」的概念與其概念框架中本來就包含了「會造成動」的心靈內容，所以這個「推」的概念在使用來「推動事物」時，並不會有類似難題的麻煩，那麼，我們現在把這個概念內容做一個分割，然後我們就可以把這裡面的難題找出來：請問這個「推」是如何造成「動」的呢？

回到難題來看，我們很難想像一個物理作用要如何產生

心靈狀態，這是心物問題裡面的難題。在推與動的作用中，我們也可以問，究竟「推」是如何導致「動」的？這樣問我們就可以想像了嗎？直覺上的答案是，「當然可以想像。」因為，推會產生一股力，當這股力到達某個程度時就會造成某物體的移動。所以，從推到動之間是沒有理解上的間隙的。然而，這個答案其實是答非所問，這個回答就等於我們在心物問題中回答：「因為物理作用在某種情況下會產生某個物理狀態，而該物理狀態就會產生心靈現象。」這個回答其實只在於因果關係上的回答，並沒有回答一個能夠完全解釋「動」的產生的答案。問題的癥結點在於：究竟那股力是如何產生動的？我們也永遠可以想像，當一股物理上應當是足夠的力產生時，物體卻在沒有任何阻力的情況下不會動，雖然，事實上或許不可能，但我們還是能夠想像。這種問題是永遠不會有答案的。因為，問題的焦點就是我們無法真正觀察「因果作用」。這是在十七世紀哲學家休莫（David Hume）就已經發現的一個重大人類認知的缺陷，因果關係不是被發現的，也無法被觀察，而是我們思考與認知的一個基本預設。我們甚至無法彌補在日常生活中最自然的「推」與「動」之間的認知間隙，我們自然也無法彌補心與物之間的認知間隙。因為，這種需要完全補足因果關係的認知根本上就不是人類能夠辦的到的認知狀態，這跟它是不是心物問題是沒有關係的。

然而，問題在於，為什麼我們不覺得「推」與「動」之間有個難題呢？答案其實很簡單，我們在日常生活中不斷的習慣了「推」與「動」的連結，所以，在「推」與「動」之間的概念框架是不包含有絕對區隔的，因此，我們很自然的認為推動一個物體是根本沒有問題的事情。也就是說，當我

們習慣使用不包含有主客絕對區隔的概念框架在思考心物問題之後，而且當我們自然而然的可以在觀察心靈現象時聯想到其所對應的大腦狀態時，他們之間的認知間隙就會自然被補足，除了我們還是不能解釋其因果如何可能之外，我們基本上不會再認為這裡面有需要被解決的意識問題。也就是說，綜合上面的各種嘗試，如果我們真的能夠在因果上統合心靈與物質，而且具有這方面的知識，而新概念在以此為基礎的情況下，難題就會自然的消失了。剩下的只是一個「無法觀察因果關係」的更艱難的問題。

　　當然，這個類比會有一個看起來不太恰當的一點，就是訴諸了「因果關係」的討論。然而，心與物之間真的有因果關係嗎？如果心物之間的關係並不是因果關係，那如何可能會有這樣的類似問題呢？這裡要區分成兩個部份來討論。首先，我們是否用任何與因果關係類似的觀點來思考心與物，也就是說，當我們在面對「難題」時，思維中是否浮現出類似的結構，如果是的話那麼我們就必須先將之移除。移除之後，如果我們將心與物視為同一物體的兩種不同的面貌，那剩下的問題就在於，我們是否可以將它們看作是同一事物？這裡的思考跟原本讓我們陷入泥沼的「難題」就已經不太一樣了。如果藉由心物在因果上的化約能夠達成，那麼，我們就比較容易將它們當作是同一件事物，那麼，難題也就自動消除了。所以，難題之所以難，也在於其夾帶了這個因果關係無法被觀察的問題，當我們將這個雜質去除之後，難題將會變得簡單很多。

九、結論

　　上面提出的各種方法所建構出的新概念在理論上都會比

現有的舊概念要好，但這樣的好處僅止於理論上來說，或是從相信心物一體之後的合理性來說。從感覺上的接受度來講，自然是舊概念最好，那是無可取代的。本章的目的也不是要建立一個感覺上很自然的新概念，因為這在目前來說是不太可能的事情，概念的使用必須先改變思考型態才有可能。本章主要目的是要指出，從這些嘗試來看，要建構一個沒有意識問題的新概念與其概念框架並非是不可能的。這樣的結論可以用來支持這個概念革命路線是值得走下去的，而且也預測未來對心物的科學發展將會走向一個概念革命的路線。當然，前提是：「心物一元論是正確的。」如果不是，那我們就期待一場更大規模的科學革命吧！

事實上，本書從一開始討論的笛卡兒實體二元論一直到擴展論，再發展成為一個概念革命的主張，這一路的思維轉折，沒有否定任何一個理論，也沒有確認任何一個理論的正確性。本書探討的標準是一個合理性的標準，愈合理的理論愈可能是對的，但是，不要忘了，再怎麼合理的理論都有可能是錯的。從目前我們所知的角度來看，概念革命路線應該是最合理的，但是，新的證據與新的發現將會在未來不斷出現，在更多的證據與新發現呈現在我們的理智中時，概念革命路線所居的王座位置也可能會有所動搖。甚至目前最被大家接受的唯物論也可能崩解，例如，如果我們可以發現佛教唯識思想中的阿賴耶識真的不對應任何物理結構；或者，瀕死經驗的研究被迫必須訴諸人類非物質靈魂來解釋時；或者，我們發現在量子世界之外還存在有另一種完全不同的世界並且跟心靈息息相關的時候；以及其他我們目前尚未想到或甚至超過我們目前想像的其他新發現出現在我們理智的思考中時，我們必須迅速的改變各種理論的合理性位置。然後

重新評估與尋找一個最合理的解答。這也就是一個對知識探求的好奇心所呈現出來的心智活動，綜合一切人類目前具有的探索世界的方法與工具，不分科學與哲學，以追求真相為根本目的，這不也就是最早期希臘哲人們在人類理智甦醒之後的心智活動嗎？這也就是最符合哲學本質的對真理的探求。

最後，本書雖然未能對意識問題做出最終的解答，而只能對各種理論的合理性做出分析，以及針對概念革命路線的思維提出一個實現的可能性，並且主張以目前所知來說，概念革命路線是針對心靈問題最合理的一個思考路線。當然，也不排斥任何其他理論在未來有重新登上王位的可能性。而這本書的價值顯然也並不在於提供任何解答，而在於提供一個分析與探索性的思考，希望這樣的提供對於未來人們最終找到的解答有推波助瀾的效果，能達成此一目的，也就完成這本書的使命了。

參考文獻

中文

布萊恩・魏斯（1992）。**前世今生：生命輪迴的前世療法**。
　　譯自（Weiss, 1988)，台北：張老師出版社。

彭孟堯（2006）。**人心難測：心與認知的哲學問題**。台北：
　　三民書局。

福若思（2004）。**物質的終極影像—反物質**。台北：年輪出
　　版社。

黎國雄（1995）。**靈魂出竅與意識潛能：超脫形體束縛的神
　　秘力量**。台北：希代出版社。

蓮花生大士（1996）。**西藏度亡經**。台北：天華出版事業股
　　份有限公司。

克里克（1997）。**驚異的假說**。台北：天下文化出版設。

橫山紘一（2002）。**唯識思想入門**。許洋主譯。台北：東大
　　圖書公司。

洪裕宏（1998）。神經網路與哲學。**心與腦**（頁249-293）。
　　台北：心理出版社。

冀劍制（2006a）。心之不可化約性問題的論戰。**哲學與文
　　化**，33(9)，p.147-163。

冀劍制（2006b）。心物二元論的惡果。**弘光人文社會學報**，
　　第5期，p.169-185。

冀劍制（2007）。以自我知識為中心的哲學。**鵝湖**，第388
　　期。

冀劍制（2009）。從西方認知科學探討儒家自我知識的可信度。**哲學與文化**，第36卷第10期，p.149-161。

冀劍制（2010）。中文屋論證的錯誤之一。**華梵人文學報**，13，p.209-225。

冀劍制（2011）。從儒家自我知識的比較標準論其客觀化的可能。**鵝湖**，第432期。

加來道雄（1998）。**穿梭超時空：十度空間科學奇航**。譯自（Kaku, 1994)，台北：商業周刊出版社。

賈德‧戴蒙（2000）。**第三種猩猩**。譯自（Diamond, 1992），台北：時報文化出版社。

錢志純（1986）。**我思故我在**。台北：新潮文庫。

徐嘉宏（1998）。身心問題初探與神經科學簡史。**心與腦**（p.33-60）。台北：心理出版社。

鄔昆如（1977）。**現代西洋哲學思潮**。台北：黎明文化。

王國銓（1993）。**弦理論和影子世界**。台北：銀禾文化世界有限公司。

王文方（2008）。**形上學**。台北：三民書局。

沃爾夫（1999）。**靈魂與物理：一位物理學家的新靈魂觀**。譯自（Wolf, 1996)，台北：台灣商務印書館。

英文

Almog, Joseph (2002). *What Am I? Descartes and the Mind-Body Problem*. New York: Oxford University Press.

Berkeley, George (1710; 1988). *Principles of Human Knowledge*. New York: Penguin Books.

Béziau, Jean-Yves (2003). "Quine on Identity", *Principia 7* (1-2), p.1-15.

Block, N. (1980). "Introduction: what is functionalism?" in *Readings in philosophy of psychology*. Cambridge, MA, Harvard University Press.

Boleyn-Fitzgerald, Miriam (2010). *Pictures of the Mind: What the new neuroscience tells us about who we are*, New Jersey: Pearson Education, Inc. 中譯本：《心智拼圖：從神經造影看大腦的成長、學習與改變》，洪蘭譯。台北：遠流出版社。

Burns, C. Delisle (1915). Occam's Razor. *Mind, 24.*

Chalmers, David J. (1995). "The Puzzle of Conscious Experience", *Scientific American*, December 1995: p.62-68.

Chalmers, David J. (1996). *The Conscious Mind*, Oxford University Press.

Chalmers, D. & Jackson, F. (2001). "Conceptual Analysis and Reductive Explanation", *Philosophical Review* Vol.110, p. 315-61.

Chi, Chienchih (2005). "A Cognitive Analysis of Confucian Self-Knowledge: According to Weiming Tu's Explanation", *Dao: A Journal of Comparative Philosophy*, Vol. 4-2, p.267-282.

Chi, Chienchih (2009). "A Confusion of the term 'subjectivity' in the philosophy of mind", *International Journal of Philosophy 2009.*

Chomsky, Noam (2000). *New Horizons in the Study of Language and Mind,* Cambridge: Cambridge University Press. .

Churchland, P. M. (1981). Eliminative materialism and the propositional attitudes. *The Journal of Philosophy 78*, p. 67-90.

參考文獻

■

Churchland, P. M. (1984). *Matter and Consciousness*. Cambridge, Massachusetts: The MIT Press.

Churchland, P. M. (1985). "Reduction, Qualia and the Direct Introspection of Brain States", *The Journal of Philosophy*, Vol. 82, p.8-28.

Clark, Andy (2008). *Supersizing the Mind: embodiment, action, and cognitive extension*. NY: Oxford University Press.

Clowe D., Bradac M., Gonzalez A. (2009). A direct empirical proof of the existence of dark matter. *Astrophys J Lett 648*, L109-L113.

Coleman, Sam (2011). "There is No Argument that the Mind Extends". *Journal of Philosophy*, Vol.108, No.2.

Copeland, Jack (1993). *Artificial Intelligence: A philosophical introduction*, Oxford: Blackwell Publishers Ltd.

Copleston, Frederick (1985). *A History of Philosophy Volume IV*, New York: Doubleday Inc.

Corazza, Ornella (2008). *Near-Death Experiences: Exploring the Mind-Body Connection*. New York: Routledge.

Crick, Francis (1994). The Astonishing Hypothesis: The Scientific Search of the Soul. NY: Oxford University Press.

Crick, F. & Kock, C. (1998). "Consciousness and Neuroscience", *Cereb. Cortex* Vol. 8, p.97-107.

Dalai Lama XIV (1990). *Freedom in Exile: The Autobiography of the Dalai Lama*, New York: Harpercollins Publishers. 中譯本：《達賴喇嘛自傳》康鼎譯（1990）。台北：聯經出版社。

L. Foster & J. W. Swanson, (1971). "Mental Event", in

Experience and Theory, London: Duckworth.

Davidson, D. (1974). "Psychology as Philosophy", Reprint in *Essays on Actions and Events*, 1980, p.229-244, Oxford: Oxford University Press.

Davidson, D. (1980). "The Material Mind", *Essays on Actions and Events*, Oxford: Oxford University Press.

Davies, M. (1994). "The Mental Simulation Debate". In C. Peacocke (ed.) *Objectivity, Simulation and the Unity of Consciousness*, Oxford: Oxford University Press.

DeCharms, R. C., Maeda, F., Glover, G. H., Ludlow, D., Pauly, J. M., Soneji, D., Gabrieli, J., and Mackey, S. C. (2005). "Control Over – Brain Activation and Pain Learned by Using Real-time Functional MRI", *National Academy of Sciences 102, no.51*.

Dennett, D. (1991). *Consciousness Explained*. Boston: Little, Brown And Company.

Descartes, R. (1641; 1998). *Meditations on First Philosophy*. Indianapolis, Indiana: Hackett Publishing.

Diamand, Jared (1992). *The Third Chimpanzee: The Evolution and Future of the Human Animal*. New York: Harper Perennial.

Dingers, D. F., Whitehouse, W. G., Orne, E. C., & Powell, J. W. (1992). Evaluating hypnotic memory enhancement (hypermnesia and reminiscence) using multitrial forced recall. *Journal of Experimental Psychology: Learning, Memory, and Cognition, 18*, 1139-1147.

Domingos, Pedro (1999). The Role of Occam's Razor in

Knowledge Discovery. *Data Mining and Knowledge Discovery, 3*, 409-425.

Edelman, G. & Tononi, G. (2000). *A Universe of Consciousness: How Matter Becomes Imagination*. New York: Basic Books.

Fisher, Helen (2004). *Why We Love: The Nature and Chemistry of Romantic Love*, New York: Henry Holt and Company.

Foster, John (1991). *The Immaterial Self*. UK, London: Routledge.

Greene, Brian (1999). *The Elegant Universe: Superstrings, Hidden Dimensions, and the Quest for the Ultimate Theory*. New York: Vintage Books.

Hart, Wilbur (1988). *The Engines of the Soul*. New York: Cambridge University Press.

Heidegger, M. (1926). *Sein und Zeit*. Seven edition, Neomarius Verlag, Tubingen. Translated by Macquarrie, J. & Robinson, E., （1962）. *Being and Time*, Harper Collins Publishers.

Heil John (2004). *Philosophy of Mind: A contemporary introduction*. New York: Routledge.

Hillis, Daniel (1998). *The Pattern on the Stone: The simple ideas that make computers work*, NY: Basic Books. 中譯本：《電腦如何思考》（1999）。台北：天下文化。

Houshmand, Z., Livingston, R. & Wallace, A. (1999). *Consciousness at the Crossroads*. Snow Lion Publications, Inc. 中譯本：《意識的歧路》（2002），立緒文化。

Humphrey, Nicholas (2000). "How to Solve the Mind-Body Problem", *Journal of Consciousness Studies, 7, No. 4*, p. 5-20.

Humphrey, Nicholas (2011). *Soul Dust: the magic of consciousness*, Princeton, New Jersey: Princeton University Press.

Iacoboni, Marco (2008). *Mirroring People: The New Science of How We Connect with Others*, New York: Farrar, Straus and Giroux Inc. 中譯本：《天生愛學樣》洪蘭譯（2009）。台北：遠流出版社。

Jackson, F. (1982). "Epiphenomenal Qualia", *Philosophical Quarterly*, Vol.32, p.127-36.

Jackson, F. (1986). "What Mary didn't Know?" *Journal of Philosophy*, 83, p.291-5.

Johnston, Victor (1999). *Why We Feel: The Science of Human Emotions*. Reading, Massachusetts: Perseus Books.

Kaku, Michio (1994). *Hyperspace: A Scientific Odyssey Through Parallel Universe, Time Wraps, and 10th Dimension.* Oxford: Oxford University Press.

Kearns, John (1996). *Reconceiving Experience: A Solution to a Problem Inherited from Descartes*, Albany: State University of New York Press.

Kim, Jaegwon. (2000). *Mind in a Physical World: An Essay on the Mind-Body Problem and Mental Causation.* Cambridge, MA: The MIT Press.

Kim, Jaegwon. (2005). *Physicalism, or Something Near Enough.* New Jersey: Princeton University Press.

Kripke, Saul (1981). *Naming and Necessity.* UK, Oxford: Basil Blackwell.

Kuhn, Thomas (1962). *The Structure of Scientific Revolutions*,

參考文獻

■

Chicago, Illinois: University of Chicago Press. 中譯本：
《科學革命的結構》，台北：遠流出版社。

Lavoisier, A. (1789). *Traite elementaire de chimie*. Paris: Cuchet.
English translation, 1790: *Elements of Chemistry*. Translated
by R. Kerr. Edinburgh: W. Creech.

Levine, J. (1983). "Materialism and Qualia: The Explanatory
Gap," *Pacific Philosophical Quarterly*, Vol.64, pp.354-61.

Levine, J. (2001). *Purple Haze: The Puzzle of Consciousness*.
Oxford, New York: Oxford University Press.

Loar, B. (1999). "David Chalmers's The Conscious Mind",
Philosophy and Phenomenological Research, Vol.59, p.
465-472.

Locke, John (1689/1997). *Essay Concerning Human
Understanding*, New York: Penguin Books.

Lycan, W. G. (1990). *Mind and Cognition: A Reader*, Cambridge,
MA: Basil Blackwell Inc.

McCorduck, Pamela (2004). *Machine Who Think*, CA: Bookery
Publishing Company. 中譯本：《會思考的機器：AI 人工
智慧的發展與趨勢》（2006），台北：閱讀地球文化。

McGinn, C. (1991). *The Problem of Consciousness*, Oxford, UK:
Blackwell.

Moody R. (2001). *Life After Life : The Investigation of
a Phenomenon-Survival of Bodily Death*. CA:
HarperSanFrancisco Publisher.

Murphy, Nancey (1998). "Nonreductive Physicalism:
Philosophical Issues", in *Whatever Happened to the Soul:
Scientific and Theological Portraits of Human Nature*, p.

心靈風暴——當代西方意識哲學的概念革命

■

127-148, ed. by Warren S. Brown, Nancey Murphy, & H. Newton Malony, Minneapolis, MN: Fortress Press.

Nagel, Thomas (1969). "The Boundaries of Inner Space", *The Journal of Philosophy, Vol.66, No.14,* pp.452-458.

Nagel, Thomas（1974）. "What is it like to be a bat？" Philosophical Review, 83, pp.435-450.

Nagel, Thomas (1998). "Conceiving the Impossible and the Mind-Body Problem," *Philosophy* Vol.73, No.285, pp. 337-352.

Noë, Alva (2004). *Action in Perception*, Cambridge, Massachusetts: The MIT Press.

Noyes, R. (1980). "Attitude Changes Following Near-Death Experience," *Psychiatry, 43,* 234-242.

Place, U. T. (1956). "Is Consciousness a brain process?" British Journal of Psychology, Vol.47, p.44-50.

Pojman, Louis (2001). *What can we know: An introduction to the theory of knowledge*, CA: Thomson Learning.

Popper, Karl (1968). *The Logic of Scientific Discovery*. UK, London: Hutchinson.

W. H. Capitan & D. D. Merrill, (1967). "Psychological Predicates," in *Art, Mind and Religion*, ed. Pittsburgh: University of Pittsburgh Press.

Putnam, H. (1975, p.373). *Mind, language, and reality*. Cambridge: Cambridge University Press.

Quine, W. V. O. (1970). "On the reasons for indeterminacy of translation," *Journal of Philosophy, 67,* p.178-83.

Ravenscroft, I. (2003). "Simulation, Collapse and Humean

Motivation", Mind and Language 18, p.162-74.

Rommer, Barbara (2000). *Blessing in Disguise: another side of the near-death experience*. MN: Llewellyn Publications. 中譯本：《揭開生死謎：三百名瀕死經驗重生者的永生啟示》。台北：商周出版。

Searle, J. R. (1980). "Minds, Brains, and Programs," *Behavioral and Brain Sciences 3*: p.417-424.

Searle, J. R. (1992). *The Rediscovery of the Mind,* Cambridge, Massachusetts: The MIT Press.

Searle, J. R. (1995). *The Construction of Social Reality*, New York: The Free Press Searle, J. R. (1997). *The Mystery of Consciousness*, New York: A New York Review Book.

Searle, J. R. (1998). *Mind, Language and Society: Philosophy in the Real World*. New York: Basic Books.

Searle, J. R. (2000). "Consciousness", *The Annual Review of Neuroscience*, Vol. 23.

Searle, J. R. (2007). *Freedom and Neurobiology: Reflections on Free Will, Language, and Political Power*. New York: Columbia University Press.

Searle, J. R. (2010). *Making the Social World: The Structure of Human Civilization*. New York: Oxford University Press.

Shear, J. & Jevning, R. (1999). "Pure Consciousness: Scientific Exploration of Meditation Techniques", *Journal of Consciousness Studies*, 6, No.2-3, p.189-209.

Stahl, G. (1730). *Philosophical principles of universal chemistry*. Trans. P. Shaw from *Fundamenta Chymiae*, 1723, London: John Osborn and Peter Longman.

Steblay, N. M., & Bothwell, R. K. (1994). Evidence for Hypnotically refreshed testimony: The view from the Laboratory. *Law and Human Behavior*, 18, 635-651.

Strassman, R. (2001). *DMT: The Spirit Molecule*. Rochester, VT: Park Street Press.

Thagard, Paul (1992). *Conceptual Revolutions*, New Jersey: Princeton University Press. 中譯本：《概念革命》，台北：洪葉文化。

Thorbum, W. M. (1918). The Myth of Occam's Razor. *Mind, 27*, 345-353.

Tompkins, Peter & Bird, Christopher (1973). The Secret Life of Plants. New York: Harper & Row Publishers. 中譯本：《植物的秘密生命》（1999）。台北：臺灣商務印書館。

Tornay, S. C. (1938). *Ockham: Studies and Selections*. La Salle, IL: Open Court.

Tu, Wei-Ming (1985). *Confucian Thought: Selfhood as Creative Transformation*. New York: SUNY Press.

Turing, A. (1950). "Computing Machinery and Intelligence", Mind, Vol.59, No.236: pp.433-460.

Unger, Peter (2006). *All the Power in the World*. Oxford: Oxford University Press.

Valarino, Evelyn (1997). *On the Other Side of Life: Exploring the Phenomenon Of The Near-death Experience*. OK: Insight Books Inc. 中譯本：《柳暗花明又一生》。台北：遠流出版。

van Lommel, Pim (2001). Near Death Experience In Survivors of Cardiac Arrest: A Prospective Study in the Netherlands. *The

Lancet, 358, 2039-2045.

Weinberg Steven (1992). *Dreams of A Final Theory: The Search for the Fundamental Laws of Nature*. Pantheon Books. 中譯本：張蔡舜(1995)。

Weiss, Brian L. (1988). *Many Lives, Many Masters*. NY: Simon & Schuster Inc.

Whinnery, J. E. & Whinnery, A. M. (1990). Acceleration-induced loss of consciousness. *Arch Neurology, 47*, p.764-776.

Wolf, Fred A. (1996). *The Spiritual Universe: How Quantum Physics Proves the Existence of the Soul*. The Commercial Press, LTD.

Woodhouse, M. (1990). "On the Possibility of Pure Consciousness", in *The Problem of Pure Consciousness*, ed. by Robert Forman, Oxford: Oxford University Press.

Yablo, S. (1999). "Concepts and Consciousness", Philosophy and Phenomenological Research, Vol.59, p.455-463.

Yates, Jenny & Bailey, Lee (1996). *The Near Death Experience: A Reader*. London: Routledge.

Yamoto, J. Isamu (1992). The near-death experience part two: alternative explanations. *Christian Research Institute Journal, Summer, 1992*, p.14-25.

通識叢書

心靈風暴——
當代西方意識哲學的概念革命

作者◆冀劍制

發行人◆施嘉明

總編輯◆方鵬程

責任編輯◆賴秉薇

美術設計◆吳郁婷

出版發行：臺灣商務印書館股份有限公司

臺北市重慶南路一段三十七號

電話：(02)2371-3712

讀者服務專線：0800056196

郵撥：0000165-1

網路書店：www.cptw.com.tw

E-mail：ecptw@cptw.com.tw

網址：www.cptw.com.tw

局版北市業字第 993 號

初版一刷：2012 年 6 月

定價：新台幣 320 元

ISBN 978-957-05-2714-8

心靈風暴——當代西方意識哲學的概念革命　／　冀
劍制著.
　--初版.--臺北市：臺灣商務，　2012.06
　　面　；　　公分. --（通識叢書）

　　ISBN 978-957-05-2714-8(平裝)

　1. 現代西洋哲學　2. 心靈學　3. 意識

143.3　　　　　　　　　　　　101007939